Gesundheit – Innovation – New Work

Geleitwort

Seit mehr als einem halben Jahrhundert beschäftige ich mich als Forscher, Lehrer und Berater mit Fragen der Führung, Zusammenarbeit und Organisation, und dabei bin ich vielen neuen Begriffen und Konzepten begegnet. Einige hatten als Modeerscheinungen nur ein kurzes Leben. Aber es gab immer wieder Modelle und Methoden, die sich in der Praxis bewährten und überlebten. Manche Konzepte hatten sogar einen prophetischen Charakter, und weil sie ihrer Zeit voraus waren, wurde ihr Wert oft erst später erkannt und geschätzt. Dazu gehören auch solche, die in diesem Buch aufgegriffen, miteinander verknüpft und weitergeführt werden. Insofern sind die meisten der hier vorgestellten Konzepte nicht wirklich neu – neu ist allerdings, dass sie hier in ein stimmiges Verhältnis zueinander gebracht werden, weil ihnen dieselben Prinzipien und Werte zugrunde liegen. Denn es geht hier wie dort um ein ganzheitliches und evolutionäres Bild des Menschen, in dem die Sinnbezogenheit des Mensch-Seins, die erlebte Sinnhaftigkeit der zu verrichtenden Arbeit und die Ausrichtung der Organisation auf den Sinn ihrer Existenz der Schlüssel für jegliche Leistung und Innovation ist.

Für die Autorinnen ist in diesem Zusammenhang Gesundheit in zweifacher Hinsicht zentral: Auf der Mikroebene geht es um die Gesundheit des Individuums und um gesundheitsfördernde Arbeitsbedingungen, und auf der Mesoebene ist die Gesundheit der Organisation Voraussetzung dafür, dass sie ihre Leistung erbringen und den erwarteten Kundennutzen stiften kann. Das sichert ihre Überlebensfähigkeit.

Dazu möchte ich unbedingt ergänzen, dass mit diesen beiden Bereichen der Gesundheit noch eine dritte gefördert wird: Gesundheit auf der Makroebene! Sie wird nur möglich durch eine Kultur zur freien Entfaltung von Diversität, durch demokratische Gesellschaftsformen, die jeglicher Diskriminierung begegnen, und durch eine solidarische Wirtschaft, die gesellschaftlichen Nutzen und nicht Profitmehrung zum Ziel hat – denn diese zusammen sind die Bedingungen für die dringend geforderte Nachhaltigkeit zur Rettung unseres gefährdeten Planeten.

Vieles, was der Markt wünscht und (vorläufig noch) mit Gewinn belohnt, ist weder sinnvoll noch vernünftig, sondern macht krank. Wenn aber Individuen den Sinn ihres Seins und Tuns reflektieren und sich Organisationen der Frage nach dem eigentlichen Sinn ihrer Leistung stellen, dann ist dies die Quelle wirksamer gesellschaftlicher Innovationen. Ich vertraue darauf, dass dieses Buch ein Beitrag dazu sein wird.

Univ.-Prof. Dr. Dr. h.c. Friedrich Glasl
Salzburg, Juli 2020

Inhaltsverzeichnis

Abbildungsverzeichnis

1 Bitte anschnallen!

Die Reise in ein neues Universum beginnt

Willkommen im 21. Jahrhundert. Wie Sie vielleicht schon bemerkt haben, ändert sich gerade sehr vieles. Auch in der Arbeitswelt, die in unserem Alltag einen hohen Stellenwert einnimmt. Immer häufiger begegnet uns der Begriff »New Work«. Gesundheit am Arbeitsplatz ist ein großes Thema. Und natürlich Innovation. Doch was machen all diese theoretischen Begriffe ganz praktisch mit einem Unternehmen und vor allem mit dessen Herzstück, den Menschen?

Mit diesem Buch nehmen wir Sie mit auf eine Reise in ein neu entdecktes Universum. Sie werden erstmals die drei großen Arbeitsplaneten Gesundheit, Innovation und New Work bereisen, auf deren Umlaufbahnen sich Unternehmen bewegen. Zusammen bilden diese Organisationen und Planeten das GINO-Universum. Mit verschiedenen Perspektiven werden wir vor Ort die Lage sondieren und dabei Mensch, Kultur, Struktur, Markt und Kunde sowie die Arbeitsumgebung in den Blick nehmen. Und wie immer, wenn Sie eine Reise unternehmen, kehren Sie etwas klüger zurück als Sie losgegangen sind. Nach dieser Reise ins GINO-Universum werden Sie Arbeit auf der guten alten Erde mit neuen Augen sehen. Sie werden nicht nur in der Lage sein, Altes neu zu bewerten, sondern auch bisher verborgenes Potenzial erkennen und nutzen können.

Bewegte Zeiten

Sie treten diese Reise in einer Zeit an, in der sich unsere Gesellschaft im Wandel von einer Industrie- zu einer Wissensgesellschaft befindet. Neue Technologien, die Globalisierung und der demografische Wandel verändern unsere Arbeitswelt derzeit dramatisch und erfordern Bereitschaft zur Anpassung und ein hohes Maß an Flexibilität. Sind Sie vorbereitet auf den Paradigmenwechsel? Haben Sie bereits die entsprechenden Rahmenbedingungen für den unaufhaltsamen Wandel geschaffen?

Eine Antwort auf diese bewegten Zeiten ist der Megatrend New Work, der sich in den kommenden Jahren durch die digitale Vernetzung noch verstärken wird. Die zentralen Werte der Neuen Arbeit sind Selbstständigkeit, Freiheit und Teilhabe an der Gemeinschaft. Aber: Noch herrscht eine große Kluft zwischen den theoretischen New-Work-Modellen einerseits und den praktischen Umsetzungsmöglichkeiten und den unterschiedlichen Wünschen der Menschen andererseits. Unternehmen können Herausforderungen wie sich auflösende Organisationsgrenzen, offene Netzwerkstrukturen, projektbasierte Arbeitsverhältnisse und kundenorientierte Innovationszyklen können nur schwer meistern, wenn die Instrumente nicht fein kalibriert und ebenso auf die Persönlichkeit der Mitarbeiterinnen und Mitarbeiter zugeschnitten werden wie auf die unternehmensinternen Strukturen.

In bewegten Zeiten kreative Lösungen und Innovationen zu fordern ist zu wenig. Im Allgemeinen stellen Innovationen zwar ein wichtiges Element im Hinblick auf neue Herausforderungen dar. Gleichzeitig wird Innovation am Markt aber zur Ware, die die Wettbewerbsdynamik noch weiter verschärft. War früher ausschließlich die Abteilung Forschung und Entwicklung für Neues zuständig, wird Innovation heute in der Breite verlangt. Jeder Einzelne ist gefordert, seinen Beitrag zu leisten. Doch dieser wachsende Anspruch an Mitarbeiterinnen und Mitarbeiter geht nicht immer mit der nötigen Neugestaltung und Anpassung von Organisationsstrukturen einher.

Mehr noch: Bei andauernder Diskrepanz zwischen Anforderung und Möglichkeit sind gesundheitliche Auswirkungen auf die Beschäftigten – getriggert durch Zeitdruck und Stress – wahrscheinlich. Menschen, die innovativ arbeiten müssen, berichten etwa doppelt so häufig von physischen und psychischen Beschwerden. Und: Je größer das Unternehmen, je komplexer die Strukturen und je massiver die Unbeweglichkeit des Systems, desto größer ist das Risiko einer gesundheitsgefährdenden Arbeitssituation. Das ist nicht nur auf persönlicher und gesellschaftlicher Ebene entscheidend, sondern auch auf wirtschaftlicher. Denn ein Unternehmen ist nur so erfolgreich wie die Menschen, die dort arbeiten.

Logisch also, dass sich in Zeiten eines grundlegenden Wandels auch die Arbeitsbedingungen ändern müssen, wenn Gesundheit, Lebensqualität und Erfolg geschützt werden sollen. Doch wie? Bestehende Lösungen wirken meist nur eindimensional und stellen gewissermaßen Insellösungen dar, da sie nicht alle Bedürfnisse und Zusammenhänge in einem Unternehmen betrachten. Es stellt sich die Frage: Ist New Work zwangsläufig ungesund? Ist es ausgeschlossen, dass Menschen innovativ arbeiten und trotzdem gesund bleiben? Wir haben uns auf die Suche nach Antworten gemacht – und sind auf unserer Reise fündig geworden.

Die Coronakrise hat das Jahr 2020 massiv geprägt. Große Unsicherheit und gleichzeitige Aufbruchstimmung hatten massive Auswirkungen auf unser gesellschaftliches und wirtschaftliches Leben. Andere Formen der Zusammenarbeit (digital im Homeoffice) wurden notwendig und zogen arbeitsrechtliche und gesetzliche Anpassungen nach sich. New Work erhielt binnen kürzester Zeit einen unvorstellbaren Schub. Spätestens jetzt ist eine massive Transformation im Gange, und sie beeinflusst, wie wir uns austauschen, absprechen, organisieren und unsere Prioritäten setzen. Also wie wir leben und arbeiten und beides kombinieren.

Ihr Reisebegleiter auf der GINO-Mission

Bestimmt interessiert es Sie, wer Ihre Reiseleiterinnen auf dieser Mission sein werden. Wir sind DIEBERATERINNEN. Vier Frauen mit unterschiedlichem beruflichem Background: eine Juristin, eine Pädagogin, eine Bankerin und eine diplomierte Krankenschwester. Was uns verbindet, ist – neben einem großen Erfahrungsschatz hinsichtlich der Führung von und der Arbeit in Teams – die Ausbildung zum Coach für Organisationsentwicklung. Mehr noch aber eint uns ein gemeinsames Ziel: Arbeit und Privatleben in Einklang zu bringen – und Menschen dabei zu unterstützen, die das ebenfalls möchten. Dieser Wunsch nach Familie, nach Weltentdeckung und nach eine Arbeit, bei der alle Talente Platz finden, stand ganz am Anfang. Mit viel Enthusiasmus haben wir am Küchentisch das Konzept für unsere Beratungstätigkeit entwickelt und schnell gemerkt: Wir wollen das gemeinsam umsetzen. Um im Team zu wachsen. Und um unsere Kundinnen und Kunden noch besser beraten zu können.

Seit diesem Entschluss ist viel passiert, und wir durften mittlerweile zahlreiche Unternehmen und Organisationen begleiten. Gemeinsam haben wir immer wieder einen anderen, neuen Arbeitskosmos entstehen lassen, abgestimmt auf die Wünsche, Anforderungen und Bedürfnisse unseres Gegenübers. Unsere Missionen sind immer wieder anders – sie reichen von der Führungskräfteentwicklung bis hin zur Maßnahmenentwicklung, um psychische Belastungen am Arbeitsplatz zu minimieren. Was auch immer der Grund ist, warum wir in unsere Raumanzüge steigen und uns auf die Reise machen: Vor Ort geht es stets darum, Unternehmen neue Handlungsspielräume zu eröffnen. Denn meist bedienen Organisationen nur einzelne Stellhebel. Manche nehmen die Gesundheitsförderung in den Blick, andere machen sich Gedanken über neue Arbeitsweisen, wieder andere konzentrieren sich auf die Steigerung der Innovationskraft.

Ein ähnliches Bild findet sich in der einschlägigen Fachliteratur. Niemand hat bisher den Blick über den Horizont hinausgerichtet. Warum eigentlich? Wir waren schnell der Überzeugung: Da muss es mehr geben! Nach intensiven Forschungen im Rahmen unserer täglichen Arbeit haben wir schließlich hinter dem Horizont das GINO-Universum entdeckt. Gesundheit, Innovation und New Work – erst im Gleichgewicht zwischen diesen Planeten wird gutes Leben und Arbeiten im Organisationskontext möglich. Die Planeten sind verschieden, weisen aber auch einige Gemeinsamkeiten auf. Wenn Sie erst einmal wissen, wohin Sie den Blick richten müssen, werden Sie viel Spannendes entdecken. Unsere Erkenntnisse und Erfahrungen wollen wir nicht für uns behalten. Wir wollen sie mit Ihnen teilen und Ihnen im Zuge einer Rundreise durchs GINO-Universum zeigen, wie Sie nicht nur einen, sondern mehrere Hebel gleichzeitig bedienen können.

Das ist Ihre Chance!

Dieses Buch ist für Sie, wenn Sie sich auch schon oft gefragt haben, wie und wozu Sie arbeiten möchten und was Menschen brauchen, um gesund, glücklich und erfolgreich arbeiten zu können. Dieses Buch ist auch dann eine gute Reisebegleitung, wenn Sie sich Inspiration und Unterstützung beim eigenen Forschen, Beobachten und Weiterentwickeln in Ihrem Unternehmen wünschen. Und Sie werden dieses Buch auch dann gerne lesen, wenn Sie einfach nur neugierig sind und mehr über die entscheidenden Aspekte des modernen Arbeitens erfahren möchten. Fakt ist: In der heutigen Zeit sind viele Modelle und Methoden nicht mehr wirksam. Manche sagen, New Work sei ein neuer Trend, andere sprechen sogar von einer Revolution. In Wahrheit aber ist New Work eine evolutionäre Entwicklung, die notwendig ist und zu jedem Zeitpunkt geschieht. Die Arbeitswelt entwickelt sich weiter, weil es immer Menschen gibt und geben wird, die etwas anders machen als bisher. Das Ergebnis ist eine Dynamik, die alles in ihrem Umfeld früher oder später in Bewegung bringt und wie eine Welle erfasst. Das ist eine Herausforderung. In jeder Herausforderung steckt aber auch eine große Chance. Für genau diese ungeahnten Möglichkeiten möchten wir mit diesem Buch Ihren Blick schulen und Ihnen zeigen, wie es gelingt, die Welle zu surfen. Also: Auf zu neuen Ufern! Auf ins GINO-Universum!

2 Ihre Reiseinformationen für das GINO-Universum

Abb. 1: Reisevorbereitung

Sind Sie bereit für eine Rundreise der etwas anderen Art? Bevor Sie an Bord gehen, möchten Sie bestimmt noch ein paar Details zur geplanten Route erfahren.

Unser Ziel ist das GINO-Universum, das gar nicht so weit weg ist, wie Sie im Arbeitsalltag vielleicht manchmal denken. Sie können die Reise also jederzeit antreten. Auf unserer Reise steuern wir die drei Hotspots im Universum an: die Planeten Gesundheit, Innovation und New Work. Damit Sie ein Gespür für diese Orte bekommen, erzählen wir Ihnen in den folgenden drei Kapiteln Wissenswertes zur Geschichte und zu herausragenden Ereignissen, zu prägenden Persönlichkeiten und Gepflogenheiten, die den jeweiligen Planeten so besonders machen.

So wie Sie vor jeder Reise vermutlich zu Hause erst noch Klarschiff machen, geben auch wir Ihnen in Kapitel 5 Gelegenheit, einen Moment innezuhalten, sich umzublicken und zu verinnerlichen, wie die Ist-Situation in Ihrer Organisation bzw. auf Ihrem Arbeitsplaneten Erde aussieht. Als Unterstützung finden Sie dazu in Kapitel 9 nützliche Fragebögen und Barometer.

Der Grund, warum Sie diese Reise machen, ist sicher, weil Sie sich für Arbeitsumfeld, Struktur, Kultur, Mensch sowie Markt und Kunde an anderen Orten interessieren. Um Ihnen optimale Ausblicke und Einblicke zu ermöglichen, haben wir unser Raumschiff mit fünf Bullaugen ausgestattet. Sie ermöglichen es Ihnen, aus den genannten Perspektiven auf die besuchten Planeten zu blicken. Dieser Teil der Reise macht den Hauptteil des Buches aus. In den Kapiteln 6.1 bis 6.6 erfahren Sie alles Wissenswerte über die Planeten Gesundheit, Innovation und New Work. Natürlich könnten Sie jeden einzeln bereisen und dort sehr viel Zeit verbringen. Das Besondere an unserer Rundreise ist aber, dass wir während unserer zahllosen Besuche für Sie bereits jene Orte ausfindig gemacht haben, die Sie unbedingt gesehen haben müssen. Auch wenn Umwege manchmal die Ortskenntnis erhöhen: Wenn Sie auf direktem Weg das Wesentliche erfahren möchten, sind Sie bei uns an Bord richtig. Da es sich ja um eine Dienstreise handelt, werden wir Sie zwischendurch immer wieder dabei unterstützen, die Arbeitssituation auf Ihrem Heimatplaneten zu reflektieren. Das ermöglicht es Ihnen, das neuerworbene Reisewissen besser einzuordnen.

Unterwegs haben wir übrigens auch Gelegenheit, uns einige wichtige Energie- und Spannungsfelder anzusehen. Dort werden Sie mehr über die verbindenden und trennenden Kräfte zwischen den verschiedenen Planeten erfahren. Auch werden Sie einiges kennenlernen, das durchaus kritisch betrachtet werden kann und sollte. Denn nicht in allen Punkten harmonieren die drei Planeten. Hin und wieder sind auch Differenzen spürbar. Kapitel 7 liefert Ihnen deshalb wertvolle Informationen zu den Werten, die das GINO-Universum zu dem macht, was es ist.

Anschließend setzen wir Sie wieder wohlbehalten auf der Erde ab. Jedoch nicht ohne Ihnen einige Empfehlungen mitzugeben, wie Sie auf Ihrem Arbeitsplaneten für frischen Wind sorgen können. Diese Praxistipps finden Sie in Kapitel 8 am Ende des Buches. Denn unser Ziel ist es, Sie dabei zu unterstützen, den Spirit des GINO-Universums auf Ihren Planeten zu beamen. Sind Sie bereit? Dann lassen Sie uns mit einigen spannenden allgemeinen Informationen zu den Planeten G, I und N beginnen.

3 Gesundheit im GINO-Universum: Dynamische Entwicklung hin zur Ganzheitlichkeit

3.1 Gesund arbeiten: Was heißt das?

Willkommen auf unserem ersten Planeten im GINO-Universum. Er trägt den Namen »Gesundheit«. Was bedeutet das eigentlich, Gesundheit? Schlagen wir zuerst einige Definitionen nach, bevor wir uns aus dem Raumschiff herauswagen. »Gesundheit stellt das bedeutsamste gesellschaftliche, wirtschaftliche und persönliche Gut dar«.[1] Bereits die alten Griechen achteten auf ein »gutes Leben«, da es Körper, Geist und Seele zusammenhält. Dadurch verspürt der Mensch ein hohes Maß an Lebensqualität und fühlt sich den persönlichen und beruflichen Aufgaben gewachsen. Sigmund Freud beschreibt Gesundheit demensprechend als Zustand, der es ermöglicht, »lieben und arbeiten zu können«. Auch die Definition der Weltgesundheitsorganisation von 1948 beleuchtet sowohl die physische als auch die psychosoziale Komponente: »Gesundheit ist ein Zustand des vollständigen körperlichen, geistigen und sozialen Wohlbefindens und nicht nur das Fehlen von Krankheiten oder Gebrechen«.[2] Für entsprechend namhafte Autorinnen und Autoren[3] bedeutet Gesundheit außerdem,

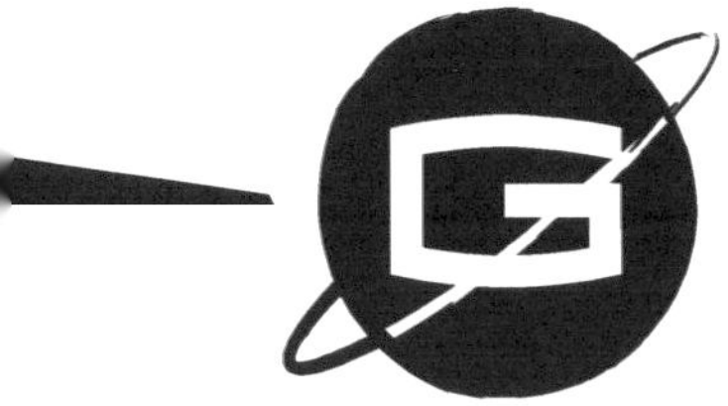

> *»[...] inwieweit eine Person oder Gruppe in der Lage ist, einerseits Wünsche zu verwirklichen und Bedürfnisse zu befriedigen und andererseits mit der zwischenmenschlichen, sozialen, biologischen und physischen Umgebung umzugehen. Gesundheit ist daher eine Ressource für den Alltag, nicht das Ziel des Lebens; sie ist ein positives Konzept, das soziale und persönliche Ressourcen sowie physische und psychische Fähigkeiten umfasst.«*

Auch die Gesundheitswissenschaftler Badura, Münch und Ritter definieren Gesundheit als keinen festen, sondern einen sich stetig verändernden Zustand. In diesem Veränderungsprozess sind die Fähigkeit zur Problemlösung, zur Regulation der eigenen Gefühle sowie die Kompetenz zum Erhalt bzw. zur Förderung sozialer Beziehungen und Netzwerke wesentlich.[4]

Mit diesen Überlegungen im Hinterkopf wollen wir uns nun Gesundheit aus Arbeitsperspektive näher ansehen.

1 Bruch und Kowalevski (2013).
2 Bruch und Kowalevski (2013).
3 Shilton et al. (2011).
4 Badura, Münch und Ritter (1999).

3.2 Arbeit und Gesundheit im Wandel

Die Bedeutung der Gesundheit am Arbeitsplatz hat sich in den letzten Jahrzehnten massiv verändert. Im frühen Zeitalter der Industrialisierung war noch der vorwiegend körperliche Einsatz gefragt – vor drei Generationen waren 41 % der Erwerbstätigen mit schwerer körperlicher Arbeit beschäftigt. Mit Arbeitstagen, die 12 bis 14 Stunden dauerten, und ohne Urlaubs- und Erholungstage, die als nicht notwendig erachtet wurden.

Bedingt durch Elektrifizierung, Automatisierung und Digitalisierung entwickelt sich die Arbeitswelt weg von der physischen Tätigkeit hin zur Dienstleistungs- und Wissensarbeit. Heute sind mehr als die Hälfte der Erwerbstätigen im Dienstleistungssektor tätig.[5]

3.2.1 Schützenswerte Arbeit

Im österreichischen ArbeitnehmerInnenschutzgesetz (ASchG), das 1973 in Kraft trat, wurden die Beseitigung von Sicherheitsrisiken und körperlichen Gefahren am Arbeitsplatz als zentrale Aufgabe angesehen. Die Evaluierung der psychischen Arbeitsbelastungen wurde in der Novelle im Jahr 2013 verankert. Die Erhaltung der psychischen Gesundheit der Arbeitnehmerinnen und Arbeitnehmer wurde somit explizit in der Fürsorgepflicht der Arbeitgeber festgeschrieben.

In der Novelle des deutschen Arbeitsschutzgesetzes (ArbSchG) im September 2013 sind explizit psychische Belastungen benannt und in der Gefährdungsbeurteilung zu berücksichtigen. In der Schweiz wurde im Oktober 2015 das Arbeitsgesetz (ArG) in diese Richtung novelliert.

Psychische Belastungen am Arbeitsplatz verursachen bei den Betroffenen häufig Schlafstörungen, Bluthochdruck, Angstzustände oder Depressionen und können in weiterer Folge Auslöser für psychische Erkrankungen sein.[6] So haben sich laut dem früheren Arbeiterkammer-Präsident Herbert Tumpel in Österreich die Krankenstandstage aufgrund von psychischen Erkrankungen zwischen 1995 und 2011 mehr als verdoppelt, und die Kosten durch psychische Erkrankungen schlagen mit 3,3 Milliarden € zu Buche.[7]

---

5 Deutsche Gesellschaft für Personalführung (2004).
6 Schulze und Eidenmüller (2013).
7 https://www.wienerzeitung.at/nachrichten/chronik/oesterreich/449937_Mehr-Stress-mehr-Kosten.html (letzter Zugriff: 20.07.2020).

3.2.2 Macht Arbeit wirklich krank?

In einer Studie von Badura[8] wurden die psychischen und physischen Beschwerden von Erwerbstätigen im Zusammenhang mit der Arbeitstätigkeit überprüft. Die häufigsten genannten Beschwerden waren Rücken- und Gelenkschmerzen (73,9 %), Erschöpfung (80,3 %) und Kopfschmerzen (51,7 %). Alarmierend dabei ist, dass drei von vier Befragten ihre Rücken- und Gelenkschmerzen, Erschöpfung, Lustlosigkeit sowie das Gefühl, ausgebrannt zu sein, unmittelbar auf ihre Arbeitstätigkeit zurückführten. Ebenso sind die hohen Werte bei Nervosität und Reizbarkeit in der Arbeitstätigkeit begründet. Mehr als die Hälfte der Befragten gab an, dass ihre Konzentrationsprobleme und Schlafstörungen in Zusammenhang mit der Arbeitstätigkeit ständen.

Abb. 2: Physische und psychische Beschwerden im Zusammenhang mit der Arbeitstätigkeit

Diese Ergebnisse machen deutlich, dass die erlebten Arbeitsbelastungen unmittelbare Auswirkungen auf die psychische und physische Gesundheit der Beschäftigten haben – bis dorthin, dass Menschen starke gesundheitliche Beeinträchtigungen erleben und nicht mehr ausreichend arbeitsfähig sind.

Doch der erschwerte Zugang zur Früh- oder Berufsunfähigkeitsrente und die Erhöhung des Rentenantrittsalters führen dazu, dass Menschen länger im Erwerbsleben bleiben müssen. Sie haben keine Wahl und sind gezwungen, trotz massiver gesundheitlicher Einschränkungen einer Arbeit nachgehen. Das erzeugt menschliches Leid und volkswirtschaftliche Kosten. In der Schweiz zum Beispiel werden die Kosten von arbeitsbedingtem Stress auf 4,2 Milliarden Franken geschätzt.[9] Bei der Gesundheit am Arbeitsplatz handelt es sich also nicht nur um ein individuell ernst zu nehmendes Thema, sondern auch um ein volkswirtschaftliches Problem.

Umso wichtiger ist es, dass dort, wo Arbeit gestaltet wird, die psychische und physische Gesundheit der Arbeitnehmerinnen und Arbeitnehmer proaktiv gepflegt wird – damit die Arbeitsfähigkeit langfristig erhalten bleibt und wir nachhaltig ökonomisch und menschlich gesund wirtschaften.

8 Waltersbacher et al. (2018).
9 Ramaciotti und Perriard (2003).

3.3 Wozu gesundes Arbeiten?

Als langjährige Beraterinnen in der Betrieblichen Gesundheitsförderung (BGF) und im fit2work®-Eingliederungsmanagement begleiten wir Unternehmen und Organisationen aus allen Branchen dabei, gesundheitsförderliche Verhältnisse zu gestalten, und unterstützen Menschen, gesundheitsförderliches Verhalten auf- und auszubauen.

Wozu das Ganze? Ist das Unternehmen nun auch noch für die Gesundheit seiner Leute zuständig?

Ja, und zwar in mehrfachem Sinne. Einerseits gilt für jeden Arbeitgeber die Fürsorgepflicht, die im österreichischen ArbeitnehmerInnenschutzgesetz verankert ist:

ASchG (2013) § 3 (1) Arbeitgeber sind verpflichtet, für Sicherheit und Gesundheitsschutz der Arbeitnehmer in Bezug auf alle Aspekte, die die Arbeit betreffen, zu sorgen. ... Arbeitgeber haben die zum Schutz des Lebens, der Gesundheit sowie der Integrität und Würde erforderlichen Maßnahmen zu treffen, einschließlich der Maßnahmen zur Verhütung arbeitsbedingter Gefahren, zur Information und zur Unterweisung sowie der Bereitstellung einer geeigneten Organisation und der erforderlichen Mittel.

Auch im deutschen Arbeitsschutzgesetz und im Schweizer Bundesgesetz über die Arbeit in Industrie, Gewerbe und Handel (Arbeitsgesetz) finden sich gleichlautende Aussagen.

Andererseits ist das Unternehmen darauf angewiesen, dass die Beschäftigten ihre Arbeitskraft in Form von körperlichem und/oder geistigem Einsatz einbringen, damit die anfallende Arbeit erledigt wird und die Organisation ihren Auftrag erfüllen kann.

Deshalb ist es wesentlich, einen positiven Einfluss auf die Arbeitsfähigkeit der Mitarbeiterinnen und Mitarbeiter zu nehmen. Denn sind sie nicht gesund und leistungsfähig, kann der Betrieb seine Leistungen nicht erbringen.

Arbeitsfähigkeit ist demnach das Gleichgewicht zwischen dem, was Beschäftigte leisten können bzw. wollen, und dem, was der Betrieb bzw. die Organisation verlangt und an Rahmenbedingungen zur Verfügung stellt.

Die Arbeitsfähigkeit ist also die Summe der Faktoren, die Mitarbeiterinnen und Mitarbeiter befähigen, die an sie gestellten Anforderungen zu bewältigen. Sie ist beeinflusst von den individuellen Ressourcen des Menschen – etwa persönliche Gesundheit, Qualifikationen und Kompetenzen, Werte und Einstellungen – sowie den Rahmenbedingungen, die der Betrieb zur Verfügung stellt und die sich in der Unternehmens- und Führungskultur, in den Arbeitsbedingungen und in der Arbeitsumgebung sowie in der Gestaltung von Arbeitsabläufen und Arbeitszeiten widerspiegeln. Passen die persönlichen Ressourcen mit den Anforderungen des Betriebs zusammen, sprechen wir von einer hohen Arbeitsfähigkeit. Niedrige Arbeitsfähigkeit hat dagegen zur Folge, dass die persönliche Gesundheit und damit die Lebensqualität beeinträchtigt ist.[10] Im schlechtesten Fall wird ein vorzeitiger Ausstieg aus dem Berufsleben notwendig, der für die betroffenen Personen mit großem menschlichen Leid und oftmals einer reduzierten Lebenserwartung einhergeht. Für den Betrieb wiederum bedeutet eine geringere Arbeitsfähigkeit einen signifikanten Produktivitätsverlust von bis zu 26,6 %.[11] Ein großer ökonomischer Schaden!

Die eigentliche Quelle der Erzeugung von Gütern und Dienstleistungen ist der Mensch. Seine Leistungsfähigkeit und Bereitschaft sichern den unternehmerischen Erfolg. Deshalb bedeuten die Pflege und der Ausbau der Arbeitsfähigkeit einen doppelten Gewinn – menschlich und ökonomisch.

3.4 Der Planet der Arbeitsfähigkeit

In unserer Praxis als Beraterinnen zur Betrieblichen Gesundheitsförderung arbeiten wir gerne mit dem »Haus der Arbeitsfähigkeit«, einem Modell, das der finnische Wissenschaftler Juhani Ilmarinen begründet hat. Das Modell zeigt die wesentlichen Einflussfaktoren auf die Arbeitsfähigkeit eines Menschen.

Im GINO-Universum finden wir dieses Modell auf dem Planeten Arbeitsfähigkeit, der sich nahe am Planeten Gesundheit bewegt. Der Planet Arbeitsfähigkeit ist geprägt von den individuellen Faktoren persönliche Gesundheit und Gesundheitsverhalten sowie den Faktoren aus dem Arbeitskontext der Organisation. Beide Seiten stehen in Wechselwirkung zueinander. Wie gut Ihre Mitarbeiterinnen und Mitarbeiter Arbeitsfähigkeit entfalten können, hängt davon ab, wie ausgewogen die verschiedenen Faktoren sind. Zusammen mit dem persönlichen, politischen und gesellschaftlichen Umfeld sind sie die Handlungsebenen, um eine gute Arbeitsfähigkeit auf- und auszubauen.

Ein näherer Blick auf dieses Modell bringt weitere Erkenntnisse: Die wichtigste Einflussgröße der Arbeitsfähigkeit stellt die persönliche Gesundheit des Individuums dar – sein körperliches, psychisches, geistig-mentales Leistungsvermögen. Sind die Gesundheit und Leistungsfähigkeit beeinträchtigt, leidet immer auch die Arbeitsfähigkeit. Wenn Sie in Ihrem Unternehmen also die Gesundheitskompetenz der Menschen fördern, investieren Sie gleichzeitig in die Basis der Arbeitsfähigkeit.

10 Kloimüller und Czeskleba (o. J., 2013).
11 Erasmus Medical Center Rotterdam, T. Vandenberg, 2009.

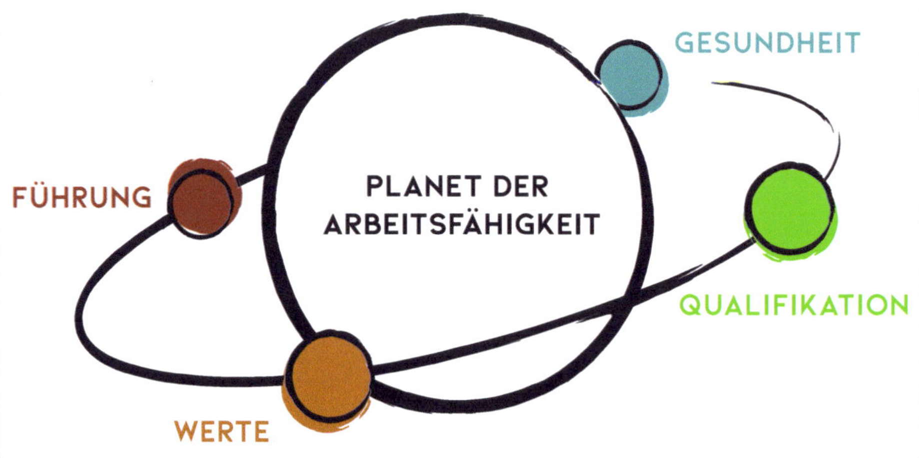

Abb. 3: Planet der Arbeitsfähigkeit nach J. Ilmarinen

Die zweite und dritte Größe sind weitere individuelle Ressourcen in Form von Stärken und Bedürfnissen – von der Qualifikation über Fertigkeiten bis hin zu den Werten und Einstellungen der Person. Verfügt der Mensch in ausreichendem Maße über die notwendigen fachlichen und sozialen Kompetenzen, um seine Arbeit konstruktiv zu bewältigen, fühlt er sich handlungsfähig und bleibt gesund. Die gesundheitsförderliche Organisation sorgt dafür, dass die Mitarbeiterinnen und Mitarbeiter durch den Erwerb und Ausbau notwendiger Kompetenzen auch den zukünftigen Anforderungen gewachsen sind.

Sind die persönliche Einstellung zur Arbeit und die Motivation der Mitarbeiterinnen und Mitarbeiter positiv und stimmen die persönlichen Wertvorstellungen mit den in der täglichen Arbeit erlebten überein, wirkt sich das auf die Arbeitsfähigkeit und das Arbeitsklima in Ihrem Unternehmen aus. Diese Ebene ist eng verbunden mit dem vierten Faktor: den Ressourcen des Betriebs in Form von Arbeitsumgebung, Arbeitsinhalt und Arbeitsorganisation.

Vielfältige, anspruchsvolle Aufgaben mit ausgewogenen Handlungsspielräumen, störungsfreies Arbeiten sowie ausreichend Arbeitsraum und Arbeitsmittel stellen positive Bedingungen für die Arbeitsbewältigung dar. Die Ressource Führung hat jedoch den größten Einfluss auf die Motivation und Einstellung und somit auf die Arbeitsfähigkeit der Mitarbeiterinnen und Mitarbeiter. So beeinflusst zum Beispiel ein positives, wertschätzendes Führungsverhalten die Arbeitsfähigkeit doppelt so stark wie vermehrte körperliche Aktivität.

Es braucht also individuelle Gesundheitskompetenzen und gesundheitsförderliche Verhältnisse, damit Arbeitsfähigkeit erhalten bleibt. Die betrieblichen Verhältnisse tragen zu 60 % dazu bei, der Mensch mit seinem Verhalten zu 40 %. Indem sowohl Ihre Organisation als auch die Mitarbeiterinnen und Mitarbeiter proaktiv Verantwortung übernehmen und menschliche sowie betriebliche Ressourcen laufend angepasst werden, wird das Haus der Arbeitsfähigkeit zu einem Wohlfühlort, der menschliche und ökonomische Erfolge ermöglicht.

TO THE POINT

Wir achten in der Beratung zur Betrieblichen Gesundheitsförderung besonders darauf, dass die Maßnahmen auf der Verhaltens- und Verhältnisebene stimmig sind, also zum jeweiligen Unternehmen und zu den Personen passen. Wie Sie in Ihrem Unternehmen darauf achten können, lesen Sie in den folgenden Kapiteln.

4 Innovation im GINO-Universum: Mehr als Bullshit-Bingo

4.1 Das neue Business-Theater?

Nach einem ersten Blick auf die Gesundheit widmen wir uns nun dem nächsten Planeten im GINO-Universum. Sein Name fällt nicht selten im beruflichen Bullshit-Bingo. Denn in den vergangenen Jahren haben die Buzzwords »Innovation« und »Digitalisierung« anderen Begriffen des Wissensmanagements deutlich den Rang abgelaufen. Unzählige Bücher wurden veröffentlicht, und Preise für Innovation sind wie Pilze aus dem Boden geschossen. Laufend gewinnen neue Start-ups Investoren und holen sich staatliche Förderungen im Millionenbereich. Sogar die Unterhaltungsindustrie hat das Thema aufgegriffen und lässt Jungunternehmer in Fernsehshows mit ihren innovativen Produkten und Dienstleistungen auf die Bühne treten. Was noch vor wenigen Jahren unvorstellbar war, zeigt sich nun vermehrt auch anhand der Erfolgsgeschichten von Start-ups: Ressourcenschwachen, aufstrebenden Unternehmen gelingt es schneller, erfolgreiche Produkte auf den Markt zu bringen als ressourcenstarken Marktführern.[12]

Wo sich einst Wettbewerbsvorteile auf Faktoren wie Kosten und Qualität zurückführen ließen, sind es heute Indikatoren wie Innovation, Kreativität und Entwicklung, die über den Erfolg eines Unternehmens entscheiden.[13] Namhafte Firmen wie OSRAM haben bereits begonnen, diesen Innovationsgeist ins Unternehmen zu holen: Fluxunit heißt die Venture-Capital-Einheit von OSRAM mit Sitz in München. Der unternehmenseigene Accelerator wurde 2016 gegründet, um innovative Geschäftsmodelle für OSRAM zu entwickeln. Fluxunit arbeitet fachlich eng mit der Innovations- und Strategieabteilung des Mutterunternehmens zusammen. Dabei liegt der Fokus auf Minderheitenbeteiligungen an innovativen Early-Stage-Start-ups, aber auch innovative Teams innerhalb von OSRAM sollen aktiviert werden.

Vor diesem Hintergrund entwickelt sich eine exponentiell steigende und stark ausdifferenzierte Bandbreite an Innovationsmanagementliteratur, -trainings und -beratungsangeboten. Mitarbeiterinnen und Mitarbeiter werden auf Schulungen geschickt, Tischkicker aufgestellt und Beratungsleistungen eingekauft. Evaluierungen haben jedoch ergeben, dass diese gut gemeinten Initiativen oft ins Leere laufen und Ergebnisse und Veränderungen nicht sichtbar werden. Salopp formuliert: Es ist immer blöd, wenn Bemühungen zu nichts führen. Nicht nur ärgerlich, sondern auch gefährlich wird es allerdings, wenn zu kurz gegriffene Innovationsmaßnahmen Teil eines Innovationstheaters sind, in dem die Mitarbeiterinnen und Mitarbeiter nach außen brav mitspielen, hinter vorgehaltener Hand aber die Sinnhaftigkeit bezweifeln und innerlich den neuesten Veränderungstrend vorbeziehen lassen. Ganz nach Professor Kruses 8 Regeln für den totalen Stillstand: »Bei uns ist das mit Veränderungen wie mit der Grippe: Das

12 Christensen (1997); Disselkamp und Disselkamp (2012); Hauschildt und Salomo (2011); Meyer (2014); Weiss (2016).
13 Meyer (2015a).

dauert mit Arzt 14 Tage, ohne Arzt zwei Wochen. Da musst du warten, das geht vorbei.«[14] Selbst der teuerste Tischkicker macht also nicht automatisch innovativer.

Abb. 4: Buzzworddarstellung Innovation

Innovation: Ein notorisch mehrdeutiger Begriff

Der Begriff »Innovation« wird in Theorie und Praxis sehr breit ausgelegt. Dabei fehlt es an einer einheitlichen Definition und damit auch an einem allgemeingültigen Verständnis. Wir möchten mit diesem Buch keine weitere Definition hinzufügen, sondern die Relevanz von Innovationen in Unternehmen aus Sicht der Organisations- und Personalentwicklung schärfen.

Wenn Sie sich vertieft mit dem theoretischen Begriff beschäftigen möchten, dann legen wir Ihnen die Arbeiten von Joseph Schumpeter, dem Gründervater der Innovationstheorie, ans Herz. Der Großteil der in den letzten Jahren veröffentlichten Literatur zu Innovation im Unternehmen lässt sich von seinen Theorien ableiten. Schumpeters Definition eines innovativen

14 8 Regeln für den totalen Stillstand (2008), https://www.youtube.com/watch?v=4f_mIRrns2U.

oder dynamischen Unternehmens, das Möglichkeiten erkennt und neue Ideen verwirklicht, ist zudem fast identisch mit dem heutigen Begriff des Unternehmertums (= Entrepreneurship).

Zum besseren Verständnis hier die fünf Kriterien für Innovationen nach Schumpeter:[15]

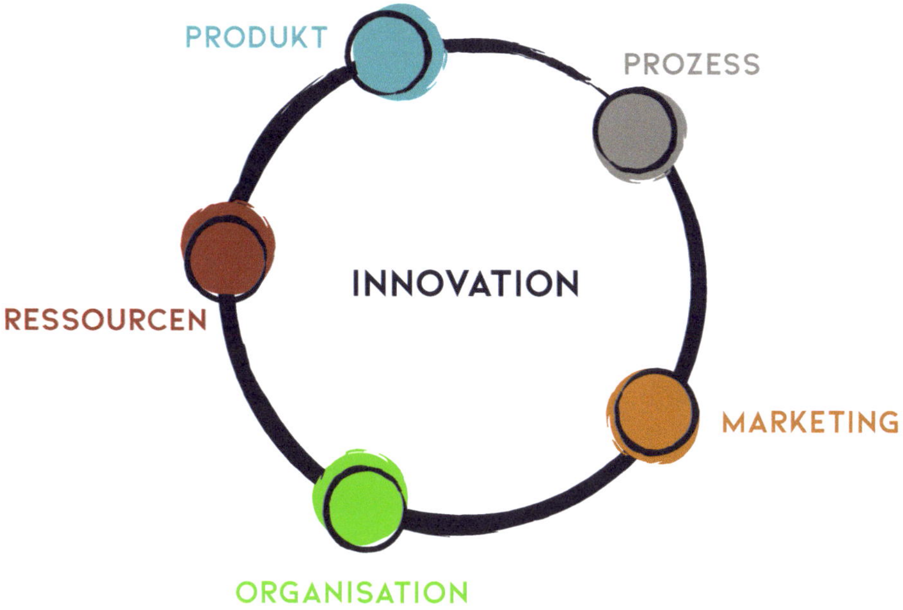

Abb. 5: Die fünf Kriterien für Innovationen nach Schumpeter

- Produktinnovation bezieht sich auf die Herstellung eines neuen Produkts bzw. einer neuen Produktqualität.
- Prozessinnovation beschreibt die Einführung eines neuen Prozesses in Produktion und Dienstleistung, der jedoch nicht zwingend auf einer Neuerfindung basieren muss.
- Marketinginnovation meint die Erschließung eines neuen Absatzmarktes, unabhängig davon, ob der Markt vorher schon existiert hat.
- Ressourceninnovation beschreibt die Erschließung einer neuen Bezugsquelle von Ressourcen, die für das Unternehmen notwendig sind.
- Organisationsinnovation ist die Neuorganisation des Unternehmens bzw. von Unternehmensteilen.

Durch diese Systematisierung wird deutlich, dass Innovation in allen Unternehmensbereichen relevant und wirksam sein kann – bei bestehenden ebenso wie neu gegründeten Unternehmen.

15 Schumpeter (1912/2006).

4.2 Bestehendes verbessern oder Neues erschaffen?

In unseren Coachings und Workshops beobachten wir, dass Führungskräfte, Entscheiderinnen und Entscheider oft abwinken, wenn wir auf das Thema Innovation zu sprechen kommen. Bei Innovation denken sie häufig an große internationale Konzerne, die die neuesten Produkte und Dienstleistungen auf den Markt bringen. Dass sie tagtäglich mit der erhaltenden Innovation konfrontiert sind, ist ihnen häufig nicht bewusst. Bestehendes kontinuierlich zu verbessern und weiterzuentwickeln bezeichnen wir gerne als natürlichen Vorgang, der – bewusst oder unbewusst – im Unternehmen spürbar ist. Gefährlich wird es dann, wenn darauf nicht eingegangen wird, sondern Führungskräfte diese Zeichen ignorieren. Die inkrementelle Innovation, bei der bestehende Prozesse, Organisationsstrukturen bzw. bereits existierende Produkte und Dienstleistungen schrittweise verbessert werden, ist Voraussetzung für das Überleben aller Unternehmen.

Bei radikalen Veränderungen oder disruptiven Innovationen handelt es sich hingegen um Innovationen, die für das Unternehmen oder den Markt neu sind. Oft entstehen sie in Segmenten oder durch Organisationsformen, die für renommierte Unternehmen aktuell nicht interessant sind, da sie nicht lukrativ erscheinen.[16]

In Anbetracht dieser Unterscheidung von Innovationen fragen Sie sich vielleicht, welche Innovationsart denn nun die nachhaltigste und effektivste ist. Sollten Sie eher auf inkrementelle Innovationen setzen oder sich doch besser dem radikalen Innovationspotenzial widmen? Ist es ertragreicher, auf Produktinnovationen zu bauen, oder besser, Prozessinnovationen voranzutreiben? Wäre es nicht sinnvoll, sich Marketinginnovationen anzunehmen oder Ressourceninnovationen zu implementieren? Genauso gut ließe sich argumentieren, dass nachhaltige Innovationsfähigkeit nur im Zuge von Organisationsinnovationen entstehen kann.

Standardisierte und patentierte Lösungen gibt es viele, und es ist verlockend, auf diese zurückzugreifen. Doch es wäre ebenso populistisch wie absurd und allzu stark vereinfacht, auf diese Weise an die Sache heranzugehen. Eine Reihung der Lösungen nach Wertigkeit vorzunehmen und den »*one best way*« zu beschreiben, wäre unseriös und wenig zielführend. Denn mit Unternehmen ist es wie mit Schneeflocken: Sie sind organische Materie, und es lassen sich nie exakt zwei identische finden. Vergessen Sie nicht: Die Einzigartigkeit und Individualität Ihres Unternehmens steht über jeder standardisierten Handlungsimplikation. Denn die Innovationskraft eines Unternehmens obliegt letztlich immer nur der Innovationskraft seiner Mitarbeiterinnen und Mitarbeiter sowie der vorherrschenden Kultur und Struktur.

16 Hauschildt und Salomo (2011).

4.3 Die linke und die rechte Gehirnhälfte im Unternehmen

Abb. 6: Die linke und die rechte Gehirnhälfte im Unternehmen

Wie viel Hirn hat Ihr Unternehmen? Oder anders gefragt: Wie gut kann Ihr Unternehmen beide Gehirnhälften nutzen und damit lösungsorientiert agieren? In einer vereinfachten Darstellung teilt sich unser menschliches Gehirn in zwei Hälften, die unterschiedliche Aufgaben übernehmen: Die linke Gehirnhälfte setzen wir ein, wenn analytisches, prozesshaftes Denken gefragt ist; die rechte Gehirnhälfte schenkt uns hingegen Kreativität, Gefühle und Emotionen. Beide Gehirnhälften sind wichtig (sonst hätten wir sie ja nicht), um auf die Herausforderungen unseres Alltags reagieren zu können – auch im beruflichen Umfeld.

Ähnlich verhält es sich mit erfolgreichen Unternehmen: Sie benötigen einerseits die Fähigkeit, das Bestehende laufend mittels Analyse zu optimieren (= *exploitation*), und andererseits die Kompetenz, kreativ Neues zur erforschen und zu entdecken (= *exploration*). Dadurch besitzen sie eine hohe Anpassungs- und Veränderungsfähigkeit, die erfolgreich macht.

Der Begriff »organisationale Ambidextrie« beschreibt genau diese Fähigkeit, Routinen und Prozesse zu definieren, um Bestehendes weiterzuentwickeln und gleichzeitig Neues zu kreieren.[17] Diese auf den ersten Blick paradox erscheinende Kombination ist die Basis von Innovation.

17 Tushman und O'Reilly (1996).

Damit geht auch einher, dass Mitarbeiterinnen und Mitarbeiter in der Lage sein sollten, sich je nach Kontext unterschiedlich zu verhalten. So kann es sein, dass Frau Müller in einem Projekt die Leitung übernimmt, in einem anderen als Ideengeberin fungiert und in einem weiteren für Recherchearbeiten zuständig ist. Personen nehmen ganz unterschiedliche Rollen ein, was von ihnen verlangt, sich die damit verbundenen Aufgaben und Verantwortungen bewusst zu machen und danach zu handeln.

Unternehmen, denen Ambidextrie nicht gelingt, sind meist durch einen traditionellen, wenig innovativen Managementstil geprägt. Was »traditionell« in diesem Zusammenhang bedeutet und wie Innovation gelingen kann, wollen wir uns gleich einmal genauer ansehen.

4.4 Lässt sich Innovation managen?

Der Begriff »Innovationsmanagement« suggeriert, dass Neues mittels klassischer Managementprozesse generiert, umgesetzt und gesteuert werden könnte. Aber kaum eine Disziplin verändert sich aktuell so stark wie das Management von Innovationen.[18] Auf internationalen Kongressen ist seit gut einem Jahrzehnt in aller Deutlichkeit eine Trendwende zu spüren. Zahlreiche Studien betonen nachdrücklich, dass Ansätze des klassischen Innovationsmanagements in Zukunft nicht mehr wirken und keine Relevanz mehr haben werden. »Die Art, wie Unternehmen neue Ideen generieren und Innovationen umsetzen[,] ist dabei, sich radikal zu verändern.«[19]

Klassisches Innovationsmanagement ist von prozessorientierten Denkansätzen geprägt. Wissenschaftlich gesehen ist diese Vorstellung jedoch seit den 2000er Jahren überholt. Vorab klar definierte Prozesse behindern erwiesenermaßen das Innovationspotenzial. Die Ansätze des traditionellen Innovationsmanagements sind tief in dem Verständnis verwurzelt, dass es einzig dem Management obliegt, die besten Entscheidungen für das Unternehmen zu kreieren und zu treffen. Wie kann es dann aber sein, dass Start-ups Innovationen so rasch und ungeplant ermöglichen, ohne dass dafür vorab Prozesse eingeführt und ein Management damit beauftragt wurden?

Wird Innovationsmanagement als kontinuierlicher Veränderungsprozess auf allen Ebenen des Unternehmens gesehen und etabliert, entwickelt sich langfristig eine neue Organisationskultur. Diese hat das Potenzial, neue Ansätze von Stabilität, Vertrauen und Identifikation mit der Arbeit und dem Unternehmen zu schaffen. In weiterer Folge führt dies schrittweise zu der innovativen Kompetenz des Unternehmens und der Beschäftigten, die notwendig ist, um inkrementellen und radikalen Innovationen angemessen begegnen zu können.

18 Meyer (2015b).
19 Meyer (2015b).

Oder anders gesagt: Ein nahrhafter Boden für kreatives Denken und innovative Methoden wird durch andere Faktoren als Prozesse und Management kultiviert. Im Folgenden möchten wir Ihnen zeigen, wie auf dem Planeten Innovation Ressourcen gewonnen werden, und Ihnen Impulse liefern, Ähnliches in Ihrem Arbeitsumfeld auszuprobieren.

5 New Work im GINO-Universum: Wie revolutionäres Arbeiten Wirklichkeit wird

5.1 Aufbruch Richtung Fortschritt

Das Paradigma der Aufklärung (1650–1800) versuchte durch »rationales Denken, alle den Fortschritt behindernde Strukturen zu überwinden« und althergebrachte Vorstellungen und Ideologien »auch gegen den Widerstand von Tradition und Gewohnheitsrecht zu befreien«[20]. Hier liegen die Uraltwurzeln der heutigen New-Work-Bewegung. »Was ist dir wirklich, wirklich wichtig?«, fragte der Begründer von New Work, der österreichisch-US-amerikanische Philosoph Frithjof Bergmann[21], bereits 1971 und drückt damit aus, was in der damaligen »neuen Arbeitswelt« beim Übergang von der Industrie- zur Wissensgesellschaft essenziell war. Diese »wirklich gewollte und sinnhafte« Arbeit stand in seinem Konzept vor allem für die zentralen Werte Selbstständigkeit, Freiheit und Teilhabe an der Gemeinschaft und war wesentlich politischer gedacht als New Work in vielen Ausprägungen heute. Bergmann ging es um ein sinnerfülltes Leben, in dem sich Menschen »nicht in Lohnarbeit erschöpfen und am Ende des Lebens feststellen, nicht gelebt zu haben«[22].

»Sich neu erfindende Organisationen« beschrieb Frederic Laloux, ehemaliger McKinsey-Berater, 2014 in seinem Bestseller *Reinventing Organizations* (wenn Sie sich für New-Work-Beispiele in Unternehmen auf der ganzen Welt interessieren, sei Ihnen dieses Buch empfohlen). Als einer der ersten Autoren formulierte er Merkmale von evolutionären bzw. New-Work-Organisationen. Aus seiner Analyse von zwölf Unternehmen entstand die Metapher eines natürlichen, lebendigen, langsam wachsenden, also evolutionären Systems. Laloux spricht metaphorisch von einem Organismus und verabschiedet sich damit endgültig vom Bild des Unternehmens als Maschine, mit dem Unternehmen häufig beschrieben wurden (und teilweise noch immer beschrieben werden). Weltweit und ohne voneinander zu wissen, setzten und setzen Eigentümerinnen und Geschäftsführer Arbeit und Führung anders um – »anders« im Sinne einer bewussten Fokussierung von guten, menschlichen, nachhaltigen und wirtschaftlich erfolgreichen Bedingungen. Laloux destillierte die drei verbindenden Elemente dieser Andersartigkeit heraus und fasst Sinn, Ganzheit und Selbststeuerung als Trias für evolutionäre Unternehmen zusammen:[23]

- **Sinn:** Die Frage nach dem Sinn ist so alt wie die Menschheit. Im Arbeitskontext lässt sich diese Frage auch so formulieren: Wie verbessere ich die Welt mit meiner Arbeit/meinem Produkt/meiner Dienstleistung? Letztendlich: Was trage ich mit meinem Dasein, mit meinem Handeln zu einer besseren Welt bei?
- **Ganzheit:** Menschen verbringen ihre Lebenszeit einerseits in Arbeits-, andererseits in Privatwelten. Wie sieht eine Vereinbarkeit dieser beiden Welten aus? Lebe ich überall meine

20 Gerabek et al. (2005).
21 Bergmann (1996).
22 Morgenthaler (2017).
23 Laloux (2015).

Stärken und Schwächen aus oder nur in bestimmten Bereichen? Bin ich (auch in der Arbeit), wer ich wirklich bin und sein will?

- **Selbstführung:** Wie gelingt es, Macht – also die Möglichkeit, etwas zu entscheiden und zu bewirken – auf möglichst viele Menschen in einem evolutionären Unternehmen zu verteilen? Wie lernen wir Selbstführung und Selbstorganisation zum Nutzen für Mensch und Unternehmen?

Auf diese Fragen möchte New Work Antworten finden. (Markus Väth formulierte 2019 in seiner New Work Charta konkrete Maßnahmen.)

Willkommen also auf dem Planeten New Work! Seit ungefähr vier Jahren reisen wir als Organisationsentwicklerinnen regelmäßig hierher, um die Ursache, Wirkung und vor allem die Handhabung dieses Wandels in der Arbeitswelt zu studieren. Denn: Der New-Work-Bewegung geht es nicht allein darum, Veränderungen festzustellen und theoretisch abzubilden; sie will vielmehr ins Tun kommen, also auf Veränderungen reagieren und handeln. Die Umsetzung ist spannend und fordert uns auf, selbst zu denken und neue, passende Arbeitswelten zu entwickeln.

5.2 Unternehmen als Orte der Zukunft

»Menschen sind Zukunftswesen«[24] schreibt Matthias Horx in seinem Buch *15 ½ Regeln für die Zukunft*, und dieses Zukunftswesen steht im Mittelpunkt der veränderten Arbeitswelt. Die treibenden Kräfte dieser Veränderungen sind vielschichtig, und sie entfalten Wirkung auf eben dieses Zukunftswesen Mensch sowie die Unternehmen, die von Menschen gestaltet werden. Sieben der wesentlichen Gründe für diese veränderte Arbeitswelt konnten wir im Zuge unserer Besuche auf dem Planeten New Work beschreiben. Sie beeinflussen und verstärken sich wechselseitig.

1. **Die Welt war immer und wird immer (stärker) VUCA.** *Volatility* (Unberechenbarkeit), *Uncertainty* (Ungewissheit), *Complexity* (Komplexität) und *Ambiguity* (Ambivalenz) führen zu sich immer rascher verändernden Rahmenbedingungen, unter denen heute Entscheidungen getroffen und Unternehmen gestaltet werden müssen. Eine Umgebung also, in der Informationen wenig prognostische Aussagekraft besitzen, weil das Wissen von heute morgen bereits überholt ist und klassische Hierarchie- und Entscheidungswege im Tempo nicht mithalten können.
2. **Märkte und Kundenbedürfnisse verändern sich durch verstärkte Individualisierung und Globalisierung schneller denn je.** Trends wechseln quasi in Lichtgeschwindigkeit. Auch hier sind traditionelle Top-Down-Strukturen überfordert. Erschwerend kommt die digitale Dynamik hinzu.

24 Horx (2019).

3. **Die digitale Transformation verändert unsere Wahrnehmung und verursacht Unsicherheit.** Die »digitale Disruption«[25] lässt uns alles mit allem und jeden mit jedem verbunden wahrnehmen. Dies erschwert die notwendige Unterscheidung zwischen Ich und Welt, Idee und Tat, Wissen und Vermuten. Das erzeugt nicht nur Unsicherheit, es lässt uns auch den Fokus auf das Wesentliche verlieren.
4. **Der Paradigmenwechsel von der Industrie- zur Wissensgesellschaft ist vollzogen.** Wissen auf wenige Keyplayer zu verteilen oder in FuE-Abteilungen zu parken ist riskant. Diese Machtsilos sind in der Welt von heute ein Hemmschuh für die Unternehmen von morgen.
5. **Die Frage nach dem Warum ist essenziell.** Diese Frage stellt sich nicht nur die Generation Y.[26] Die Sehnsucht der Menschen nach Sinn und nachvollziehbaren, gerechten Bedingungen bedeutet für Unternehmen neue Herausforderungen. Die Forderung nach einem demokratischen Grundverständnis in Organisationen und das Bedürfnis nach Autonomie und Selbstbestimmung stellen traditionelle Machtkonzepte infrage.
6. **Ein Gleichgewicht von zu viel und zu wenig Verantwortung wird angestrebt.** Führungskräfte, die unter der Last von Verantwortung und Aufgaben leiden, und Mitarbeiterinnen und Mitarbeiter, die sich in traditionellen Unternehmen unterfordert fühlen, sind heute allgegenwärtig.
7. **Gewinnmaximierung als alleiniger Motivator ist unzureichend.** Regionalität und Gemeinwohl gewinnen nicht erst seit der Coronakrise an Bedeutung, in der Engpässe bei Medikamentenlieferungen aus China und die Wichtigkeit regionaler Lieferanten deutlich wurden. Unternehmensformen wie etwa gemeinnützige Genossenschaften stellen dieses »gute Leben« für alle über die Profitfokussierung.

New Work gibt uns Empfehlungen, wie wir uns diesen Herausforderungen stellen können:[27]

1. **»Jenseits der Organigramme und Silos«** (Dimension Struktur) beschreibt die Entwicklung weg von starren Stellenbeschreibungen hin zu passgenauen und flexiblen Rollen und Aufgaben und flexiblem kollaborativem Arbeiten.
2. **»Jenseits von Hierarchien und Menschlichkeit im Zentrum«** (Dimension Mensch) setzt auf ein neues, coachendes Führungsverständnis, das Partizipation und Miteinbeziehung der Mitarbeiterinnen und Mitarbeiter in unterschiedlichsten Formen lebt.
3. **»Meine Arbeit stiftet für mich und andere Sinn«** (Dimension Kultur) hat wesentliche Kompassfunktion und rückt das Warum der Arbeit und ihre Wirkung auf Umwelt und Individuum in den Fokus.
4. **»Arbeite, wo und wann du willst«** (Dimension Arbeitsumfeld) beschreibt die Flexibilisierung von Arbeitsorten und -zeiten.
5. **Herz, Verstand und die Fähigkeit, kritisch zu denken** (Dimension Kultur) sind essenzielle Bestandteile von neuen und alten Arbeitswelten, in denen Mensch, Wirtschaft und Umwelt im Einklang sind.

---

25 ebd.
26 Huber und Rauch (2013).
27 Hofmann et al. (2019).

6. **Markt und Kunde im Zentrum** (Dimension Markt und Kunde) beschreibt die bewusst gestaltete Orientierung, die in der neuen Arbeitswelt zentral ist.

»Es ist nicht die stärkste Spezies, die überlebt, auch nicht die intelligenteste, sondern diejenige, die am ehesten bereit ist sich zu verändern«, meinte Charles Darwin und beschreibt damit jene agilen Arbeitsformen, auf denen das neue Arbeiten basiert. Kurz gesagt: Wenn Sie agil sind, also fähig, sich und Ihr Unternehmen in einem unsicheren und dynamischen Umfeld flexibel, anpassungsfähig und schnell weiterzuentwickeln, haben Sie auf dem Planeten N im GINO-Universum gute Überlebenschancen.

5.3 Ich war noch niemals in New Work

Wenn Sie denken, dass New Work ein unerreichbares Fernziel ist, lohnt es sich, Ihr Arbeitsleben noch einmal genauer zu betrachten. Denn mit großer Wahrscheinlichkeit kennen Sie Ansätze von New Work bereits aus Ihrem Alltag. Warum wir uns da so sicher sind? New Work begegnet uns in unserer Beratungstätigkeit (zum Glück) täglich – meist sind sich die Handelnden dessen selbst nur nicht bewusst.

Hier einige Beispiele:

- Ihre Kollegin unterstützt einen Kollegen aus einer anderen Abteilung. Das stand zwar weder in der Stellenbeschreibung, noch fällt es in ihren Zuständigkeitsbereich. Sie bringt jedoch die Kompetenz mit, die in diesem Fall gefragt ist.
- In Ihrem Team werden Arbeitsaufgaben gleichermaßen nach Vorlieben und Kompetenzen verteilt. Sie evaluieren die Situation regelmäßig gemeinsam und verändern die Arbeitsfelder gegebenenfalls.
- Ihre Führungskraft bildet bei wichtigen Entscheidungen Arbeitskreise, nicht nur pro forma, sondern um die Überlegungen der Mitarbeiterinnen und Mitarbeiter, die am operativen Geschäft näher dran sind, zu berücksichtigen.
- In Ihrem Team werden Konflikte und Fehler als Lernmöglichkeit betrachtet und gemeinsam lösungsorientiert bearbeitet.
- Sie und Ihre Kolleginnen und Kollegen organisieren Dienst- und Urlaubspläne im Team gemeinsam.
- Vorgesetzte greifen Rückmeldungen und Ideen ihrer Mitarbeiterinnen und Mitarbeitern auf und setzen diese um, ohne sie als die ihren zu verkaufen.

Einer oder mehrere dieser Punkte decken sich mit Ihren Erfahrungen? Dann können Sie sicher sein, dass New Work bereits in Ihrem Arbeitsleben angekommen ist. Wenn Sie diese Beispiele erstrebenswert finden, bislang aber nicht in Ihrem Job erlebt haben, liefert Ihnen dieses Buch im Folgenden wertvolle Tipps und Inspirationen, um New Work den Weg zu ebnen.

Und wer jetzt meint, »So neu ist das alles nicht, das ist doch selbstverständlich«, hat natürlich recht. New Work greift diese »Selbstverständlichkeiten« auf und ermöglicht Ganzheit, Sinn und Selbststeuerung durch bewusste Gestaltung des Unternehmens in Bezug auf Strukturen, Umfeld, Kultur, Mensch, Markt und Kunde.

6 GINO-Universum: Der gesunde Weg in eine innovative Zukunft

6.1 Das GINO-Universum und Sie

Die Planeten im GINO-Universum haben Sie nun bereits kennengelernt. Doch wofür steht das O im Wort »GINO«? Ganz einfach: für Ihre Organisation. Jetzt kommen also Sie ins Spiel – und damit wird dieses Buch gleich noch spannender!

Organisationen und Unternehmen sind lebendige Organismen, und sie prägen die Menschen und Teams, die in ihnen arbeiten. Oder anders formuliert: Die Art, wie ein Planet beschaffen ist, entscheidet über die Wesen, die darauf leben. Meist wachsen Organisationen evolutionär, also langsam. Damit sich eine Organisation organisch und gesund entwickeln kann, braucht es Experimentierfreudigkeit und einen Forscherblick. Nur so können Veränderungspotenziale erkannt und aktiv genutzt werden. Doch je größer ein Unternehmen ist, umso komplexer sind die Strukturen meist. Um sich trotzdem zurechtfinden zu können, ist Systematik in der Herangehensweise gefragt.

Wenn wir als DIEBERATERINNEN einen neuen Planeten bzw. eine neue Organisation bereisen, erforschen und die dortigen Ressourcen für die Menschen im Unternehmen nutzbar machen, gilt unser erster Blick den fünf entscheidenden Aspekten Arbeitsumfeld, Kultur, Struktur, Mensch sowie Markt und Kunde. Das sind auch gleichzeitig die fünf Bullaugen unseres Raumschiffes, die uns die Sicht auf die Planeten im GINO-Universum ermöglichen. Mehr noch als verschiedene Perspektiven auf ein und dieselbe Sache sind die fünf Aspekte Hebel, an denen wir ansetzen können, um Veränderungen in der Organisation herbeizuführen. Wenn Sie also neuen Schwung in Ihr Unternehmen bringen möchten, sind dies die Bereiche, auf die Sie Ihr Augenmerk lenken sollten. Dabei wollen wir Sie in den folgenden Kapiteln unterstützen.

6.2 Das Arbeitsumfeld: Raum und Zeit gestalten

In diesem Kapitel beschäftigen wir uns mit folgenden Fragen zum Arbeitsumfeld, die Ihnen gleichzeitig zur Reflexion dienen:

- Welchen Einfluss hat die Gestaltung der Arbeitsplätze auf die Gesundheit Ihrer Mitarbeiterinnen und Mitarbeiter?
- Was können Sie von hippen, bunten Bürogebäuden im Silicon Valley lernen?
- Wie schaffen Sie ein Arbeitsumfeld, das kreatives Denken fördert?
- An welchen Ort findet Arbeit zukünftig statt?
- Welche Anforderungen stellt das neue Arbeiten an das Arbeitsumfeld?
- Welche Rolle spielt die Flexibilisierung der Arbeitszeit?

ARBEITSUMFELD

Merkmale für gesundes Arbeiten	Merkmale des Arbeitens im New Work-Kontext	Merkmale für innovatives Arbeiten
ALLGEMEIN GÜLTIG		
ergonomische Gestaltung Gestaltbarkeit Wohlfühlatmosphäre	Ermöglichungsräume Gestaltbarkeit Wohlfühlatmosphäre Flexibilität	Ermöglichungsräume Gestaltbarkeit Wohlfühlatmosphäre Flexibilität
ARBEITSZEIT		
Zeitorientierung bewältigbares Arbeitspensum zeitliche Gestaltbarkeit	Ergebnisorientierung Vertrauensarbeitzeit zeitliche Gestaltbarkeit	Ergebnisorientierung flexible Arbeitszeitmodelle zeitliche Gestaltbarkeit
GESTALTUNG/AUSSTATTUNG		
angenehmes Raumklima angepasstes Licht und Beleuchtung ergonomische Gestaltung des Arbeitsplatzes Rückzugs- und Regenerationsräume zur Kommunikation und Austausch einladende Räume unterstützende Hard- und Software (Bildschirme mit hoher Auflösung und Bildqualität) umfassender Service für Mitarbeitende (gesundes Essen, Fitness-Angebote, Kinderbetreuung) höhenverstellbare Tische ergonomische Stühle Hebe- und Tragehilfen	angenehmes Raumklima angepasstes Licht und Beleuchtung Philosophie der »Zonen statt Räume« Zusammenarbeit im virtuellen Raum (Remote) zur Kommunikation und Austausch einladende Räume Top ausgestattete Hard- und Software umfassender Service für Mitarbeitende (gesundes Essen, Fitness-Angebote, Kinderbetreuung)	angenehmes Raumklima angepasstes Licht und Beleuchtung Orte und Räume der Inspiration zum konzentriertem Arbeiten gestaltete Räume zur Kommunikation und Austausch einladende Räume High- und Low-Tech-Tools für Innovationsprozesse

6.2.1 Mit der Linse »Arbeitsumfeld« auf dem Planeten Gesundheit: Wohlfühloase für die Mitarbeiterinnen und Mitarbeiter?

Zunächst einmal schauen wir durch das Bullauge »Arbeitsumfeld« auf den Planeten Gesundheit. Schon vor mehr als zehn Jahren hat die Gestaltung und Ausstattung des Arbeitsplatzes in den Gesetzen zum Schutz der Arbeitnehmerinnen und Arbeitnehmer Einzug gehalten. Denn: Die Gestaltung des und das Verhalten am Arbeitsplatz wirken sich belastend auf unsere Gesundheit aus, entweder aufgrund von Computerarbeitsplätzen und langem Sitzen oder bedingt durch körperlich fordernde Tätigkeiten.

Das Fraunhofer Institut IAO stellt in seinen Office-21-Studien seit 2013 immer wieder fest, dass wir in unserem Arbeitsleben rund 55.000 Stunden sitzend, 3.000 Stunden stehend und 6.500 Stunden gehend verbringen. Erkrankungen des Stützapparats, Kopf-, Nacken- und Rückenschmerzen und somit Beeinträchtigungen der Arbeitsfähigkeit sind vielfach die Konsequenz. Deshalb rückt in der Betrieblichen Gesundheitsförderung auch die ergonomische Gestaltung der Arbeitsplätze in den Mittelpunkt.

Da die meisten Erwerbstätigen einen erheblichen Teil ihres Lebens bei der Arbeit verbringen, ist es wichtig, Arbeitsräume und Arbeitsplätze gesundheitsförderlich zu gestalten. Das spiegelt sich wider in anpassbarem Mobiliar wie höhenverstellbaren Tischen, ergonomischen Stühlen und variablen Sitzgelegenheiten. Gesunde Computerarbeitsplätze zeichnen sich durch geeignete Bildschirme mit hoher Auflösung und Bildqualität aus, die dreh- und neigbar sind. Bei Laptops werden Docking-Stations empfohlen, die mit externen Monitoren und externen Tastaturen ausgestattet sind. Auch körperliche Belastungen durch schweres Heben oder Tragen werden idealerweise durch Hebehilfen oder zusätzliche Transportgeräte entschärft.

Auch Licht ist ein Thema: Mehrere Untersuchungen zeigen, dass die künstliche Beleuchtung von Arbeitsstätten eine der Ursachen für das »Sick-Building-Syndrom« sind. Dieses tritt vorwiegend bei Beschäftigten in Bürogebäuden auf und ist ein Sammelbegriff für verschiedene Beschwerden wie Probleme mit den Atemwegen, Kopfschmerzen, allergische Reaktionen, chronische Müdigkeit, Lustlosigkeit und Depressivität.[28]

28 (Österreichisches) Bundesministerium für Arbeit, Familie und Jugend, Zentral-Arbeitsinspektorat (2019).

Zu diesem Thema gäbe es noch viel zu sagen, und es wurden bereits zahlreiche Bücher dazu geschrieben. Halten wir uns deshalb an dieser Stelle kurz: Gut gestaltete Arbeitsräume und Arbeitsplätze fördern das Wohlbefinden der Mitarbeiterinnen und Mitarbeiter und sorgen dafür, dass diese gesund bleiben.

Eigentlich ganz einfach. Doch was macht Gesundheit am Arbeitsplatz trotzdem manchmal herausfordernd? Schlicht die Tatsache, dass vielfältige individuelle, aufgabenbezogene und kulturelle Faktoren die Beziehung zwischen Mitarbeiterinnen und Mitarbeitern und ihrer Arbeitsumgebung beeinflussen und sich die Frage nach der idealtypischen Büro- und Arbeitsplatzgestaltung, also die Frage nach einem Patentrezept, kaum bis gar nicht beantworten lässt.

Was also tun? Eine Herangehensweise kann sein, eine Umgebung zu schaffen, in der Mitarbeiterinnen und Mitarbeiter ihre Arbeitsplätze so flexibel und anpassbar gestalten können, wie es ihren jeweiligen Arbeitsaufgaben, Tätigkeiten und Bedürfnissen entspricht. Wie das konkret in Ihrem Unternehmen aussehen kann, muss individuell ausgearbeitet werden.

6.2.2 Mit der Linse »Arbeitsumfeld« auf dem Planeten Innovation: Hauptsache hip und bunt?

Schauplatzwechsel. Willkommen auf dem Planeten Innovation. Dem Arbeitsumfeld wird hier auf andere Art und Weise Beachtung geschenkt. Technologieunternehmen aus dem Silicon Valley machen es uns vor: Sie verbinden Arbeit, Kreativität, Spaß und Freizeit. Bunte und zur Kommunikation einladende Räume, großzügige Loungebereiche zum Entspannen, Kantinen mit gesundem Essen sowie Angebote für Fitness, Spiele und Kinderbetreuung zeichnen die Arbeitsumgebung aus. Hierarchiegrenzen verschwimmen, weil Chefs nicht mehr abgeschottet in Vorstandsetagen, sondern mittendrin oder in kleinen, unauffälligen Büros sitzen.

Klingt wunderbar? Die Arbeitsumgebung und -ausstattung, die wir außerhalb des GINO-Universums in der Praxis erleben, sieht leider häufig anders aus. Unternehmen investieren zwar mittlerweile in moderne Arbeitsmittel und ergonomische Arbeitsplatzgestaltung, ohne jedoch darauf achten, welchen Einfluss die Arbeitsumgebung auf Kreativität und Innovation haben kann. Im Gegenteil: Meist sind die Räume so gestaltet, dass sie zu Barrieren für innovatives Denken werden: eng und vollgestopft mit Geräten und Akten. Durch schlechte Beleuchtung wirken die Räume düster und altmodisch. Viele moderne Bürotürme, die zwar hell und imposant gebaut sind, wirken kalt, unnahbar und langweilig.

Innenarchitektinnen und Architekturbüros haben sich dieser Miesere angenommen und tragen dem Einfluss der Räumlichkeiten auf die Kreativität der Mitarbeiterinnen und Mitarbeiter zunehmend Rechnung. Doch für viele Unternehmen ist es finanziell nicht möglich, neue Bürogebäude zu bauen oder bestehende Räumlichkeiten zu verändern. Bei einer größeren Investition in Räume und Ausstattung empfehlen wir, einen Einrichtungsprofi hinzuzuziehen, da dieser auf die Gestaltungkraft von innovationsfördernder Arbeitsumgebung spezialisiert ist.[29] Doch was, wenn das nicht möglich ist? Auch dann können Sie den Spirit vom Planeten I auf Ihre Erde holen!

Lowtech-Tools: Beginnen Sie mit einem Raum

Als Moderatorinnen von Workshops und Klausuren kommen wir oft in Räumlichkeiten, die kreatives Denken hemmen: Sie sind vollgestellt mit Tischen – Stifte, Karten oder Post-its sind jedoch nicht vorhanden. In einer Ecke steht ein altes, unbewegliches Flipchart; eine Pinnwand sucht man jedoch vergeblich. Auch als erfahrene Beraterinnen tun wir uns in solch einer Umgebung schwer, Teams in kreative Schwingung zu bringen. Unser Tipp: Unternehmen müssen ja nicht gleich alle Räume in Silicon-Valley-Manier gestalten. Fürs Erste tut es auch ein einziger Raum, der mithilfe von Lowtech-Tools so ausgestattet wird, dass kreatives Denken und Austausch möglich sind. Dieser erste, bescheidene Schritt setzt ein wichtiges Zeichen und signalisiert: Wir wollen nicht nur etwas anders machen, wir machen es auch wirklich! Wichtig dabei: Der Raum muss für jedermann zugänglich sind und kann bei Bedarf auch reserviert werden – niemand ist von Kreativität und Austausch ausgeschlossen. Und natürlich ist auch die Gestaltung selbst entscheidend. Achten Sie auf:

- bunte Farben und bunte Möbel
- viel natürliches Licht
- bewegliches, leichtes Mobiliar
- unterstützendes Moderationsmaterial (bewegliche Flipcharts, Pinnwände)
- Kaffeemaschine, Kühlschrank und Getränke

Co-Working-Space: Gehen Sie dahin, wo die Kreativen sind

Auch bei kleinem Budget gibt es Möglichkeiten, Kreativität und Innovation zu unterstützen. So können Sie zum Beispiel für Workshops oder einzelne Projektphasen in eine Umgebung gehen, die schöpferisches Denken fördert. Dazu eigenen sich insbesondere Co-Working-Spaces, in denen Arbeitsplätze oder ganze Räume auch für kurze Zeit angemietet werden können. Co-Working-Spaces umfassen unterschiedliche Räumlichkeiten, in denen Menschen in Ruhe allein oder im Austausch mit anderen an Projekten arbeiten können. Sie bieten meist ein buntes und gut ausgestattetes Umfeld. Um ein Projekt in einer bestimmten Phase voranzubringen, kann es sinnvoll sein, alle Beteiligten für ein paar Tage an einen Tisch zu holen, um dort gemeinsam Ideen zu spinnen, umzusetzen, zu evaluieren und weiterzuentwickeln.

29 BPF Best-Practice-Forum (o. J.).

Homeoffice oder Almhütte: Auch Ruhe tut gut

Viele Büroräumlichkeiten zeichnen sich leider dadurch aus, dass sie konzentriertes Arbeiten erschweren. Durch Telefonate, Unterbrechungen durch Kollegen und wichtige Absprachen mit der Chefin bleibt meist wenig Zeit und Fokus, um kreativen Gedanken Raum zu geben, Ideen zu Papier zu bringen und Vorhaben zu planen. Viele Unternehmen tun sich immer noch schwer mit der Vorstellung, dass die Arbeit ihrer Mitarbeiterinnen und Mitarbeiter – wenn diese nicht im Außendienst tätig sind – auch jenseits der Büromauern stattfinden kann. Dabei machen sich die meisten Menschen auch außerhalb der Arbeitszeit und des Büros Gedanken über ihre Arbeit, sie entwickeln Ideen und arbeiten an Konzepten. Mit den Möglichkeiten der Digitalisierung ist Arbeiten längst überall möglich – ob im Homeoffice oder auf der Almhütte (was natürlich nicht gilt, wenn Ihr Job es ist, Menschen zu operieren oder Passagierflugzeuge zu fliegen). Diese Flexibilität sollten Sie unbedingt nutzen, um sich zurückzuziehen, wenn bestimmte Aufgaben es erfordern. So wie wir manchmal Austausch und Bewegung brauchen, um innovativ zu sein, benötigen wir auch Ruhe und Fokus, um weiterzukommen.

6.2.3 Mit der Linse »Arbeitsumfeld« auf dem Planeten New Work: Alles maximal flexibel?

Auf dem Planeten New Work beschäftigt uns nicht mehr nur die Arbeitsplatzergonomie. Wir befinden uns hier schon auf dem nächsten Level, wo von Ermöglichungsräumen und absolut flexibler zeitlicher und räumlicher Gestaltbarkeit die Rede ist.

Die Flexibilisierung von Arbeitszeiten und -orten ist jener Ansatz von New Work, der am weitesten in Unternehmen verbreitet ist[30] und uns auch in unserer Beratertätigkeit täglich begegnet. Kern- und Gleitarbeitszeit sind in vielen Unternehmen bereits State of the Art und wirken sich positiv auf Engagement, Commitment und Motivation und damit auf Gesundheit und Innovationskraft aus.[31] Gleichzeitig wird die Gefahr von Überstunden und Dauererreichbarkeit – also der Entgrenzung von Arbeit – besonders von den Generationen Y und Z bewusst wahrgenommen.[32]

30 Hofmann et al. (2019).
31 ebd.
32 Ullah (2019).

Die flexiblere Gestaltung von Ort und Zeit hängt stark von Branche und Produktions- bzw. Dienstleistungsbereich ab. Doch auch in maximal strukturierten Schichtbetrieben wächst das Bedürfnis nach flexibleren Arbeitszeiten. In einem Pilotprojekt eines Wohnheims in Wien (insgesamt 500 Angestellte) haben Teams aus jeweils ca. 25 Mitarbeiterinnen und Mitarbeitern sowie Führungskräften gemeinsam ein System entwickelt, in dem Dienstpläne rotierend, ohne direkte Führungseinwirkung erfolgreich im Kollektiv erstellt werden. Mit Erfolg! Voraussetzung hierfür sind unserer Erfahrung nach exzellente Kommunikationskompetenz, Konflikt- und Verzichtsbereitschaft, ein grundsätzliches Vertrauen untereinander und insbesondere der Führungskräfte zu den Mitarbeiterinnen und Mitarbeitern sowie Ausdauer und Mut. Denn die gestalteten Strukturen und das Arbeitsumfeld dienen den Menschen innerhalb und außerhalb des Unternehmens sowie der Aufgaben- und Sinnerfüllung und nicht umgekehrt.

Führungskräfte und Beschäftigte sind füreinander Ermöglicherinnen, Unterstützer und Coaches, die durch passende Räume für Austausch, Vernetzung und Erholung unterstützt werden.

»Vertrauensarbeitszeit«[33] ist im Bereich New Work ein geflügeltes Wort. Es bedeutet neben dem oben beschriebenen grundsätzlichen Vertrauen in die Kompetenz von Menschen, dass Arbeitgeber auf die Festlegung von Beginn und Ende der täglichen Arbeit verzichten und stattdessen darauf vertrauen, dass die Beschäftigten ihre Arbeitspflicht auch ohne Kontrolle erfüllen. Ausschlaggebend ist dabei die erbrachte Leistung, also das Arbeitsergebnis, nicht die dafür verwendete Arbeitszeit. In einer Studie gaben 94,2 % der Befragten an, dass sich durch flexiblere Arbeitszeiten Berufs- und Privatleben besser vereinbaren lassen.[34] Die Kombination von Vertrauens- und Kernarbeitszeit ist hierbei am häufigsten.[35]

Wahlarbeitszeit, Jobsharing und Teilzeitmodelle sind in Deutschland und Österreich weniger verbreitet als beispielsweise in Großbritannien. Sie bieten also noch Luft nach oben, um Berufs- und Privatleben besser in Einklang zu bringen.

Ruheräume, Kantinen, Gemeinschaftsküchen, Kreativzonen – alles Ermöglichungsräume, in denen anders gelebt und gearbeitet wird. Im Sinne von New Work: gemeinschaftlich, offen, nutzbar nach dem jeweiligen Bedarf und ausgestattet mit flexiblen Elementen. Von verschiebbaren Schreibtischen über Stehpulte bis hin zu Wänden, die mit Post-its beklebt werden können – der Kreativität sind keine Grenzen gesetzt.

33 Hofmann et al. (2019).
34 www.trendence.com/reports (letzter Zugriff: 02.01.2020).
35 Ullah (2019).

6.2.4 Das GINO-Arbeitsumfeld

Auf allen drei Planeten des GINO-Universums zeigt sich, dass der Arbeitsplatz und die Raumgestaltung hinsichtlich Gesundheit, Innovationsfähigkeit und selbstorganisiertem Arbeiten einen großen Einfluss auf die Mitarbeiterinnen und Mitarbeiter haben. Doch wie muss nun der beste aller Räume beschaffen sein, der alle drei Aspekte zugleich berücksichtigt und unterstützt?

Veränderung der Arbeitsplatzgestaltung in der BGF

Durch die Verdienste des Arbeitnehmerschutzes und der Betrieblichen Gesundheitsförderung ist die ergonomische Arbeitsplatzgestaltung in den vergangenen Jahren zu einer Selbstverständlichkeit in Unternehmen geworden. Dank externer Beratungen und notwendiger Investitionen konnte viel erreicht werden, was sich positiv auf die Gesundheit am Arbeitsplatz auswirkt. Dabei konzentriert sich die Betriebliche Gesundheitsförderung meist ausschließlich auf die Arbeitsplatzgestaltung in den Räumlichkeiten des Arbeitgebers, sei es der Büroarbeitsplatz oder die Fertigungsstraße.

Doch immer weniger Menschen arbeiten klassisch in den Räumlichkeiten ihres Arbeitgebers. Arbeitsorte werden zunehmend flexibler und vielfältiger, insbesondere durch die Möglichkeiten der Digitalisierung. Die Konzepte von Innovation und New Work gehen in dieser Hinsicht weiter und nutzen die Ressourcen außerhalb der unternehmensinternen Räumlichkeiten, um innovatives Denken und selbstorganisiertes Arbeiten zu fördern. Durch die Ausweitung des Arbeitsortes auf Co-Working-Spaces oder das Homeoffice ist es meist kostengünstig möglich, Hürden, die am Arbeitsplatz bestehen, auszuweichen und frischen Wind in die Sache zu bringen.

Neue agile Organisationsformen sehen das Arbeiten in Projektteams vor, weshalb der persönliche Arbeitsplatz im Vergleich zu gemeinsam genutzten Flächen immer mehr im Fokus steht. Wo früher die Ergonomie als zentrale Ressource leistungsfähiger Mitarbeiterinnen und Mitarbeiter galt und Unternehmen ihre Büros beispielsweise mit höhenverstellbaren Tischen ausstatteten, herrscht heute durch die Flexibilisierung der Arbeit deutlich mehr Bewegung im Alltag. Entsprechend wird die mentale Gesundheit zur neuen zentralen Ressource in der Arbeitswelt.[36]

Neue Mischformen wirken sich mehrfach aus

Auf den Planeten Innovation und New Work hat der Gedanke Einzug gehalten, dass die Gestaltung des Umfelds auf die Anforderungen der Arbeit einerseits und die Bedürfnisse der Mitarbeiterinnen und Mitarbeiter andererseits ausgerichtet werden soll. Unternehmen, die ihr Umfeld weiterentwickeln, schaffen mit der Berücksichtigung aller drei Aspekte einen wirkungsvollen Hebel für mehr Gesundheit, Innovation und selbstorganisiertes Arbeiten.

36 Konkol et al. (2017).

In den meisten Fällen hat sich gezeigt, dass ein Mix aus Einzelbüros, Großraumbüros und offenen, flexibel nutzbaren Arbeitsflächen sowie genügend Rückzugsräumen seinen Zweck erfüllt. Damit sind sowohl konzentriertes Arbeiten im Einzelbüro als auch kommunikative Teamarbeit in den Gemeinschaftsbereichen möglich. So wird gezielte Kommunikation – abhängig vom jeweiligen Bedürfnis – gefördert und gleichzeitig die Privatsphäre sichergestellt. Wichtig hierbei: Die Arbeitsumgebung sollte einen einfachen Medienwechsel zwischen analogen und digitalen Arbeitsmedien ermöglichen. Gute Raumplanung stellt somit einen wichtigen Aspekt im GINO-Universum dar. Sie kann allerdings nur als Katalysator für gute Prozesse dienen; als alleinstehende Maßnahme bleibt sie wirkungslos.

Der zentrale Aspekt der Selbstorganisation wird zukünftig noch stärker die zeitliche Gestaltung der Arbeitszeit durch die Mitarbeiterinnen und Mitarbeiter selbst sein. Wie weiter oben dargestellt, wird es zukünftig darum gehen, die Beschäftigten selbst beeinflussen zu lassen, wann und wie sie in Absprache mit ihren Kolleginnen und Kollegen arbeiten. So wird die Erstellung von Dienstplänen nicht mehr nur Aufgabe der Führungskräfte sein, sondern zunehmend in die Verantwortung der Mitarbeiterinnen und Mitarbeiter übergeben. Hier ist Vertrauen nötig, dass diese die Anforderungen der Arbeit verstehen und entsprechende Planungen vornehmen.

Was heißt das konkret?

Zurück von Ihrer Reise durchs GINO-Universum fragen Sie sich bestimmt, wo Sie in Ihrem Unternehmen ansetzen können. Hier ein paar Tipps:

TO THE POINT

Unsere Empfehlungen für Ihren gelungenen Start ins GINO-Universum:

- Erforschen Sie mit Ihrem Team, welcher Raum und welche Ausstattung für welche Tätigkeit nötig ist.
- Beziehen Sie die individuellen Bedürfnisse der Menschen mit ein, auch wenn dies ein Spannungsfeld sein kann.
- Erarbeiten Sie im Team Nutzungsbedingungen: Wo findet störungsfreies, konzentrierte Arbeiten statt? Wo wird telefoniert? Wo finden Besprechungen statt?
- Arbeit findet nicht nur am klassischen Arbeitsplatz statt; zunehmend arbeiten wir an anderen Orten und nutzen dazu die Möglichkeiten der Digitalisierung. Schaffen Sie die nötigen Voraussetzungen dafür.
- Nutzen Sie die Möglichkeiten der flexiblen Arbeitszeitgestaltung – darin steckt ein enormes Potenzial! Die Produktivität und Zufriedenheit der Mitarbeiterinnen und Mitarbeiter werden sich erhöhen.
- Experimentieren Sie mit Ihrem Team bei Veränderungen im Arbeitsumfeld, und bemühen Sie sich stetig um eine Weiterentwicklung.

In der Toolbox am Ende dieses Buches in Kapitel 8.5 finden Sie konkrete Tipps zu folgenden Methoden:

- Einrichten eines ergonomischen (Computer-)Arbeitsplatzes
- Einrichten eines Kreativraums
- Leitfaden für das Arbeiten im Homeoffice

6.3 Die Struktur: Abläufe und Aufgabenverteilung im Wandel

In diesem Kapitel beschäftigen wir uns mit folgenden Fragen zur Struktur, die Ihnen gleichzeitig zur Reflexion dienen:

- Ergeben die definierten Abläufe, Prozesse und Checklisten in der Praxis Sinn und unterstützen sie Sie in Ihrer Arbeit? Oder verursachen sie ein Mehr an Arbeit?
- Haben die Mitarbeiterinnen und Mitarbeiter in Ihrem Unternehmen jene Aufgaben und Verantwortlichkeiten, die ihren Kompetenzen und Vorlieben entsprechen?
- Wo finden Entscheidungen statt? Zeitnah bei und gemeinsam mit Ihren Mitarbeiterinnen und Mitarbeitern oder in formalisierten, tendenziell hierarchisch besetzten Entscheidungsgremien?
- Erhalten die Mitarbeiterinnen und Mitarbeiter breitgefächert Informationen über das Unternehmen, und erhalten sie alle Informationen, die für ihren Aufgabenbereich wichtig sind?
- Welche Strukturen in Ihrem Unternehmen ermöglichen einen persönlichen Austausch?
- Wie zufriedenstellend, effektiv und partizipativ sind Ihre Teammeetings und -sitzungen gestaltet?

STRUKTUR

Merkmale für gesundes Arbeiten	Merkmale des Arbeitens im New Work-Kontext	Merkmale für innovatives Arbeiten
ALLGEMEIN GÜLTIG		
Partizipation Sinn klarer Rahmen Nachvollziehbarkeit Orientierung Transparenz	Partizipation Sinn klarer Rahmen Nachvollziehbarkeit Orientierung Transparenz	Partizipation Sinn klarer Rahmen Nachvollziehbarkeit Orientierung Transparenz
HIERARCHIE/AUFBAUPRINZIPIEN		
klarer Rahmen Nachvollziehbarkeit Orientierung Transparenz Verlässlichkeit	klarer Rahmen Nachvollziehbarkeit Orientierung Transparenz Verlässlichkeit	klarer Rahmen Nachvollziehbarkeit Orientierung Transparenz Verlässlichkeit
ROLLEN/AUFGABEN		
Handhabbarkeit Nachvollziehbarkeit Verstehbarkeit	Handhabbarkeit Nachvollziehbarkeit Verstehbarkeit Aufgaben- und Kompetenzenvielfalt Beweglichkeit Rollen statt Stellen	Handhabbarkeit Nachvollziehbarkeit Verstehbarkeit Aufgaben- und Kompetenzenvielfalt Beweglichkeit Rollen statt Stellen Autonomie

Merkmale für gesundes Arbeiten	Merkmale des Arbeitens im New Work-Kontext	Merkmale für innovatives Arbeiten
ABTEILUNGS-/TEAMSTRUKTUREN		
Handhabbarkeit Nachvollziehbarkeit Verstehbarkeit	Handhabbarkeit Nachvollziehbarkeit Verstehbarkeit Aufgaben- und Kompetenzenvielfalt Beweglichkeit flache Hierarchien vielfältige Teamstruktur Kreisstrukturen (Strukturen)	Handhabbarkeit Nachvollziehbarkeit Verstehbarkeit Aufgaben- und Kompetenzenvielfalt Beweglichkeit flache Hierarchien vielfältige Teamstruktur Autonomie
INFORMATIONSPROZESSE		
Aktualität Relevanz überschaubare Informationsdichte Verfügbarkeit Verstehbarkeit Weitergabe zeitnah	Aktualität Relevanz überschaubare Informationsdichte Verfügbarkeit Verstehbarkeit Weitergabe zeitnah Konnektivität & Netzwerke	Aktualität Relevanz überschaubare Informationsdichte Verfügbarkeit Verstehbarkeit Weitergabe zeitnah Konnektivität & Netzwerke gelebtes Wissensmanagement
ABLAUFPROZESSE		
Effizienz Handhabbarkeit Nachvollziehbarkeit Verstehbarkeit	Effizienz Handhabbarkeit Nachvollziehbarkeit Verstehbarkeit Agilität Ambiguität Implementierbarkeit	Effizienz Handhabbarkeit Nachvollziehbarkeit Verstehbarkeit Agilität

Merkmale für gesundes Arbeiten	Merkmale des Arbeitens im New Work-Kontext	Merkmale für innovatives Arbeiten
ENTSCHEIDUNGSPROZESSE		
Partizipation kurze Entscheidungswege Nachvollziehbarkeit Sachorientierung Verbindlichkeit	Partizipation kurze Entscheidungswege Nachvollziehbarkeit Sachorientierung good enough to try Prozessregeln Entscheidungen abgestimmt mit Sinn	Partizipation kurze Entscheidungswege Nachvollziehbarkeit Sachorientierung good enough to try schnelle Maßnahmen
SUPPORTPROZESSE		
Feedback/Resonanz Lösungsorientierung Nachhaltigkeit Verfügbarkeit zeitnah	Feedback/Resonanz Lösungsorientierung Nachhaltigkeit Verfügbarkeit zeitnah Selbstverantwortlichkeit (Aktivität/Support)	Feedback/Resonanz Lösungsorientierung Nachhaltigkeit Verfügbarkeit zeitnah Selbstverantwortlichkeit (Aktivität/Support)
AUSTAUSCHFORMATE		
Partizipation Effektivität Effizienz Ergebnisorientierung	Partizipation Effektivität Effizienz Ergebnisorientierung Agilität	Partizipation Effektivität Effizienz Ergebnisorientierung Agilität Tolerieren von Meinungsvielfalt
MITARBEITER-PROFILING & -GEWINNUNG		
Partizipation Effizienz	Partizipation Effizienz	Partizipation Effizienz

Merkmale für gesundes Arbeiten	Merkmale des Arbeitens im New Work-Kontext	Merkmale für innovatives Arbeiten
VERGÜTUNGEN/BONI/NEW PAY		
Leistungsbezogenheit	neues Leistungsverständnis und alternative Anreize	neues Leistungsverständnis und alternative Anreize
Möglichkeiten zur Verbesserung	Möglichkeiten zur Verbesserung	Möglichkeiten zur Verbesserung
Nachvollziehbarkeit	Nachvollziehbarkeit	Nachvollziehbarkeit
Gerechtigkeit	Fairness	
	Partizipation	Partizipation
verlässliche Auszahlung		verlässliche Auszahlung
	Beweglichkeit	
	Hierarchieunabhängigkeit	
	Selbstbestimmung	
	Transparenz	
		Anreizsystem

6.3.1 Mit der Linse »Struktur« auf dem Planeten Gesundheit: Der Rahmen, der gesund hält

In den vergangenen Jahren haben wir zahlreiche Unternehmen, Teams und Führungskräfte dabei unterstützt, herauszufinden, was sie an und in ihrer Arbeit belastet und sich somit mittelfristig negativ auf ihre Gesundheit auswirken kann und wie sie dem begegnen. Dabei ist es uns immer ein besonderes Anliegen, das Verständnis dafür zu stärken, dass die Verhältnisse in Unternehmen auf Menschen wirken und einen enormen Einfluss auf die Gesundheit und Arbeitsfähigkeit haben. Auch die Politik hat diese Tatsache erkannt und stellt Unternehmen in kostenfreien Programmen Analyse und Beratung zur Verfügung, damit sie Verhältnisse schaffen können, die die Gesundheit und Arbeitsfähigkeit ihrer Beschäftigten erhalten und fördern. Dabei sind die Elemente der Struktur ein wichtiger Teil der Verhältnisse, auf die Unternehmen und Führungskräfte Einfluss haben.

Wo ansetzen?
Ihre Organisation kann Arbeit auf drei Ebenen gesundheitsfördernd gestalten:

1. **Arbeitsorganisation und -gestaltung**
   Die Arbeit soll so gestaltet werden, dass die Mitarbeiterinnen und Mitarbeiter weder über- noch unterfordert werden, sondern die Aufgaben eine Herausforderung darstellen. Eine herausfordernde Arbeit kennzeichnet sich einerseits durch
   a) **die Ganzheitlichkeit** der Aufgabe: Der Mitarbeiterin ist bewusst, welchen Beitrag sie mit ihrer Arbeit leistet. Sie kann Tätigkeiten selbst zu Ende führen und versteht das Endresultat bzw. Endprodukt. In einer hoch spezialisierten Arbeitswelt, in der wir uns häufig nur als Rädchen im Getriebe fühlen und Zusammenhänge oft schwer zu durchschauen sind, stellt die Ganzheitlichkeit eine besondere Herausforderung dar;
   b) **den Entscheidungs- und Handlungsspielraum,** den die Mitarbeiterinnen und Mitarbeiter zum großen Teil beeinflussen können. Sie entscheiden, wann und wie sie etwas tun, welche Aufgaben sie wann erledigen, sie planen ihren Tag selbst, teilen sich ihre Aufgaben ein, folgen ihrem persönlichen Rhythmus und setzen selbstständig Prioritäten;
   c) **die Partizipation** und Einflussmöglichkeiten der Mitarbeiterinnen und Mitarbeiter: In jedem Projekt der Betrieblichen Gesundheitsförderung spielt die Partizipation eine zentrale Rolle: Wie können die Beschäftigten einbezogen werden, ihre Sichtweisen gehört und sie in Entwicklungsprozessen »mitgenommen« werden? In hierarchisch strukturierten Unternehmen ist dies oft der erste Anlass, sich eingehender mit der Mitarbeiterpartizipation zu beschäftigen. Diese Projekte stellen somit ein zentrales Element dar, das sich gesundheitsfördernd auf die Mitarbeiter auswirkt. Wer das

Gefühl hat, dass seine Meinung und Sichtweise gehört und berücksichtigt wird, ist arbeitsfähiger und mittelfristig gesünder;

d) **Qualifikation, Entwicklungs- und Lernmöglichkeiten**, bei denen die Mitarbeiterinnen und Mitarbeiter die notwendigen Fähigkeiten verbessern, damit die Arbeit getan werden kann.

Für eine gute Arbeitsorganisation gilt es, Klarheit in den verschiedenen Funktionen, Rollen und Zuständigkeiten zu schaffen. Zudem sollten Sie sich die Frage nach Ihren Zielen stellen: Was verfolgen wir? Was möchten wir erreichen?

2. **Arbeitsinhalte**
   Gesunde Mitarbeiterinnen und Mitarbeiter brauchen abwechslungsreiche Aufgaben, die je nach Einsatzbereitschaft der Person eine angemessene Komplexität aufweisen. Sowohl der Arbeitsaufwand als auch die Komplexität werden individuell auf die Mitarbeiterinnen und Mitarbeiter abgestimmt, um ihnen einerseits eine Herausforderung zu bieten, die einen positiven Einfluss auf die Gesundheit hat, und andererseits Stress zu vermeiden, der den gegenteiligen Effekt hat.[37]
3. **Ausreichende Ressourcen**
   Menschen erleben sich selbst als arbeitsfähig, wenn die Anforderungen der Arbeit mit der individuellen Leistungsfähigkeit übereinstimmen – also in Balance sind. Es muss also ein Gleichgewicht herrschen zwischen dem, was Beschäftigte leisten können bzw. wollen, und dem, was der Betrieb bzw. die Organisation verlangt und an Rahmenbedingungen und Ressourcen zur Verfügung stellt. Das ist abgebildet im Konzept der Arbeitsbewältigungsfähigkeit nach Ilmarinen. Dieser zeichnet dabei das Bild einer Waage, in der sich auf der einen Seite die Arbeitsaufgaben und auf der anderen Seite die zur Verfügung stehenden Ressourcen befinden. Ein ständiger Prozess des Austarierens und In-Bewegung-Bleibens ermöglicht es, den neuen Arbeitsanforderungen mit den notwendigen funktionellen Kapazitäten und menschlichen Ressourcen zu begegnen.

Auf der Seite der Ressourcen befinden sich viele Elemente der Struktur, die gesundheitsfördernd wirken (in Anlehnung an das Salutogenese-Prinzip von Antonovsky).

Abgeleitet aus dem Kohärenzmodell von Antonovsky stellt man sich selbst oder im Team folgende Fragen:

1. **Verfügen Sie über die notwendigen Kompetenzen, Fähigkeiten und Ressourcen, um mit der Situation umzugehen?**
   a) Haben Sie die notwendigen fachlichen Kompetenzen und Fähigkeiten, um die Arbeit zu erledigen?
   b) Haben Sie die Informationen, die Sie brauchen?
   c) Haben Sie die notwendigen Arbeitsmaterialien, Hilfsmittel und Werkzeuge, um die Aufgabe zu erfüllen?

37 Badura et al. (2010); Ducki (2000); Kowalevski und Bruch (2015); Struhs-Wehr (2017).

   d) Können Sie die Aufgaben und Ziele in der Zeit, die Ihnen zur Verfügung steht, erfüllen bzw. erreichen?
2. **Verstehen Sie die Vorgänge, und können Sie diese erklären und somit annehmen?**
   a) Können Sie den Inhalt erfassen?
   b) Können Sie nachvollziehen, worum es geht?
   c) Verstehen Sie Abfolge, Prozessschritte, Reihenfolge etc.?
   d) Verstehen Sie die Notwendigkeit, Wichtigkeit, Zielsetzungen?
   e) Ergibt sich für Sie ein Gesamtbild?
3. **Erschließt sich Ihnen, wofür das alles gut ist, welchen Sinn es ergibt?**
   a) Was ist das Endprodukt? Wer kauft das Produkt bzw. die Dienstleistung?
   b) Welchen Nutzen stiften Sie mit dem Produkt bzw. der Dienstleistung?
   c) Was würde fehlen/anders sein/schlechter laufen, wenn diese Arbeit nicht getan wird?
   d) Haben Sie ein Gefühl von »Aha, dafür mache ich diese (Teil-)Tätigkeit«?

Besteht Klarheit in den Aspekten Arbeitsorganisation und -gestaltung sowie Arbeitsinhalte, wird ausreichend Partizipation ermöglicht und werden die Ressourcen der Menschen in Ihrem Unternehmen bedacht? Dann sorgen Sie für Gesundheit in Ihrer Organisation.

6.3.2 Mit der Linse »Struktur« auf dem Planeten Innovation: Von Softwareunternehmen lernen

Wie sieht es in Sachen Struktur auf dem Planeten Innovation aus? Fliegen wir wieder eine Runde mit unserem Raumschiff. Um die Jahrtausendwende erkannten namhafte Akteurinnen und Akteure der Softwareindustrie, dass es in den innovationsgetriebenen Unternehmen der Softwareentwicklung besondere Strukturen braucht. Diese Erkenntnis schrieben sie 2001 im »agilen Manifest« nieder. Dieses Manifest entstand aus ihren praktischen Beobachtungen zu der Frage, welche Strukturen sie agil und erfolgreich machten und welche nicht. Zwar waren die Strukturen und Prozesse von Unternehmen zu Unternehmen sehr verschieden; es ließen sich jedoch vier Grundprinzipien erkennen:

1. **Individuen und Interaktionen** sind wichtiger als Werkzeuge und Prozesse. Der Mensch und der direkte Austausch untereinander stehen im Vordergrund. Jeder noch so perfekte Prozess kann den persönlichen Austausch nicht ersetzen.
2. **Funktionsfähige Produkte und Dienstleistungen** haben eine höhere Priorität als ausgedehnte Dokumentation. Der konkrete Output, das Ergebnis, die tatsächliche Wertschöp-

fung ist zentral. Besser ein funktionsfähiges Produkt, als sich in Formalismen, hübschen Präsentationen und korrekten Dokumentation zu verlieren.
3. Die **Zusammenarbeit mit dem Kunden** hat einen höheren Stellenwert als Vertragsverhandlungen. Der persönliche Kontakt, die Pflege der Beziehungsebene steht über den wasserfesten Geschäftsbedingungen.
4. **Änderungen** sind wichtiger als strikte Planverfolgung.[38] Den großen Plan vor Augen zu haben und dennoch aktiv sinnvolle Anpassungen und Veränderungen vorzunehmen, auch wenn diese massive Abweichungen darstellen – was sinnvoll ist, wird getan.

Für die Begründerinnen und Begründer des agilen Manifests waren diese Prinzipien bei der Entwicklung von guter Software ausschlaggebend. In der Zwischenzeit haben diese Grundsätze auch in Entwicklungsprozessen anderer Branchen Fuß gefasst und inspirieren Unternehmen, ihre Strukturen zu überdenken. Denn oft sind es die Strukturen, die agiles Arbeiten verhindern und unsere Aufmerksamkeit auf Dokumentation und festgelegte Prozesse lenken.

Innovationsfördernde Strukturen

In der Organisationspraxis haben sich cross-funktionale Teams erfolgreich etabliert. Hier arbeiten Personen aus unterschiedlichen Bereichen zusammen und übernehmen die Verantwortung für ein Produkt. Cross-funktionale Teams setzen sich aus verschiedenen Rollen zusammen: Beispielsweise arbeiten in einem Team der Product Owner, eine Entwicklerin und ein Designer zusammen. Diese Rollen können im Einzelfall auch um Personen aus dem Marketing oder der Kundenbetreuung ergänzt werden. Da cross-funktionale Teams die alleinige Verantwortung für ein Produkt haben, müssen sie nicht auf Entscheidungen von teamexternen Personen warten und können somit schnell und selbstständig arbeiten. Die gegenseitige Hilfestellung und das Erzielen eines gemeinsamen Erfolgs stehen im Mittelpunkt.

Eine andere Spielform in Organisationen, die Innovation fördern wollen, ist die Kapselung. Gerade große Organisationen, die als behäbige Dampfer umfangreiche strukturelle Veränderungen vermeiden, aber dennoch so innovativ wie ein spritziges Schnellboot sein möchten, behelfen sich mit der Ausgliederung eines Bereichs auf Zeit – die Kapselung. Unternehmen können so in einem Experiment agiles Arbeiten in selbstorganisierten Teams, Teilbereichen der Organisation oder in kompletten Projekten ausprobieren.

Vorgehensmodelle wie Scrum und Kanban verleihen Projekten die nötigen Strukturen, damit Innovation in die Welt gebracht werden kann. Eine kurze Erklärung zu diesen Methoden finden Sie in der Toolbox am Ende dieses Buches in Kapitel 8.5.

38 Kriegisch (o. J.).

6.3.3 Mit der Linse »Struktur« auf dem Planeten New Work: Partizipation als Kernelement

Wir reisen weiter zur nächsten Station. Strukturen sind auf dem Planeten New Work der wirksamste Hebel für Veränderungen in der Organisation. Bei Werte- und Strategieentwicklungen, die wir als Beraterinnen begleiten, stehen Transparenz, Offenheit und Selbstverantwortung ganz oben auf der »Will-haben-Liste« von Teams und Führungskräften. Die Realität sieht jedoch anders aus, weil klassisch hierarchische Strukturen häufig Silodenken, Verschlossenheit und simple Auftragserfüllung bewirken. Diese Strukturen »beschäftigen« Menschen und rauben ihnen Zeit und Energie, statt sie darin zu unterstützen, ihrer wesentlichen Arbeit nachzukommen. Typische Beispiele sind Checklisten, die pro forma ausgefüllt werden, stundenlange Meetings ohne Ergebnis sowie Entscheidungshürden, die rasche Lösungen unmöglich machen. New Work schafft deshalb Strukturen, die der Erfüllung des Arbeitsauftrags dienen, evolutionäres Wachstum ermöglichen und die Kundenbedürfnisse sowie den Menschen im Unternehmen in den Fokus rücken.

New-Work-Strukturen entfalten also ihre Wirkung und ermöglichen Unternehmen mehr Agilität, um schneller auf Veränderung zu reagieren – eine Voraussetzung, die in Zeiten von Krisen (zum Beispiel Covid-19), sich rasch verändernden Märkten und gesellschaftlichen Umbrüchen überlebensnotwendig ist.

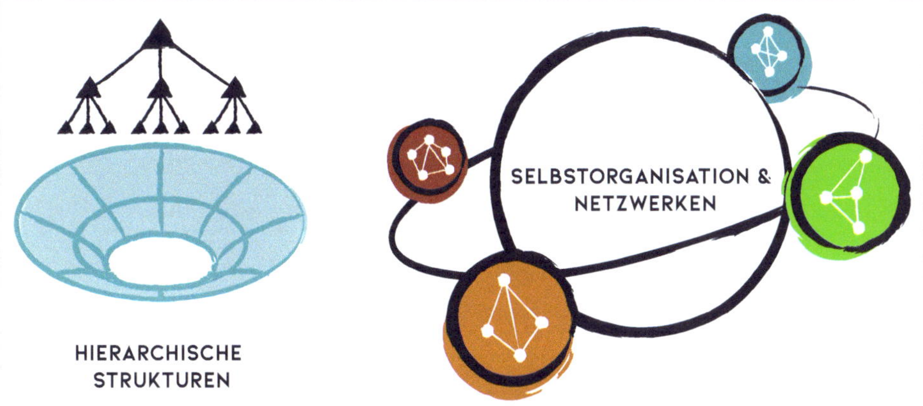

Abb. 7: Hierarchische Strukturen vs. Selbstorganisation und Netzwerken

Um Sie mit den Strukturen der neuen Arbeitswelt vertraut zu machen, beschreiben wir zunächst die wichtigsten Ansätze von New-Work-Strukturen und stellen dann zwei erprobte neue Organisationsformen vor – die Soziokratie und die Holokratie, die jeweils eine klare Struktur aufweisen, die uns und Ihnen als Kompass und Inspiration dienen können.

Eine Reise in die Strukturen von New Work ist wie eine Reise von Individualtouristen, die sich ein Ziel setzen. Im Fall von New Work heißen die übergeordneten Reiseziele Sinn, Ganzheit und Selbststeuerung. Oder konkreter: mehr Mitsprachemöglichkeiten, flache bis keine Hierarchien, gemeinsame Entscheidungen, Förderung von Selbstverantwortung sowie passgenaue und flexible Rahmenbedingungen zur Mitarbeiterförderung. Und wie im Individualtourismus ist der Weg zu den Zielen ein einzigartiger. Die gute Nachricht: Wer das Ziel, also das »WAS will ich erreichen?« vor Augen hat, der wird den Weg zum »WIE setze ich das um?« finden. Wie bereits in unseren Reflexionsfragen anklingt, ist die Frage nach der Wirkung, die ich mit meinem Handeln, meinen Strukturen erreichen will, eine wesentliche.

Selbstorganisation

Die folgende Tabelle gibt einen Überblick über die drei Level der Selbstorganisation. New Work bietet Strukturen, die einerseits klare Orientierung geben und eindeutige Zuständigkeiten und Verantwortlichkeiten ermöglichen und andererseits Freiräume schaffen, in denen mittels partizipativer Prozesse Entscheidungen getroffen und Aufgaben gemeinsam verteilt werden sowie

STUFEN DER SELBSTORGANISATION

Level	Kennzeichen	Agile Methoden
Level I	Team entscheidet Dinge des Alltags sowie Urlaubsplanung und Verteilung von Arbeit selbst Hierarchie ist aufrecht klare disziplinarische Verantwortung	Teamentscheidung Stand-up-Meeting Visualisierung Taskboard Reflexion offene Wahl
Level II	aktive Arbeit an Verbesserung Weiterentwicklung in Richtung »Lernende Organisation« Führung als Ermöglicherin/ Ermöglicher und Coach	Zusätzlich: flexible Ziele Führung als Coach
Level III	dezentrale Organisation, jedoch verbunden mit allen Teams (= Zellen der Organisation), z. B. Holokratie und Soziokratie	Zusätzlich: Selbstverwaltung/ Hierarchiereduktion bis Hierarchiefreiheit

Platz für ganz Persönliches bleibt. Ziel aller strukturellen Implementierungen bei New Work ist es, die Selbstverantwortung und daraus resultierend die Motivation der Mitarbeiterinnen und Mitarbeiter zu fördern.

Selbstorganisation kann, ähnlich den soziokratischen Prinzipien, in Kreisen erfolgen. Kreise sind organisationale Kerneinheiten, die Entscheidungslinien innerhalb der Organisation nach Sinn und Zweck der zuständigen Bereiche aufteilen und dazu ein definiertes Set an Rollen zur Verfügung stellen. »Somit ist in diesem Modell von geteilter Autorität und der Verteilung von Entscheidungsmacht auf die formulierten Kreise und Rollen die Rede. Hierarchie wird nicht mehr über Personen verkörpert und über deren persönliche Funktionsspielräume ausgelebt, sondern zum Beispiel in Form einer ›Holacracy-Verfassung‹[39], die Entscheidungskreise, Rollen, Zuständigkeiten und Verantwortungen beschreibt, auslagert und in teils rigider Form systematisiert.«[40] Wichtig dabei sind Selbstorganisation und ein neues Hierarchiekonzept – kein Festhalten an klassischen Werten.

Das *eine* selbstorganisierte Team oder Unternehmen gibt es jedoch nicht. Stattdessen erfolgt Selbstorganisation auf unterschiedlichen Stufen. Auch wenn die Ausprägung der Selbstorganisation in Teams unterschiedlich sein mag: Es wird zu Unrecht behauptet, dass selbstorganisierte Teams über keine oder wenig Struktur verfügen. Im Gegenteil: Soziokratie und Holokratie machen deutlich, dass es in solchen Teams meist sehr viel klarer definierte Strukturen gibt als in klassisch geführten Unternehmen.

6.3.3.1 Soziokratie: Gemeinsam an der Macht

»Wir regieren gemeinsam«, lautet die freie Übersetzung von Soziokratie (lat.: *socius* = Gefährte; griech.: *kratein* = regieren, herrschen). Die Wurzeln reichen zurück bis zur Französischen Revolution, in der Auguste Comte sich eine inklusive Regierung erdachte, in der alle Interessengruppen vertreten sind und Menschen unabhängig von Hierarchie und Gesellschaftsstand Mitsprachemöglichkeiten haben.

Soziokratie oder die Soziokratische Kreisorganisations-Methode (SKM) wird seit 40 Jahren beschrieben und weiterentwickelt. Dazu tragen – ausgehend von den Vereinigten Staaten und den Niederlanden – zahlreiche Menschen bei, darunter Lester Frank Ward (USA), Kees Boeke (NL) und Gerard Endenburg (Ö). Barbara Strauch, Gründerin des Soziokratiezentrums Österreich, beschreibt »Kreisstrukturen als Organisationsprinzip zur Stärkung der Mitverantwortung des Einzelnen«[41] sehr praxisnah und beleuchtet in ihrem Werk Geschichte und Umsetzung der Soziokratie.

39 Robertson (2016).
40 Csar (2017).
41 Strauch und Reijmer (2018).

Die Strukturen dieses Organisationsmodells für Institutionen aller Art (IT, Schulen, Krankenhäuser usw.) basieren auf vier Prinzipien. Diese bilden die DNA der soziokratischen Unternehmensführung und ermöglichen effektive, zielorientierte und partizipative Zusammenarbeit. Die vier SKM-Basisprinzipien sind:[42]

1. Konsentprinzip zur Entscheidungsfindung
2. Organisation in Kreisen
3. doppelte Koppelung der Kreise zur Vernetzung innerhalb der Organisation
4. offene Wahl bei der Aufgabenverteilung

Konsentprinzip

Entscheidungen werden im Konsentprinzip getroffen (engl.: *consent* = kein Widerstand, Zustimmung). Das bedeutet im Unterschied zum Konsens, dass nicht alle einer Meinung sein müssen, aber auch niemand der Anwesenden einen schwerwiegenden Einwand gegen eine anstehende Entscheidung vorbringt. (Ein Einwand ist dann schwerwiegend und begründet, wenn die Entscheidung nicht im Sinne des gemeinsamen Ziels ist oder eine betriebswirtschaftliche Gefahr darstellt.) Ein Teammitglied führt moderierend durch zwei bis drei Meinungsbildungsrunden. Ist eine Einigung im Konsent nicht möglich, können andere Methoden (Mehrheitsbeschluss, autokratischer Entscheid, Los) genutzt werden.

»Würde dieser Vorschlag unserer Organisation schaden?« und »Würden wir durch diesen Vorschlag entscheidende Chancen verpassen?« sind Fragen, die hilfreich sein können. Entscheidungen werden nach dem Motto »*Good enough for now, save enough to try*« getroffen.[43]

Organisation in Kreisen

Mitarbeiterinnen und Mitarbeiter eines Bereichs, einer Abteilung oder eines Teams bilden einen Kreis. In diesem werden Grundsatzbeschlüsse getroffen, also Politik gemacht. Es geht um das gemeinsame Ziel, um Strategien und Prozesse zur Zielerreichung, um Verteilung der Arbeit, der Aufgaben und Funktionen im Kreis, um Einstellung und Entlassung seiner Mitglieder und um benötigte Weiterbildungsmaßnahmen. Es findet eine Abstimmung mit den höheren Kreisen statt. Übergreifende Entscheidungen müssen mit Vertreterinnen und Vertretern der anderen Kreise gemeinschaftlich getroffen werden. Betroffene werden so zu Beteiligten.

Die doppelte Koppelung der Kreise

Jeder Kreis ist mit dem »Führungskreis« (Management oder Geschäftsführungskreis) durch einen Delegierten (für einen definierten Zeitraum) verbunden und umgekehrt. Durch diese Vernetzung wird sichergestellt, dass keine Beschlüsse gefasst werden, die nicht den Interessen des höheren oder tieferen Kreises entsprechen.

42 ebd.
43 ebd.

Die offene Wahl

Diese Art der Entscheidungsfindung dient der Aufgaben- und Funktionsverteilung und erfolgt in fünf Schritten. Entscheidend bei diesem integrierten Feedbackprozess ist, dass Zusammengehörigkeit und Wertschätzung kultiviert werden. Die fünf Schritte lauten:[44]

1. Aufgaben und Funktionen und die damit verbundenen notwendigen Kompetenzen (fachlich, sozial) werden beschrieben.
2. Jede Mitarbeiterin und jeder Mitarbeiter »wählt« eine Person für die Aufgabe bzw. Funktion und begründet die Wahl schriftlich.
3. Die Wahlleiterin oder der Wahlleiter liest alle »Wahlkarten« vor.
4. Im Anschluss findet eine neuerliche Meinungsbildungsrunde statt, bei der die Argumente einbezogen werden. Jeder hat nun erneut die Möglichkeit, seine Wahl zu ändern.
5. Basierend auf den vorgebrachten Einschätzungen schlägt die Wahlleitung schließlich eine Person vor und fragt die Gruppe nach dem Konsent.

Der integrierte Feedbackprozess bei der offenen Wahl trägt wesentlich zur Kultur im Sinne von Ganzheit und Wertschätzung der Mitarbeiterinnen und Mitarbeiter bei. Die Prinzipien und Werkzeuge aus der Soziokratie machen es möglich, dass jene Personen, die von einer Entscheidung betroffen sind, diese auch gemeinsam fällen. Das trägt maßgeblich zu einer achtsamen und effektiven Zusammenarbeit bei.

6.3.3.2 Holokratie: Transparenz und Partizipation

Holacracy oder Holokratie setzt sich aus den griechischen Wörtern »*holos*« (vollständig, ganz) und »*kratía*« (Herrschaft) zusammen. Ihr Begründer, der US-Amerikaner Brian Robertson, setzte die Idee der Verteilung von Autorität und Kompetenz in seinem eigenen Unternehmen, einer IT-Firma, um und gründete zur Verbreitung seines Ansatzes das Unternehmen Holocrazyone. In seinem Buch *Holocracy: Ein revolutionäres Management-System für eine volatile Welt* beschreibt er »sein« Managementsystem. *Holacracy* versucht, »Arbeit zu organisieren und nicht die Menschen«[45]. Das Fehlen eines »*heroic leaders*« ist wesentlicher Bestandteil des Konzepts und eine Absage an eine »allmächtige Führungsperson«. Planung, Steuerung und Kontrolle werden durch neue Prinzipien ersetzt, etwa verteilte Autorität, Selbstverantwortung und Nutzung kollektiver Intelligenz.[46] Neben der Organisation in Kreisen mit doppelter Koppelung gibt es noch weitere charakteristische Merkmale einer holokratischen Unternehmensstruktur:

Holokratische Verfassung

Die »Verfassung« im holokratischen Sinne gibt Orientierung und ist Kompass in allen Fragen der Organisationsstruktur und Kultur in einem Unternehmen, beispielsweise hinsichtlich der Ver-

44 ebd.
45 Robertson (2016).
46 Kriegisch (o. J.).

pflichtung zur Transparenz, Bearbeitung und Priorisierung. Diese Verfassung gibt einen klaren Rahmen für alle wichtigen Prozesse vor und ist für jedes Unternehmen individuell zu schreiben.

Der Integrative Entscheidungsprozess[47]

- **Der Vorschlag, über den entschieden wird**
  Es spricht nur die Person, die den Vorschlag vorbringt (es sei denn, diese Person braucht dabei Hilfe). Der Vorschlagende erhält den Raum, eine Spannung zu beschreiben und eine Lösung vorzubringen. Dabei findet keine Diskussion statt. Diese kann jedoch optional angefragt werden, um Lösungen zu konkretisieren. Zweck der Diskussion ist aber nicht, ausschließlich Bedenken vorzubringen oder Konsens zu erreichen.
- **Klärungsfragen**
  Jeder kann bei Unklarheit nachfragen, um weitere Informationen zu erhalten. Die vorschlagende Person kann darauf antworten (gegebenenfalls mit einem »noch nicht geklärt«). Reaktionen oder Dialog sind nicht erlaubt.
- **Reaktionsrunde**
  Alle Teilnehmenden (mit Ausnahme des Vorschlagenden) erhalten nacheinander den Raum, auf den Vorschlag zu reagieren und zu sagen, ob sie ihn angemessen finden. Reaktionen müssen als Kommentare in der ersten oder dritten Person formuliert werden. Es erfolgen keine Diskussionen oder Antworten.
- **Verbessern und ergänzen**
  Der Vorschlagende kann – ohne Diskussion oder Dialog – die Absicht des Vorschlags weiter erklären oder den Vorschlag aufgrund der Reaktionen anpassen. Ist dies nicht notwendig, folgt der nächste Schritt.
- **Einwandrunde**
  Nun sprechen alle. Wer moderiert, fragt nach Einwänden: »Seht ihr irgendeinen Grund dafür, dass die Umsetzung dieses Vorschlags uns Schaden zufügen oder unsere Entwicklung hemmen könnte?« Wenn sich kein Einwand zeigt, wird der Vorschlag angenommen. Andernfalls werden die Einwände genannt und ohne Diskussion gesammelt.
- **Integration**
  Die Gruppe konzentriert sich nacheinander auf jeden Einwand. Das Ziel besteht darin, einen angepassten Vorschlag zu formulieren, der keinen Konflikt mehr erzeugt – weder bei der Person, die Einspruch erhebt, noch beim Vorschlagenden. Wenn alle Einwände integriert sind, wird die vorhergehende Einwandrunde noch einmal mit dem neuen Vorschlag durchgeführt.

Operative Meetings

Operative Meetings sind stark strukturiert und dienen der wöchentlichen Orientierung und Aktualisierung. Die nachfolgenden Meetingpunkte 1 bis 4 dienen dazu, Informationen zu sammeln und gegebenenfalls Verständnisfragen zu klären. Alle Themen, die eingehender bespro-

47 Robertson (2016).

chen werden sollen, kommen auf die Agenda und werden anschließend bearbeitet. Zum Schluss werden die Learnings des Meetings gesammelt.

1. **Check-in** (Ziel: Die Kreismitglieder nehmen wahr, was sie bewegt, sagen es, lassen es los.)
2. **Überprüfung der Checkliste** (Ziel: Transparenz in wiederkehrende Tätigkeiten bringen)
3. **Zahlen/Daten/Fakten** (Ziel: einen Eindruck von der gegenwärtigen Realität bekommen)
4. **Projektupdates** (Ziel: den neuesten Stand von wichtigen Projekten des Kreises mitteilen)
5. **Agenda** (Ziel: eine Agenda mit stellvertretenden Überschriften formulieren)
6. **Themen bearbeiten** (Ziel: die Agenda in der vereinbarten Zeit abarbeiten)
7. **Schlussrunde** (Ziel: die Lernerfahrungen aus dem Meeting sammeln)

Sinn und Rollen

Rollenbeschreibungen sind ein wesentlicher Bestandteil der Holokratie. Jede Rolle ist mit bestimmten Aufgaben und Verantwortlichkeiten verbunden. Die Gemeinsamkeiten dieser beiden Strukturen sind das Arbeiten in Kreisen, die durch Vertreterinnen und Vertreter miteinander verbunden sind, partizipative Entscheidungsprozesse, die den »schwerwiegenden Einwand« definieren, um Entscheidungen rasch treffen zu können, sowie die klare Verteilung von Macht und Verantwortung.

Lean Management

Ausgangspunkt des Lean Management oder »schlanken Managements« war Toyota: Mitte des 20. Jahrhunderts sollten Prozesse und Qualität in der Produktion optimiert werden. »Werte ohne Verschwendung zu schaffen« war dabei oberste Prämisse – und ist es im Lean Management auch heute noch, das inzwischen Anwendung in den verschiedensten Brachen findet. Es handelt sich hierbei also um einen Ansatz der Prozessoptimierung mit dem Ziel, Verschwendungen zu minimieren und Prozesse zu harmonisieren. Dabei stellt Lean Management nicht bloß einen reinen Methodenwerkzeugkasten dar, sondern verkörpert zudem eine Geschäftsphilosophie zur Vereinfachung und kontinuierlichen Verbesserung aller Geschäftsprozesse entlang der gesamten Wertschöpfungskette. Dies soll in einer von Vertrauen, gegenseitiger Achtung und ganzheitlicher Einbeziehung aller Mitarbeiterinnen und Mitarbeiter geprägten Umgebung erfolgen. Indem alle aktiv in die Umsetzung der definierten Vision und Zielen eingebunden sind, werden sie zu Akteurinnen und Akteuren. Das wiederum ermöglicht die Transformation zu einer Lean Company.

Um die erhöhten internen und externen Anforderungen in einem Unternehmen erfolgreich bewältigen und langfristig am Markt bestehen zu können, ist es gemäß Lean Management notwendig, zu neuen Maßnahmen zu greifen. Zu den Erfolgsfaktoren einer langfristigen Wettbewerbsfähigkeit zählen Verfügbarkeit, hohe Qualität, Individualität und niedrige Kosten. In diesen Bereichen schafft Lean Management nicht nur Sicherheit, sondern sorgt darüber hinaus für Optimierung entsprechend der 5S: sortieren, systematisieren, säubern, standardisieren und Selbstdisziplin sowie ständiges Verbessern.

Zusammengefasst bedeutet »Lean« also, Verschwendung zu vermeiden bzw. gemeinsam Werte ohne Verschwendung zu schaffen[48]. Dies können Sie in verschiedensten Bereichen Ihres Unternehmens anwenden.

6.3.4 Die GINO-Strukturen

Oberste Prämisse der Strukturen im GINO-Universum ist es, für Menschen innerhalb und außerhalb des Unternehmens (Kundinnen und Kunden genauso wie Netzwerkpartner, Beschäftigte, Zulieferer usw.) passende Voraussetzungen zu schaffen, damit diese dem Auftrag bzw. Sinn des Unternehmens nachkommen und diesen weiterentwickeln können, also einen evolutionären, natürlichen Weg gehen. Dieser beginnt mit ersten kleinen Schritten und entwickelt sich im Gehen weiter.

Im Rahmen unserer Beratungspraxis tauchen wir in die GINO-Strukturen ein und erzählen von Teams und Unternehmen, die diesen Weg gegangen sind – vielfach ohne theoretisches Wissen, sondern allein aus der intrinsischen Motivation heraus, einen guten Arbeits- und Lebensplatz für Menschen zu schaffen.

Was sie außerdem verbindet, sind folgende Einstellungen:
- Experimentierfreude nach dem Motto »Good enough to try«
- ein Bedürfnis nach gemeinsamer Arbeit auf Augenhöhe
- das Infragestellen von hierarchischen Mustern → Verteilung von Macht und Autorität
- Reflexionsfreude mit dem Fokus: »Wie wirken meine Handlungen, Strukturen?«
- unbedingter Veränderungswille und Pioniergeist

Und es stimmt: Kleine Teams aus bis zu zwölf Personen haben es leichter, gemeinsam Neues zu etablieren. Große Unternehmen beginnen deshalb am besten wie bei anderen Changeprozessen auch in einer »Pilotabteilung« mit den Strukturveränderungen, sammeln Erfahrungen und setzen dann erst Maßnahmen großflächiger in weiteren Abteilungen um.

Strukturelle Voraussetzungen auf dem Weg zum GINO-Unternehmen

Im Folgenden greifen wir fünf strukturelle Bedingungen heraus, die Teams und Unternehmen im GINO-Universum wachsen und gedeihen lassen. Vieles davon können Sie bereits morgen – mit Unterstützung unserer Toolbox (s. Kapitel 8.5) – umsetzen:

48 Steinhoff und Pointner (2016).

1. Welche **Strukturen/Rituale/Gewohnheiten** beschäftigen uns und halten uns von der täglichen Arbeit ab? (Sammeln → entsorgen → evaluieren)
2. **Meetingkultur:** Angelehnt an das holokratische »Operative Meeting« mit Check-in, das Mitarbeiterinnen und Mitarbeitern in ihrer Ganzheit Platz einräumt
3. **Feedbackprozesse** – Teamfeedback: 3-Bitten-Feedback oder Teamevaluierung. Mehr dazu finden Sie in unserer Toolbox.
4. **Verteilung von Aufgaben und Verantwortlichkeiten:** Es gilt: Rollen statt starrer Stellenbeschreibungen. Hier hat zuletzt die Coronakrise zu einem radikalen Umdenken geführt, indem sie uns vor Augen geführt hat, was in unseren Aufgaben wirklich essenziell ist und auf was verzichtet werden kann. Wichtige Fragen sind hier: Welche Aufgaben liegen wem? Wer möchte Aufgaben/Zuständigkeiten abgeben? Das Werkzeug »Marktplatz« in unserer Toolbox hilft bei der Beantwortung.
5. Sich als »**Lernende Organisation**«[49] verstehen und regelmäßig Abläufe gemeinsam reflektieren und optimieren

In der Welt von New Work wird die Möglichkeit der Gestaltung von Strukturen an die Menschen, die in ihnen leben und arbeiten, zurückgegeben. Je nach Entwicklungsgrad kann das so weit gehen, dass einzelne Teams vollkommen selbstständig über ihre Struktur entscheiden. In diesem Zusammenhang wird auch von einer Demokratisierung[50] von Unternehmen gesprochen. Mögen diese Ansätze für viele Führungskräfte und Mitarbeiter in der Theorie fremd und realitätsfern wirken, entfalten sie in der Praxis doch eine enorme Kraft an Motivation, Identifikation und Anpassungsfähigkeit. Der Wunsch danach ist in vielen Unternehmen zwar präsent, doch die Bereitschaft, an den herrschenden, hemmenden Strukturen etwas zu ändern, fehlt.

In unserer Arbeit als Organisationsentwicklerinnen werden wir oft beauftragt, mit Führungskräften und Beschäftigten an Leitbildern und Werten zu arbeiten. Dem liegt die Hoffnung zugrunde, dass ein gemeinsamer Wertekodex ausreicht, um Konflikte zu lösen, Unklarheiten aus dem Weg zu räumen und produktiver zu werden. Unsere Erfahrung zeigt allerdings: Es ist zwar bereichernd, an gemeinsamen Prinzipien und Werten zu arbeiten, doch der Transfer in die Praxis gelingt meist nicht in gewünschter Weise.

Wenn beispielsweise im Workshop vereinbart wird, dass Flexibilität in Arbeitsprozessen wichtig ist und ausdrücklich verlangt wird, die Aufgabenverteilung und Hierarchie bei Entscheidungen dies aber in der Praxis nicht zulässt, führt das zu Frustration. Wir würden ja wollen, aber die geltende Struktur bei der Aufgabenverteilung und Entscheidungsfindung lässt es nicht zu. Klar ist natürlich auch, dass es leichter fällt, über Werte zu sprechen, als Aufgabenverteilungen und Hierarchien zu hinterfragen.

49 Senge und Klostermann (2006).
50 Boes et al. (2015).

Deshalb möchten wir Ihnen Mut machen, sich verstärkt mit den Strukturelementen Ihres Unternehmens auseinanderzusetzen, deren Wirkungen und Nebenwirkungen zu überprüfen und gegebenenfalls anzupassen. Diese Anpassungen stellen den größten Hebel für Veränderungen dar und sind im beruflichen Alltag unmittelbar spürbar.

Eine Blaupause hierfür existiert nicht, und wissenschaftlich fundierte Managementtheorien für die Struktur in einem Standardunternehmen bleiben in unserem Fall wirkungslos. *Die* perfekte Organisationsstruktur gibt es nicht, sondern nur Ihre optimalste Variante, die unter den gegebenen Umständen für den jeweiligen Zweck bestmöglich geeignet ist.

TO THE POINT

Unsere Empfehlungen für Ihren gelungenen Start ins GINO-Universum:

- Hinterfragen Sie gemeinsam mit Ihren Mitarbeiterinnen und Mitarbeitern regelmäßig die Strukturen: Welche Wirkung erzeugen unsere Strukturen im Sinne der Wertschöpfung und Umsetzbarkeit? Sind diese förderlich oder hinderlich? Welche passenden Alternativen finden Sie für Ihr Unternehmen/Team?
- Schaffen Sie Strukturen, die den persönlichen Austausch fördern. Dabei hilft die Methode »Check-in« aus der Toolbox.
- Welche Kompetenzen, Zusatzfähigkeiten und Vorlieben sind bei allen Mitarbeiterinnen und Mitarbeitern vorhanden? Welche liegen brach, würden dem Unternehmen und den Menschen aber nutzen?
- Egal ob klassische Managementtools oder GINO: Sie dienen der Orientierung und der Inspiration – gestalten Sie Ihre Organisation!

In der Toolbox am Ende dieses Buches in Kapitel 8.5 finden Sie konkrete Tipps zu folgenden Methoden:

- Konsultativer Einzelentscheid
- Delegation Board
- Daily Stand-up-Meeting
- Retrospektive – die Vergangenheit beleuchten und für die Zukunft lernen
- Vereinbarkeitssimulator – die Vereinbarkeit von Familie und Beruf verbessern

6.4 Die Kultur: Von der Kraft der Achtsamkeit

In diesem Kapitel beschäftigen wir uns mit Fragen zur Kultur, die Ihnen gleichzeitig zur Reflexion dienen:

- Welche Werte sind in Ihrem Unternehmen sichtbar und spürbar?
- Haben die Menschen in Ihrem Unternehmen eine klare Vorstellung, wohin sich das Unternehmen entwickelt?
- Tauschen Sie sich (regelmäßig) über den Sinn Ihres Unternehmens aus, und erleben Sie Ihre Arbeit als sinnstiftend?
- Wie würden Mitarbeiterinnen und Mitarbeiter sowie Führungskräfte die Vertrauens- und Fehlerkultur in Ihrem Unternehmen beschreiben?
- Ist es bei Ihnen üblich, sich gegenseitig über Gelungenes und Misslungenes konstruktives, wertschätzendes Feedback zu geben?
- Sprechen Sie in Ihrem Unternehmen über die Kommunikationskultur? Wie würden Sie diese beschreiben?
- Gibt es Räume und Gelegenheiten, bei denen bestehende Strukturen, Aufgabenverteilungen und Machtverhältnisse reflektiert werden?

KULTUR

Merkmale für gesundes Arbeiten	Merkmale des Arbeitens im New Work-Kontext	Merkmale für innovatives Arbeiten
ALLGEMEIN GÜLTIG		
Sinn Nachvollziehbarkeit Offenheit Transparenz & Ganzheitlichkeit	Sinn Nachvollziehbarkeit Offenheit Transparenz & Ganzheitlichkeit	Sinn Nachvollziehbarkeit Offenheit Transparenz & Ganzheitlichkeit
SINN & ZWECK		
Transparenz	Transparenz Sinn – um und in Kultur, darauf baut alles auf	Transparenz
VISION		
Aktualität Kommunikation an alle Nachvollziehbarkeit Verfügbarkeit Identifikation	Aktualität Kommunikation an alle Nachvollziehbarkeit Verfügbarkeit Identifikation Lebbarkeit einfache Formulierung untergeordnet, kein Muss einfach nachvollziehbar, erforscht, nicht definiert, ist immer da sie wirkt von selbst, Bezugspunkt im operativen Tun bei Entscheidungen	partizipative Sicherheit Kommunikation an alle Nachvollziehbarkeit Verfügbarkeit Identifikation Lebbarkeit
MISSION		
Handhabbarkeit Nachvollziehbarkeit	Handhabbarkeit Nachvollziehbarkeit Agilität	Handhabbarkeit Nachvollziehbarkeit Agilität

Merkmale für gesundes Arbeiten	Merkmale des Arbeitens im New Work-Kontext	Merkmale für innovatives Arbeiten
WESENTLICHE GRUNDWERTE		
Partizipation	Partizipation	Partizipation
Feedbackkultur	Feedbackkultur	Feedbackkultur
offene Konfliktkultur	offene Konfliktkultur	offene Konfliktkultur
Offenheit	Offenheit	Offenheit
sinnstiftende Tätigkeit	sinnstiftende Tätigkeit	sinnstiftende Tätigkeit
Vielfalt	Vielfalt	
Wertschätzung	Wertschätzung	
vertrauensvolle Beziehungen	Eigenverantwortung – Selbstorganisation	
	Grundsätze – Prinzipien	emotionale Intelligenz
Wertearbeit		
	Autonomie	Autonomie und Freiheit
	Ganzheitlichkeit	Energie und Widerstandskraft
	klare Kommunikation	Engagement
	Nutzen	Fokus auf Stärken
	Vertrauen	Generierung von neuem Wissen
		Optimismus
		Risikobereitschaft
		Unabhängigkeit
FEHLERKULTUR		
Offenheit	Offenheit	Offenheit
	Tolerieren von Misserfolgen	Tolerieren von Misserfolgen

Merkmale für gesundes Arbeiten	Merkmale des Arbeitens im New Work-Kontext	Merkmale für innovatives Arbeiten
KOMMUNIKATION		
Feedback Klarheit laufende Kommunikation Professionalität Reflexion Transparenz Offenheit zielgerichtete Kommunikation	Feedback Klarheit laufende Kommunikation Professionalität Reflexion Transparenz Offenheit zielgerichtete Kommunikation notwendige, entscheidungsrelevante, arbeitsrelevante Informationen	Feedback Klarheit laufende Kommunikation Professionalität Reflexion Transparenz Offenheit zielgerichtete Kommunikation notwendige, entscheidungsrelevante, arbeitsrelevante Informationen konstruktive Gesprächsführung partizipative Entscheidungsfindung partizipativer und kolloborativer Stil
STRATEGIE		
Aktualität Handhabbarkeit Nachvollziehbarkeit	Aktualität Handhabbarkeit Nachvollziehbarkeit	Aktualität Handhabbarkeit Nachvollziehbarkeit
HALTUNGEN/EINSTELLUNGEN		
Förderung des Selbstvertrauens der MA Förderung des Selbstwertgefühls der MA	Förderung des Selbstvertrauens der MA Förderung des Selbstwertgefühls der MA Strukturen fördern Vertrauenskultur um eine Zutrauenskultur erweitern	Förderung des Selbstvertrauens der MA Förderung des Selbstwertgefühls der MA

Wie wir miteinander reden, tun und Entscheidungen treffen

Ed Schein, bekannt geworden durch seine Theorien zur Unternehmenskultur, versteht Kultur als das Ergebnis eines gemeinsamen Lernprozesses und damit als die tiefliegenden, unausgesprochenen, grundlegenden Annahmen über alle und alles im Unternehmen.[51] Die Quelle der Werte und des Handelns der Menschen in einem Unternehmen, also die unbewusst für selbstverständlich gehaltenen Überzeugungen, Wahrnehmungen, Gedanken und Gefühle, stellen die tiefste, breiteste und stabilste Schicht der Unternehmenskultur dar. Auf der darüber liegenden Ebene finden wir die öffentlich propagierten Werte, die sich in Strategien, Zielen und Philosophien widerspiegeln (beispielsweise auf Websites, in Postings und Broschüren). Eine weitere Ebene der Kultur sind Beobachtungen – Schein spricht hier von »Artefakten«. Sie drücken sich in den sichtbaren Organisationsstrukturen und -prozessen aus, die sich einer einfachen Beurteilung entziehen.

Spürbar wird die Kultur von Unternehmen am »Wie wir miteinander reden, tun und Entscheidungen treffen«. Das beinhaltet auch den Umgang mit Fehlern und Unterschieden, die zur Weiterentwicklung von Menschen und Organisationen, aber auch zu Spannungen und Konflikten führen können.

Führungskräfte haben hier wie so oft besondere Vorbildwirkung und Leuchtturmfunktion: Was und wie sie etwas tun, prägt die Kultur eines Unternehmens maßgeblich – positiv wie negativ.

Angelehnt an das bekannte Eisbergmodell stellen wir in der folgenden Abbildung die sichtbaren Elemente der Kultur (ca. 20 %) im Unternehmen in der beleuchteten Sichel des Mondes dar. Wesentlich umfangreicher und wirkungsvoller sind allerdings die unsichtbaren Faktoren (80 %) wie Annahmen, Haltungen und Werte. Diese prägen die täglichen Handlungen und das Verhalten von Beschäftigten und Führungskräften.

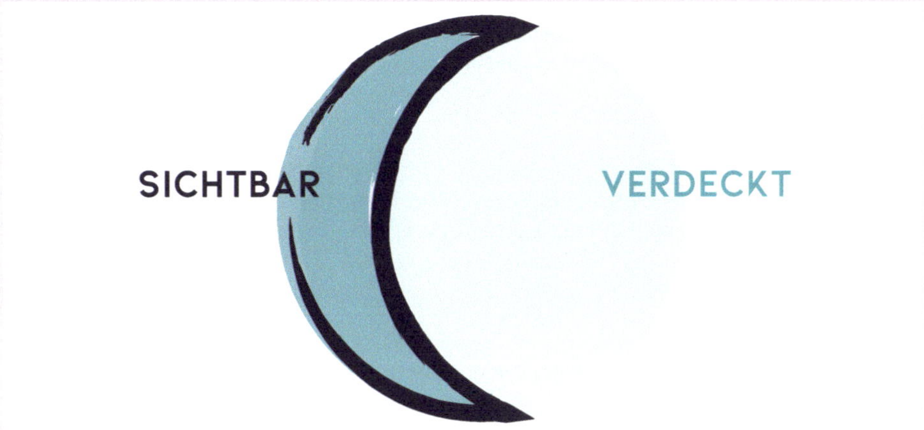

Abb. 8: Die dunkle Seite des Mondes

51 Schein (2003).

6.4.1 Mit der Linse »Kultur« auf dem Planeten Gesundheit: Leid- oder Leitkultur?

Kultur ist ein kollektives Phänomen, das seinen Sitz »in den Köpfen und Herzen« der Menschen hat[52]. Wir erleben in unserer Praxis allerdings oft, dass die Mitarbeiterinnen und Mitarbeiter nicht ausreichend darüber informiert sind, welche Vision und Mission das Unternehmen verfolgt: Was treibt uns als Gemeinschaft an? Was wollen wir verändern? Welche Lebenswelt wollen wir bereichern? Und welchen Beitrag sollen die angebotene Dienstleistung oder das fertige Produkt am Markt leisten? Selbst wenn Websites, Folder und andere Werbemittel Vision und Auftrag in Worte fassen: Was hinter diesen Worten steckt, erschließt sich den Mitarbeiterinnen und Mitarbeitern in der täglichen Arbeit nicht immer konkret – mit dem Ergebnis, dass ihnen die zur Umsetzung der Vision und Mission des Unternehmens notwendige Motivation und Energie fehlen.

Wer dagegen den Zweck seiner Tätigkeit erfasst und versteht, welcher Beitrag geleistet werden kann, wird seine Aufgaben sehr viel eher als sinnstiftend empfinden. Das Wofür muss Ihrem Team klar sein, dann stiftet Arbeit Sinn, entfaltet Potenzial und hält gesund. Um es mit Seneca zu sagen: »Wer den Hafen nicht kennt, in den er segeln will, für den ist kein Wind der richtige.«

Sinn vermitteln, Gesundheit fördern

Im Sinne des Kohärenzgefühls und der Gesundheit der Mitarbeiterinnen und Mitarbeiter ist es wichtig, ihnen die strategische Ausrichtung der Unternehmenstätigkeit verständlich zu vermitteln. Dann wird Ihr Team mit höherer Wahrscheinlichkeit in genau diese Richtung denken und handeln.

Gesundheitsorientierte Unternehmen beziehen ihre Mitarbeiterinnen und Mitarbeiter in die Erarbeitung der strategischen Ausrichtung ein. Denn sie sind meist diejenigen, die im Tagesgeschäft die Anforderungen und Veränderungen in der Branche und am Markt erleben und bereits kompetente Antworten und gute Ideen haben, wie darauf reagiert werden kann.

Wenn eine Beteiligung der gesamten Belegschaft nicht möglich ist, erscheint es umso wichtiger, die Mitarbeiterinnen und Mitarbeiter ausführlich darüber zu informieren, wohin die Reise gehen soll, welche Wege beschritten werden müssen und vor allem welchen Beitrag sie dazu leisten können. Eine intensive Auseinandersetzung mit der strategischen Ausrichtung führt zu

52 Badura et al. (2008).

höherem Verständnis und größerer Beteiligung in der Umsetzung. Strategien, die gemeinsam entwickelt wurden, ermöglichen Identifikation und sorgen für Empowerment der Mitarbeiterinnen und Mitarbeiter. Der Mensch erlebt sich als wichtiger Teil des Ganzen, als Mitgestalter seines Arbeitslebens. Er wird damit stark handlungsfähig, steigert sein Kohärenzgefühl und verbessert damit seine psychische und physische Gesundheit.

Kommunikation verbindet

Kommunikation, so unsere Erfahrung, ist das Bindeglied, das die Organisation zusammenhält. Im optimalen Zustand ist sie keine Einbahnstraße der Informationsverteilung, sondern erfolgt als Dialog und Austausch im persönlichen Gespräch. In einer gut gepflegten Unternehmenskommunikation werden Themen und Probleme aus verschiedenen Perspektiven beleuchtet, wodurch vielfältige Lösungsansätze entstehen. Nebenbei werden die Beziehungen unter den Mitarbeiterinnen und Mitarbeitern gestärkt und stabilisiert, was sich positiv auf die Gesundheit auswirkt: Wir fühlen uns gehört und verbunden. Gerade bei der Vermittlung von unternehmens- oder abteilungsrelevanten Entscheidungen fördern ein offenes Gesprächsklima und eine transparente Kommunikation das Vertrauen in das Unternehmen und die handelnden Personen.

Nichts gesagt ist genug gelobt

Anerkennung und Wertschätzung stärken unseren Selbstwert. Was uns in der Theorie allen klar ist, sieht in der Praxis am Arbeitsplatz jedoch häufig anders aus: Viele Menschen klagen darüber, nicht gesehen zu werden. Nur jeder zweite Beschäftigte bescheinigt laut der Initiative Neue Qualität der Arbeit (INQA) seinem Vorgesetzten einen wertschätzenden Führungsstil. Dabei hat Wertschätzung viele positive Auswirkungen auf die Gesundheit von Mitarbeiterinnen und Mitarbeitern: Sie erleichtert den Umgang mit Stress und steigert neben dem Wohlbefinden auch die Motivation. Anerkennung senkt das Depressionsrisiko, setzt das Vertrauens- und Bindungshormon Oxytozin sowie das Leistungshormon Dopamin frei, reduziert das Risiko für Herz-Kreislauf-Erkrankungen, entspannt Muskeln und Faszien und verbessert die Arbeitsfähigkeit gerade bei älteren Beschäftigten.[53]

53 Matyssek (2008).

6.4.2 Mit der Linse »Kultur« auf dem Planeten Innovation: Fehlerkultur und Kreativität

Sie arbeiten in einem innovationsfokussierten Unternehmen? Dann stehen Kreativität und Neues vermutlich auf der Tagesordnung. Scheitern ist dabei vorprogrammiert, und Fehler gelten vielleicht sogar als das nötige Salz in der Suppe. Das ist Kultur auf dem Planeten Innovation.

»*Failure is an option here. If things are not failing, you are not innovating enough*«, meint Tesla-Gründer Elon Musk und hat damit frühzeitig erkannt, was radikale und auch inkrementelle, alltägliche Innovationen in Unternehmen ermöglicht: Es dürfen bzw. müssen Fehler gemacht werden. Nur wer damit rechnet, dass eine Idee oder ein Plan auch schiefgehen kann, traut sich, unsichere Dinge zu tun. Das ist ein wesentlicher Bestandteil der Kultur von innovativen Teams und Basis für die Entwicklung von Neuem. Versuch und Irrtum lautet das Motto. Traditionelle Unternehmenskulturen können viel davon lernen.

Auch die Start-up-Szene lebt es vor: Kurze Entscheidungswege, digitales oder analoges Dauer-Feedback in Stand-up-Meetings oder über Videokonferenztools, kurze Projektstatusberichte – so wird unmittelbar geklärt, was wer benötigt, um weiterarbeiten zu können. Das ist es, was Organisationen in der Pionier- und Gründungsphase prägt. Die Führung arbeitet in Start-ups selbstverständlich im operativen Geschäft mit, lebt Enthusiasmus und manchmal auch Entgrenzung in der Arbeit vor. Das Ziel, als einer der Ersten ein strombetriebenes Luxusauto auf den Markt zu bringen, stand und steht bei Tesla als visionärer Leitstern über allem und wirkt motivierend.

2012 setzte eine Bewegung in Mexiko ein Zeichen, das mittlerweile global gelebt wird: Sie veranstaltete sogenannte Fuckup Nights als Ausdruck einer Fehlerkultur, in der das Scheitern wertgeschätzt wird. Geschichten – vorwiegend, aber nicht ausschließlich von Unternehmern – über das Scheitern, Fehlermachen und Wieder-Aufstehen füllen die Bühne. In bewegenden, auch sehr humoristisch gestalteten Präsentationen erzählen Menschen offen und ehrlich von ihren Fehlern, die nicht selten ihr unternehmerisches Scheitern zu Folge hatten. Was würde wohl passieren, wenn diese Kultur der Offenheit und des Scheiterns in Ihrem Unternehmen einzieht? Wie viel könnten wir voneinander lernen und uns gegenseitig Mut machen, Risiken einzugehen?

6.4.3 Mit der Linse »Kultur« auf dem Planeten New Work: Mit Sinn auf neuen Wegen

Drehen wir abermals eine Runde im GINO-Universum, können wir auch auf dem Planeten New Work die Kultur unter die Lupe nehmen. Wir alle erleben kaum, dass wir geboren wurden, verschiedenste Kulturen, die unsere privaten und beruflichen Beziehungen prägen. Multikulturell werden wir also groß.[54] New Work setzt auf Bewusstmachung, Wertschätzung und organisationale Nutzung dieser Diversität. Die Ganzheit des Menschen mit all seinen Potenzialen und Fähigkeiten hat Priorität. Diese Arbeitskultur wird geprägt vom Fokus auf den Sinn der Arbeit und den Auftrag des Unternehmens in der Welt. Er hat Kompassfunktion und wirkt verbindend.

Dennoch ist in einer Welt, die Vielfalt schätzt, Resilienz bzw. Widerstandsfähigkeit ein wichtiger Faktor, um auf sich verändernde Bedingungen reagieren zu können. Resiliente Personen und Organisationen[55] zeichnen sich durch folgende Merkmale aus:

- **Antizipation** (Vorwegnahme) von zukünftigen Entwicklungen innerhalb und außerhalb des eigenen Teams oder der eigenen Organisation durch gemeinsame Reflexionen
- Suche nach **Lösungen für die Welt von morgen** unter Einbeziehung von menschlichem Wohlbefinden, betriebswirtschaftlichem Erfolg und Umweltaspekten
- **Agilität** als Merkmal einer Organisation, flexibel und darüber hinaus proaktiv, antizipativ und initiativ zu agieren, um notwendige Veränderungen einzuführen

Welche Aufgaben haben Sie in diesem Zusammenhang als Führungskraft? Entscheidend ist die Vorbildwirkung in vielen Bereichen, vor allem in der bewussten quantitativen und qualitativen Gestaltung von Kommunikation. Egal ob per Mail oder in einem hitzigen Teammeeting: Was und wie Themen angesprochen werden, ist zentraler Ausdruck der Kultur und wird geprägt durch die Führungskraft. Auch nonverbale Anteile der Kommunikation sind nicht zu unterschätzen, machen sie doch immerhin 93 % aus. Auch sie verdeutlichen die Kultur des Miteinanders.

Das Management sowie jede Mitarbeiterin und jeder Mitarbeiter wird zur motivierenden Leitfigur, zum begleitenden Coach, wenn es gelingt, die Kompetenzen und Fähigkeiten aller freizulegen, wertzuschätzen und für das betriebliche Wohl zu nutzen. Der konstruktive Umgang mit Fehlern als Lernchance und Entwicklungspotenzial – das ist es, was die Kultur von New Work prägt.

54 Schein (2003).
55 Wörwag und Cloots (2019).

6.4.4 Die GINO-Kultur

Im GINO-Universum werden die Anpassung an Veränderungen und die Gestaltung von Wandel nicht als Ausnahme, sondern als Regelfall betrachtet. Unternehmen, die dies tun, zeigen in ihren Werten, Haltungen und tagtäglichen Handlungen eine »Organisationale Achtsamkeit«, die Gesundheit, Innovation und betriebswirtschaftlichen Erfolg fördert. Unabhängig davon, ob klassische oder flache Hierarchie, selbstorganisierte Kreisorganisationen oder Start-up: Hinsichtlich der Kultur Ihres Unternehmens sind alle mitverantwortlich. Besonders wenn Sie neue Wege gehen wollen, sind jedoch immer noch die Schlüsselkräfte und »Leader« die am prägendsten Personen.

Der Zukunftsforscher Matthias Horx spricht von einem »Megatrend«, in dem Achtsamkeit als »Kulturtechnik der reifen Individualität in einer konnektiven Welt« gesehen wird.[56] Das ist zugleich die DNA des GINO-Universums.

Doch wie gelingt nun Organisationale Achtsamkeit? Das Akronym »GINO WORKS« liefert – angelehnt an Horx' Gedanken – die Antwort:

GINO WORKS

G Gesundheit denken
I Interesse am Gegenüber
N Neugier leben
O Offener Umgang mit Konflikten

W Wertschätzung als Grundnahrungsmittel
O Offenheit
R Respekt & Fairness gegenüber Mitarbeiterinnen, Mitarbeitern und Führungskräften
K Kommunikation, die zu Vertrauen führt
S Sinn und Wert für Gesellschaft & Mensch

56 Horx (2020).

Sehen wir uns die einzelnen Elemente einmal genauer an.

Gesundheit denken
Das Bewusstsein für Gesundheit in der Arbeitswelt spielt in allen Facetten eine wichtige Rolle. Es existiert ein Bewusstsein für gesundheitsfördernde und -hemmende Faktoren, die regelmäßig erhoben und aus denen Entwicklungsfelder abgeleitet werden.

Interesse am Gegenüber
Menschen werden in ihrer Ganzheit und Unterschiedlichkeit gesehen und akzeptiert.

Neugier leben
Neugier leben bedeutet weise zu sein, schreibt Judith Glück in ihrem Buch *Weisheit, die 5 Prinzipien eines gelingenden Lebens*. Es geht darum, forschend »am Weg zu sein« in Bezug auf Menschen und das Unternehmen, um so organisches Wachstum zu ermöglichen.

Offener Umgang mit Konflikten
»Ein Konflikt will Wandel. Er ist nicht das Problem, sondern die Chance.«[57] Im GINO-Universum gibt es klare Regeln für den Umgang mit Konflikten und einen klaren Prozess, um diese produktiv zu nutzen.

Im Führungsalltag unterstützen Sie folgende Leitsterne:
1. Den Mitarbeiterinnen und Mitarbeitern Vertrauen entgegenbringen und ihnen Verantwortung übertragen: Durch diese entgegengebrachte Wertschätzung werden sie vermehrt versuchen, ihre Tätigkeiten ohne Fehler auszuführen.
2. Mitarbeiterinnen und Mitarbeitern regelmäßig Feedback geben: Wenn jemand etwas falsch gemacht hat, muss dies der Person klar kommuniziert werden, denn nur mit diesem Wissen kann sie etwas daraus lernen. Sie haben auch die Möglichkeit, fixe Feedbackgespräche für eher unsichere Teammitglieder anzubieten.
3. Hinter den Mitarbeiterinnen und Mitarbeitern stehen und ihnen Rückendeckung geben: Dadurch werden Menschen mutiger und probieren Neues aus. Unterläuft ihnen ein Fehler, gehen sie zudem eher zur verantwortlichen Person und bieten dieser somit die Möglichkeit, gemeinsame Lösungsansätze zu entwickeln.
4. Schuldzuweisungen vermeiden: Bei einem suboptimalen Verlauf sollte nicht die Frage, wer daran schuld ist, im Mittelpunkt stehen, sondern die Frage, wie die Situation gemeinsam wieder geradegerückt bzw. künftig verhindert werden kann.
5. Selbst mit gutem Beispiel vorangehen: Auch eigene Fehler (der verantwortlichen Person) sollten öffentlich kommuniziert werden, denn daraus können Mitarbeiterinnen und Mitarbeiter lernen. Zudem fördern Sie dadurch bei den Beschäftigten einen offeneren Umgang auch mit ihren eigenen Fehlern.

57 Seibt (2004).

Wertschätzung als Grundnahrungsmittel

»Echte Kultur offenbart sich in der Wertschätzung der Persönlichkeit«, meint der Kulturphilosoph Paul de Lagarde. Empathie und Wertschätzung, die sich in einer vertrauensfördernden Kommunikation auf Augenhöhe widerspiegeln und Voraussetzungen für eine gelebte Fehlerkultur darstellen, sind in der GINO-Kultur essenziell. Wie wir gesehen haben, war das Bedürfnis nach mehr Wertschätzung bei unserer Evaluierung der psychischen Belastungen in Kapitel 6.4.1 zentral. Wertschätzendes Verhalten hält gesund und sollte deshalb unbedingt Teil des Arbeitsalltags sein.

Die Etablierung einer »Das ist gut gelungen«-Kultur ergänzt die Fehlerkultur und bereitet ihr den Boden. Weil nichts gesagt einfach *nicht* genug gelobt ist.

Offenheit

Gute Teams erkennen wir daran, dass wenig von dem, was sie denken, zurückgehalten wird. Davon profitieren das Unternehmen und die Mitarbeiterinnen und Mitarbeiter gleichermaßen: das Unternehmen, weil so die Kreativität des Teams gefördert wird, und die Mitarbeiterinnen und Mitarbeiter, weil sie ihre Gedanken frei äußern können, ohne Angst vor Diffamierung und Abwertung haben zu müssen. Offenheit fördert Kongruenz und ist selbstverständlich im GINO-Universum. Mit Check-ins und Danke-Runden (siehe Toolbox in Kapitel 8.5) ermöglichen Sie Offenheit.

Respekt und Fairness bei Mitarbeitern und Führungskräften

Radikaler Respekt ist der Stoff, aus dem die GINO-Kultur besteht, unabhängig davon, ob Hierarchieebenen existieren. Führung im GINO-Universum lebt zudem vorbildhaft die eigenen Stärken, bekennt sich zu eigenen Schwächen und stellt sich auch dadurch bewusst nicht über die Mitarbeiterinnen und Mitarbeiter, sondern begegnet ihnen auf Augenhöhe.

»Kräftige Menschen brauchen keine Macht, kraftlose Menschen missbrauchen Macht«[58], und so ist »die neue Autorität« mehr als ein bloßes Schlagwort: Durch permanente Reflexion des eigenen Verhaltens legen Unternehmen den Grundstein für ein transformationales Führungs- und Menschenverständnis, in dem die Leitung ebenso wie jedes Teammitglied als kräftiges Vorbild wirkt. Damit können auch Sie die Kultur des GINO-Universums bewusst gestalten: als präsente Persönlichkeit, die inspiriert, motiviert, vertraut, Verantwortung teilt, delegiert, umsetzungsstark kommuniziert und als Coach und Ermöglicher für die Mitarbeiterinnen und Mitarbeiter da ist. Die folgende Abbildung verdeutlicht die höhere Flexibilität der neuen, geteilten Autorität im bewegten Umfeld der VUCA-Welt im Gegensatz zur starreren Top-down-Führung.

58 Pechtl (o. J.).

Abb. 9: Alte vs. neue Autorität im VUCA-Umfeld

Ihre Kommunikations- und Konfliktkompetenzen für das kultivierte GINO-Universum

1. **»Störungen haben Vorrang«:** Dieser vielzitierte Grundsatz der Psychoanalytikerin Ruth Cohn bedeutet, dass Konflikte oder Störungen sofort angesprochen werden. Die Umsetzung in der Praxis ermöglicht eine Kultur der Auseinandersetzung mit Unterschieden, in der Absicht, gemeinsam daran zu wachsen. Hierbei unterstützt das Modell der
2. **Transaktionsanalyse**[59]: Vereinfacht gesagt kennt die Transaktionsanalyse ein kritisches und fürsorgliches Eltern-Ich sowie drei verschiedene Kind-Ich-Zustände (frei, angepasst und trotzig). Im Mittelpunkt steht jedoch das Erwachsenen-Ich. Nur aus der Erwachsenensicht sind Konflikte nachhaltig lösbar. Spricht beispielsweise Kollegin A in der Rolle des kritischen Eltern-Ich (»Das darfst du nicht!«) mit Kollege B, schaltet dieser möglicherweise in den Trotziges-Kind-Modus. Ziel einer reifen, gelungenen Kommunikation auf der Erwachsenen-Ich-Ebene ist es, ruhig die Sach- und Emotionslage aus der eigenen Sicht zu beschreiben. Dies schafft ein Bewusstsein für
3. **Reiz-Reaktion-Muster** und erfordert eine fortwährende Selbstreflexion. Viktor Frankl beschreibt diesen bewusst wahrgenommenen und gestalteten Raum zwischen einem Reiz (die Bemerkung der schlecht gelaunten Kollegin) und der eigenen Reaktion darauf (»zurückschnauzen« oder einen Kaffee anbieten) als Raum von Freiheit, Entwicklung und des Lernens. Daraus resultiert
4. **Gewaltfreie Kommunikation**[60], in der klar zwischen Beobachtung, Gefühl und den daraus entstehenden Bedürfnissen und Wünschen unterschieden wird. Sie trägt zu einer wertschätzenden Kultur bei.

59 Berne (1983).
60 Rosenberg (2009).

Sinn und Wert für Gesellschaft und Mensch

Sinn und Zweck einer Organisation sind zentraler Leitstern und erleichtern Entscheidungen. »Neue Impulse verändern Lebens- und Arbeitswelten« ist beispielsweise der Sinn unserer Organisation DIEBERATERINNEN. Die Auseinandersetzung mit der Bedeutung des Sinns für Gesellschaft und Menschen ist im GINO-Universum ein fortwährender Prozess. Indem wir immer wieder in die evolutionär wachsende Organisation »hineinhören«, können die darin arbeitenden Menschen ihre Identifikation mit dem Sinn stärken, spielerisch damit umgehen und ihn weiterentwickeln.

Zu Beginn des Kapitels haben wir die achtsame DNA des GINO-Universums beschrieben. Im Folgenden unsere Empfehlungen für Ihren gelungenen Start ins GINO-Kultur-Universum.

Unsere Empfehlungen für Ihren gelungenen Start ins GINO-Universum:

GINO-WORKS indeed

G	**Gesundheit denken – Pausenkultur pflegen**
I	**Interesse am Gegenüber – Zum Beispiel durch Check-in bei Besprechungen** (siehe Toolbox)
N	**Neugier leben – »Good enough for now, save enough to try!« – als Grundhaltung**
O	**Offener Umgang mit Konflikten – Zum Beispiel mittels Konfliktmanagement** (siehe Toolbox)
W	**Wertschätzung als Grundnahrungsmittel – die DNA deiner Organisation zum Beispiel mittels Danke-Runden** (siehe Toolbox)
O	**Offenheit – Wieviel von dem, was du denkst hältst du zurück? Als Barometer dafür und erste Schritte gehen!**
R	**Respekt & Fairness gegenüber Mitarbeiterinnen, Mitarbeitern und Führungskräften – eine tägliche Übung!**
K	**Kommunikation, die zu Vertrauen führt** (siehe oben Kommunikation als Bindemittel)
S	**Sinn und Wert für Gesellschaft & Mensch – regelmäßige** (mindestens 1x/Jahr) **Beschäftigung mit dem Sinn** (siehe Toolbox »Dragon Dreaming«)

In der Toolbox am Ende dieses Buches in Kapitel 8.5 finden Sie konkrete Tipps zu folgenden Methoden:

- Team Mission Statement – Auseinandersetzung: Warum gibt es uns?
- Team Charter – gemeinsame Regeln erfinden
- World Café – intensive Auseinandersetzung mit organisationsrelevanten Themen
- Teamevaluierung – Feedback für das gesamte Team und die Einzelpersonen

6.5 Der Mensch: Herz des Unternehmens

In diesem Kapitel beschäftigen wir uns mit folgenden Fragen zum Menschen, die Ihnen gleichzeitig zur Reflexion dienen:

- Welche Rolle spielen Mitarbeiterinnen und Mitarbeiter in Ihrem Unternehmen? Sind sie Dienstnehmende, die Aufgaben erfüllen, Innovationstreibende oder Entrepreneure im Unternehmen?
- Was bringen die einzelnen Personen mit, das für Ihr Unternehmen wichtig ist?
- Genügen Ihnen Hirn und Hände des Menschen, oder brauchen Sie auch das Herz?

MENSCH

Merkmale für gesundes Arbeiten	Merkmale des Arbeitens im New Work-Kontext	Merkmale für innovatives Arbeiten
ALLGEMEIN GÜLTIG		
Partizipation Sinn Individualität	Partizipation Sinn Individualität Teilhabe – Selbstorganisation ist Wesenszug	Partizipation Sinn Individualität
ROLLEN/AUFGABEN, TÄTIGKEITEN, ZUSTÄNDIGKEITEN		
Sinn klare Definition klarer Rahmen Abwechslung	Sinn Selbstorganisation Agilität Abwechslung	Sinn Aufgabenorientierung Autonomie Abwechslung
QUALIFIKATION, FÄHIGKEIT/KOMPETENZ		
Ganzheitlichkeit Gestaltbarkeit Handhabbarkeit Verstehbarkeit	Ganzheitlichkeit Gestaltbarkeit Handhabbarkeit Verstehbarkeit Selbststeuerung Fokus auf Stärken Selbstwirksamkeit	Ganzheitlichkeit Gestaltbarkeit Handhabbarkeit Verstehbarkeit Selbststeuerung Fokus auf Stärken Selbstwirksamkeit Zielorientierung
WEITERBILDUNG		
fachliche Weiterbildung persönliche Weiterentwicklung Personalentwicklung	fachliche Weiterbildung persönliche Weiterentwicklung Personenentwicklung Lernen orientiert sich am Bedarf des Individuums	fachliche Weiterbildung persönliche Weiterentwicklung Personalentwicklung Lernen orientiert sich am Bedarf des Auftrages

Merkmale für gesundes Arbeiten	Merkmale des Arbeitens im New Work-Kontext	Merkmale für innovatives Arbeiten
VERANTWORTUNG		
Klarheit	Klarheit Flexibilität Verantwortung bei Einzelpersonen bzw. bei den Teams	Klarheit Flexibilität Verantwortung bei Einzelpersonen bzw. bei den Teams
ENTSCHEIDUNGEN		
Beeinflussbarkeit Gerechtigkeit – Fairness ausreichend Informationen	Beeinflussbarkeit Gerechtigkeit – Fairness transparente Informationssysteme Entscheidungen werden dort getroffen, wo sie Auswirkungen haben Klarheit über Prinzipien wie man zu Entscheidungen kommt	Beeinflussbarkeit Gerechtigkeit – Fairness ausreichend Informationen Entscheidungen werden dort getroffen, wo sie Auswirkungen haben
BEZIEHUNG/ZUSAMMENARBEIT/GRUPPIERUNGEN		
Feedback – Resonanz Gerechtigkeit – Fairness Soziale Unterstützung Vertrauen Zusammenhalt	Feedback – Resonanz Gerechtigkeit – Fairness Soziale Unterstützung Vertrauen Zusammenhalt Freiheit Fokus auf Stärken Fördern von Meinungsvielfalt Lernen aus Misserfolgen	Feedback – Resonanz Gerechtigkeit – Fairness Soziale Unterstützung Vertrauen Zusammenhalt Freiheit Fokus auf Expertise Tolerieren von Meinungsvielfalt Lernen aus Misserfolgen
KONFLIKTE		
Rahmen/Raum für Konfliktbearbeitung Offenheit Unterstützung soziale Kompetenz	vereinbarte Prinzipien für Konfliktbearbeitung Offenheit Unterstützung soziale Kompetenz	Rahmen/Raum für Konfliktbearbeitung Offenheit Unterstützung soziale Kompetenz

Merkmale für gesundes Arbeiten	Merkmale des Arbeitens im New Work-Kontext	Merkmale für innovatives Arbeiten
FÜHRUNGSVERSTÄNDNIS		
Anerkennung, Lob und Wertschätzung	Anerkennung, Lob und Wertschätzung	Anerkennung, Lob und Wertschätzung
Berücksichtigung der persönlichen Lebenssituationen der MA	Berücksichtigung der persönlichen Lebenssituationen der MA	Berücksichtigung der persönlichen Lebenssituationen der MA
Einbindung & Beteiligung	Einbindung & Beteiligung	Einbindung & Beteiligung
Feedback	Feedback	Feedback
Fehlerkultur	Fehlerkultur	Fehlerkultur
Lern- und Veränderungsbereitschaft	Lern- und Veränderungsbereitschaft	Lern- und Veränderungsbereitschaft
Konfliktkompetenz	Konfliktkompetenz	Konfliktkompetenz
Lösungskompetenz	Lösungskompetenz	Lösungskompetenz
offene Kommunikation	offene Kommunikation	offene Kommunikation
soziale & organisatorische Unterstützung	soziale & organisatorische Unterstützung	soziale & organisatorische Unterstützung
Vermittlung von Orientierung und Sicherheit	Vermittlung von Orientierung und Sicherheit	Vermittlung von Orientierung und Sicherheit
Vetrauensbildung	Vetrauensbildung	Vetrauensbildung
	Förderung kooperativen Handelns	Förderung kooperativen Handelns
	Coach	Coach
	Ermöglicher	Ermöglicher
	Führungskräftewechsel nach Aufgabe/Thema	Führungskräftewechsel nach Aufgabe/Thema

6.5.1 Mit der Linse »Mensch« auf dem Planeten Gesundheit: Im Dienst der Arbeit

Gesundheit und Lebensenergie als das höchste menschliche Gut – ist dies ökonomisch relevant? Das steht auf dem Planeten Gesundheit außer Frage. In der Betrieblichen Gesundheitsförderung wird Gesundheit als Handlungskompetenz von Individuen, Gruppen bzw. organisatorischen Einheiten oder eines Unternehmens insgesamt betrachtet. Es ist eine Kompetenz, um arbeitsfähig zu bleiben, damit die Arbeit getan werden kann. Der Mensch steht also im Dienst der Arbeit.

Menschen bringen ihre Fähigkeiten, ihre Kreativität und ihr Engagement im Arbeitsleben ein. Sind sie psychisch oder physisch beeinträchtigt, ist auch ihre Arbeitsfähigkeit und somit ihr Beitrag zum Unternehmenserfolg beeinträchtigt.

Gesundheit ist jedoch nicht etwas, was »verordnet« werden oder einseitig konsumierbar gestaltet werden kann. Auch in der Arbeitspsychologie wird davon ausgegangen, dass es immer zwei Teile sind, die die Arbeitsfähigkeit ausmachen: zum einen die Verhältnisse, die Arbeitsbedingungen und organisationalen Rahmenbedingungen (Unternehmens- und Führungskultur), die unmittelbar auf die Gesundheit wirken; zum anderen das individuelle Verhalten des Menschen, seine gesundheitsförderliche oder -schädigende Lebens- und Arbeitsweise, die die Leistung beeinflusst.

Also tragen beide Parteien – Arbeitgeber und Arbeitnehmer – die Verantwortung für die Gesundheit der Beschäftigten. Wie wir bereits beim Haus der Arbeitsfähigkeit in Kapitel 3.4 gesehen haben, wird die Arbeitsfähigkeit zu 60 % von den vorherrschenden Verhältnissen und zu 40 % vom Verhalten der Mitarbeiterinnen und Mitarbeiter geprägt. Jeder arbeitende Mensch ist also aufgefordert, sein persönliches Verhalten eigenverantwortlich zu steuern und so zu gestalten, dass ein langes, gesundes (Arbeits-)Leben möglich ist.

Körperliche Gesundheit
Aus dem Österreichischen Gesundheitsbericht 2016 des Bundesministeriums für Gesundheit und Frauen geht hervor, dass 32 % der Bevölkerung übergewichtig sind und knapp 14 % adipös.

Nur 35 %der ab 15-Jährigen essen – wie empfohlen – täglich Obst und Gemüse, und lediglich ein Viertel der Bevölkerung (15 Jahre und älter) erfüllt die österreichischen Empfehlungen für gesundheitswirksame Bewegung. 24 % rauchen täglich, bei den 15- bis 29-Jährigen sind es 3 %. 6 % der Bevölkerung trinken täglich oder fast täglich Alkohol.

36 % der österreichischen Bevölkerung ab 15 Jahren – das sind etwa 2,6 Millionen Menschen – leiden an einer dauerhaften Krankheit oder einem chronischen Gesundheitsproblem. Frauen aller Altersgruppen sind häufiger betroffen als Männer. Die häufigsten chronischen Krankheiten bzw. Gesundheitsprobleme sind Rückenschmerzen und Allergien (je 24 %), Bluthochdruck (21 %) und Nackenschmerzen (19 %).[61]

In der Schweiz und in Deutschland sind diese Werte mal besser, mal schlechter als in Österreich. Dennoch gilt für die gesamte DACH-Region: Da ist noch Luft nach oben! Trotz Fitnesswahn gibt es sie noch, die Couch-Potatoes – und das wirkt sich massiv auf unsere Produktivität aus. Es besteht also Handlungsbedarf.

Was können Unternehmen tun?
Wie können Sie als Arbeitgeber gesundheitsförderliches Verhalten bei Ihren Mitarbeiterinnen und Mitarbeiter fördern? Welche Angebote können Sie initiieren? Und welche Impulse sind überhaupt zielführend? Gesundheitstage und Vorträge zu gesunder Ernährung, Raucherentwöhnung und Schlafberatung sind beliebte Angebote, die Unternehmen im Zuge von Projekten der Betrieben Gesundheitsförderung anbieten. Wasserspender statt Softdrinkautomat, Obstkörbe statt Schokosnacks oder das gesunde Menü in der hauseigenen Kantine werden umgesetzt. Unter den Top 10 der Maßnahmen findet man Initiativen wie Mitarbeiterinnen und Mitarbeiter zur Gestaltung einer aktiven Pause einzuladen, ergonomisches Sitzen, Heben und Tragen zu unterstützen sowie firmeneigene Sportkurse und vergünstigte Abos im Fitnesscenter anzubieten. Gezielt auf die körperliche Gesundheit der eigenen Mitarbeiterinnen und Mitarbeiter zu achten ist eine gute Investition in den langfristigen Erhalt ihrer Arbeitsfähigkeit.

Doch es gibt nicht nur die körperliche Seite der Gesundheit. Auch die mentale, psychische Komponente gerät allein durch die Evaluierungen der psychischen Belastungen am Arbeitsplatz in den Fokus. Die Evaluierung ist in Österreich und Deutschland seit 2013 verpflichtend im Arbeitnehmerschutzgesetz verankert, in der Schweiz seit 2015. Doch wo setzen Sie an, wenn die Daten erhoben sind?

Gesundheit beginnt im Kopf
Unsere Gedanken bestimmen unser Handeln und Tun. Sie manifestieren sich in Glaubens- und Denkmustern, gestalten unsere Überzeugungen und Ansichten und beeinflussen den inneren Dialog mit uns selbst. Lösen diese Gedanken unangenehme Gefühle, Angst oder Stress aus, reagieren sensible Menschen vermehrt mit Reizbarkeit, Depressivität, Resignation oder anderen Stresssymptomen. Solch negative Gedanken sorgen im Gehirn für immer dichtere, neuronale Vernetzungen und schlagen sich auf Dauer in körperlichen Symptomen nieder.

61 Griebler et al. (2017).

Unsere Gedanken und Emotionen formen fortlaufend unser Gehirn und sind somit ausschlaggebend dafür, ob wir gesund, widerstandsfähig und mental stark in der Welt stehen, ob wir handlungsfähig bleiben und somit unser Leben und unsere Umwelt aktiv gestalten.

Wer beeinflusst unsere Gedanken und Emotionen im Arbeitskontext? Es sind unsere Arbeitskolleginnen und -kollegen sowie Führungskräfte, die uns in unserer täglichen Arbeit vermitteln: »Du bist wertvoll und deine Arbeit ist gut« oder »Du trägst nicht genügend bei, du kannst das nicht, du genügst nicht«.

In der Evaluierung psychischer Belastungen am Arbeitsplatz stellen wir in unserer Praxis laufend fest, welchen massiven gesundheitsschädigenden Einfluss ein abschätziger Umgangston, mangelnde Wertschätzung, fehlende Anerkennung und menschenfeindliches Führungsverhalten haben.

Den Menschen zu befähigen, mit schwierigen Situationen besser umzugehen, positive Gedanken zu fassen, in Lösungen anstatt Problemen zu denken, das Gute im Schlechten zu erkennen, also resiliente Strategien für den herausfordernden Arbeitsalltag zu finden, sind Ziele der Betrieblichen Gesundheitsförderung. Zu den beliebtesten Maßnahmen zählen Achtsamkeits- und Kommunikationstraining sowie psychologische Beratung. Diese Interventionen auf der individuellen Verhaltensebene machen in der Arbeits- und Lebenswelt des Einzelnen einen erheblichen Unterschied. Selbstwirksamkeit und Selbststeuerung halten gesund.

Kompetenzen, um in der Arbeit gesund zu bleiben

Unsere Arbeitswelt ist geprägt von immer neuen Herausforderungen und Aufgabenstellungen. Damit der Mensch diese nicht als dauerhaft belastend wahrnimmt, sondern idealerweise Vorteile daraus ziehen kann, müssen wir unsere Kompetenzen laufend weiterentwickeln. Mit Computersoftware umgehen, neue Techniken, Werkstoffe und Materialien verwenden, Fremdsprachen erlernen und Wissen zu gesetzlichen Normen und Vorgaben aktualisieren: Vieles ist notwendig, um unsere fachliche Kompetenz zu bewahren oder auszubauen. Wer sich gut ausgebildet fühlt, die notwendigen Fähigkeiten und Fertigkeiten besitzt, um seine Arbeit zu bewältigen, und der Überzeugung ist, dass er den beruflichen Herausforderungen gewachsen ist, erlebt sich als handlungsfähig und damit arbeitsfähig. Die Passung zwischen beruflichen Herausforderungen und den dafür notwendigen Ressourcen – auf Unternehmens- ebenso wie auf Personenebene – ist entscheidend.

Auf eines können wir uns unter dem Strich wohl alle einigen: Persönliche und betriebliche Gesundheit müssen gepflegt werden. Denn Gesundheit entscheidet über den künftigen Unternehmenserfolg. Wettbewerbsvorteile erringen langfristig nur jene Unternehmen, die die körperliche und geistige Gesundheit ihrer Mitarbeiterinnen und Mitarbeitern fördern und Selbstverantwortung im Denken und Handeln ermöglichen.

6.5.2 Mit der Linse »Mensch« auf dem Planeten Innovation: Motor für Neues

Der Mensch bringt durch sein schöpferisches Tun Innovation hervor. Sie merken schon: Wir sind abermals auf dem Planeten Innovation gelandet und sehen uns jetzt den Aspekt »Mensch« genauer an.

Als Organisationsentwicklerinnen sind wir davon überzeugt, dass das Umfeld, die Strukturen und die Kultur im Unternehmen wichtige Einflussfaktoren für die Innovationsfähigkeit von Menschen darstellen. Dennoch braucht es neben den besten Bedingungen auch die ganz individuelle Innovationsfähigkeit des Einzelnen, der durch sein schöpferisches Tun als Innovationstreiber wirksam wird.

Widerstand ist ein biologischer Vorgang
Der Neurobiologe Gerald Hüther widmet seine Forschungen und Bücher der Frage, warum sich Menschen mit Veränderungen häufig so schwer tun. Seine Ergebnisse enthalten eine gute Nachricht: Unser Gehirn bzw. unser Denken kann sich grundsätzlich bis ins hohe Alter verändern. Klingt gut. Nur gibt es einen Haken: Diese Veränderung raubt unserem Körper und damit auch unserem Gehirn Energie und Ressourcen. Da unser Körper jedoch darauf achtet, so wenig Energie wie möglich zu verbrauchen, reagiert er entsprechend unerfreut auf Dinge, die uns Kraft rauben. Dieser natürliche Widerstand kann jedoch abgeschwächt bzw. vermieden werden. Denn was unser Gehirn ebenso wie Energie braucht, um seine Fähigkeiten weiter auszubauen, sind Spaß, Enthusiasmus und emotionale Aktivierung. Gelingt es, Veränderung damit zu verknüpfen, sind auch Gehirn und Körper mit von der Partie.[62]

Die Innovationsfähigkeit fördern
Wie können Sie nun in Ihrem Unternehmen die persönliche Innovationsfähigkeit Ihrer Mitarbeiterinnen und Mitarbeiter fördern? Und auf welche Reaktionen und Stolpersteine sollten Sie gefasst sein?

Innovation stand bis vor wenigen Jahren nicht im Fokus der beruflichen Weiterbildung. Selten haben wir in unserer beraterischen Praxis in der Personalstrategie Innovationsfähigkeit als Entwicklungsfeld vorgefunden. Wenn das Management allerdings in diesem Bereich den Anspruch an die Mitarbeiterinnen und Mitarbeiter erhöht und erwartet, dass sie neue Lösungen, Dienstleistun-

62 Hüther (2016).

gen und Produkte generieren, fühlen sich die Beschäftigten häufig überfordert. Trotz angestrengtem, manchmal krampfhaftem Tun kommt es zu keiner Lösung. Den Aufgaben wird nicht genug Aufmerksamkeit geschenkt. Sie werden als nicht lösbar beurteilt. Ungern oder gar nicht übernehmen die Mitarbeiterinnen und Mitarbeiter die Verantwortung, selbst eine Lösung zu finden.

Diese Überforderung wirkt sich langfristig negativ auf die Arbeitsleistung und Motivation aus. Nimmt sich aber die Personalentwicklung, die wir bevorzugt als Personenentwicklung verstehen, der Förderung der Innovationskompetenz an, entwickeln selbst Menschen, die von sich behaupten, nicht innovativ zu sein, erstaunliche Fähigkeiten.[63]

Was begünstigt innovatives Denken?
Die gute Nachricht: Menschen können Kompetenzen und Fähigkeiten entwickeln, die zu Innovation führen. Grundvoraussetzung ist die Begeisterung für den Job. Darüber hinaus braucht es:

- den Mut, Bestehendes infrage zu stellen
- die Fähigkeit, Probleme zeitnah zu erkennen
- die Fähigkeit, gute Lösungen zu identifizieren
- Selbstführung
- flexibles Denken
- Ausdauer
- Fachwissen

Überlegen Sie einmal für sich: Welche Zutaten brauchen Sie in welchem Maß, um innovativ zu sein? Und wie verhält es sich bei Ihren Mitarbeiterinnen und Mitarbeitern? So lässt sich individuell ein Innovationscocktail mixen.

6.5.3 Mit der Linse »Mensch« auf dem Planeten New Work: Arbeit und Ganzheitlichkeit

Auf dem Planeten New Work wird uns ein Dossier des deutschen Zukunftsinstituts ausgehändigt:

> *»Die Digitalisierung wirft den Menschen auf sein Menschsein zurück – vor allem im Arbeitsleben. Wenn Maschinen künftig bestimmte Arbeiten besser verrichten können als der*

63 Burkhardt et al. (2018).

Mensch, beginnen wir, über den Sinn der Arbeit nachzudenken. Wenn die Arbeit uns nicht mehr braucht, wofür brauchen wir dann die Arbeit? New Work beschreibt einen epochalen Umbruch, der mit der Sinnfrage beginnt und die Arbeitswelt von Grund auf umformt. Das Zeitalter der Kreativökonomie ist angebrochen – und es gilt Abschied zu nehmen von der rationalen Leistungsgesellschaft. New Work stellt die Potenzialentfaltung eines jeden einzelnen Menschen in den Mittelpunkt. Denn Arbeit steht im Dienst des Menschen: Wir arbeiten nicht mehr, um zu leben, und wir leben nicht mehr, um zu arbeiten. In Zukunft geht es um die gelungene Symbiose von Leben und Arbeiten«.[64]

Von welcher Potenzialentfaltung spricht das Zukunftsinstitut, fragen Sie sich jetzt vielleicht. Ist es nicht so, dass wir in unserem positiven Menschenbild davon ausgehen, dass jeder Mensch sowieso sein Bestes in die Arbeitswelt einbringt? Und was bedeutet »die Arbeit steht im Dienst des Menschen«? Ist das bloß Sozialromantik auf der Suche nach einer besseren Welt?

Ganzheitlich mit Hand, Herz und Hirn

Der New-Work-Unternehmer Hans-Peter Häberle, Geschäftsführer eines mittelständischen Speditions-, Handels- und Logistikdienstleisters in Schwäbisch Gmünd, will Mitarbeiterinnen und Mitarbeiter in ihrer Ganzheitlichkeit erfassen: »Wir brauchen nicht nur die Hände des Menschen, nicht nur einen Söldner, sondern einen Menschen, der sich mit seiner Ganzheitlichkeit Hand, Herz und Hirn einbringt und einen Sinn darin sieht.«

Der ganze Mensch mit all seinen Anteilen ist also gefragt. Aber ist das wirklich ein neuer Ansatz? Und was bedeutet das im New-Work-Kontext?

Gesicht zeigen

Frederic Laloux beschreibt es in seinem Buch *Reinventing Organizations* als einen Durchbruch in der evolutionären Organisationsentwicklung: Welch enorme Energien können entstehen, wenn wir endlich unsere Masken fallen lassen und es wagen, ganz wir selbst zu sein.

Im Arbeitsleben herrscht ein subtiler Druck, der fast alle dazu zwingt, sich eine professionelle Maske aufzusetzen. Viele Organisationen befürchten Chaos, wenn die Menschen mit ihrem ganzen Selbst zur Arbeit erscheinen – also mit ihren Stimmungen, Eigenarten, Alltagskleidern: Wo kommen wir da hin, wen nur Individualisten unterwegs sind? Die Menschen haben die Befürchtung, sich angreifbar und verletzlich zu machen, wenn sie in der Arbeit ganz sie selbst sind. Was sie von sich zeigen, könnte zu einem späteren Zeitpunkt gegen sie verwendet werden, könnte gerade gar nicht zum Unternehmensziel passen. Lieber nehmen sie sich zurück, verbergen sich hinter einer professionellen Maske und lassen viele Persönlichkeitsanteile vor der Unternehmenspforte stehen. An den Schreibtischen sitzen dann halbe Menschen, die »(unter-

64 Zukunftsinstitut GmbH (2020).

nehmens-)politisch korrekt« sprechen und handeln. Klingt nicht besonders erquicklich – und doch ist es oft Alltag.

Seien wir ehrlich: Wir haben alle eine emotionale, rationale, intuitive und spirituelle Seite. Am Arbeitsplatz wird meist der Ratio Vorrang gegeben. Argumente, Daten, Fakten? – Ja, bitte. Emotionen? – Na ja, wenn es sein muss. Intuition? – Nein, danke. Und Spiritualität? – Um Himmels Willen, das ist was fürs Private!

Wenn in einer Firma – und in sehr vielen Firmen gibt es diesen ungeschriebenen Kodex – nur bestimmte Anteile (meist die rationalen) gezeigt werden sollen, bleibt der größte Anteil der menschlichen Möglichkeiten außen vor. Das ist nicht nur individuell bedenklich, sondern stellt auch aus wirtschaftlicher Sicht eine Potenzialverschwendung dar.

Authentische Selbstführung statt Business-Theater
Wagen wir ein Gedankenexperiment: Wenn es keine Vorgesetzten gäbe, die Sie beeindrucken und zufriedenstellen, und keine Untergebenen, die Sie auf Linie halten müssten, wenn es keine Dokumentations- und Berichtspflichten gäbe, die Sie strategisch klug erfüllen sollten – gäbe es dann etwas, das Sie sich sparen könnten? Wofür würden Sie Ihre Energie stattdessen verwenden? Bei New Work sprechen wir von der authentischen Selbstführung des einzelnen Menschen, die es ihm ermöglicht, in der Arbeit ganzheitlich zu sein – mit allen Stärken und Schwächen, ganz ohne Business-Theater.

Diese Arbeitsorte sind die Einhörner im Universum: Sie haben eine magische Energie und Lebendigkeit. Die Arbeit wird ein Ort, an dem sich Kolleginnen und Kollegen gegenseitig helfen, ihre innere Größe zu offenbaren, ihre Berufung zum Ausdruck zu bringen und ihr Potenzial zu entfalten, wie sie es selbst nicht für möglich gehalten hätten. Neue wertvolle Seiten an sich kennenzulernen und sich zu trauen, diese Anteile für sich selbst und andere nutzbar zu machen, wird in diesem Kontext ebenfalls unterstützt. Kurzum: Es wird keine Kraft mehr vergeudet, um zu tarnen und zu täuschen, um gut dazustehen und andere abzuwerten, um selbst zu glänzen. Stattdessen arbeiten die Menschen fokussiert und intrinsisch motiviert an Lösungen. Vieles, was Arbeit heute ineffizient und unangenehm macht, verschwindet einfach. Arbeit wird schlicht Ausdruck unseres persönlichen Lebendig-Seins.

6.5.4 Der Mensch im GINO-Universum

In den vorhergehenden Kapiteln haben wir ausgeführt, wie wichtig die moderne Gestaltung von Kultur und Struktur in Organisationen ist. Demokratisierung der Strukturen, mehr Macht und Entscheidungsspielräume, flache Hierarchien, mehr Arbeitszeit- und Arbeitsortautonomie sollen zu agileren Organisationen führen. Doch auch die besten strukturellen Empowerment-Ansätze entfalten zu wenig Wirkung, wenn die individuelle, menschliche Perspektive außer Acht gelassen wird. In der Praxis erleben wir oft, dass Menschen in diesen Veränderungsprozessen an ihre Grenzen stoßen und überfordert sind. Eine Antwort darauf stellt das psychologische Empowerment-Konzept dar, das unter anderem von Prof. Dr. Carsten C. Schermuly intensiv erforscht und im GINO-Universum in Sachen Mensch erlebbar wird.

6.5.4.1 Psychologisches Empowerment: Das Fundament im GINO-Universum

Erlebt der Mensch in der Arbeit hohe Bedeutsamkeit, Selbstbestimmung, Einfluss und Kompetenz, ist er sehr viel eher intrinsisch motiviert und proaktiv. Ermächtigte Mitarbeiterinnen und Mitarbeiter können mit komplexen Herausforderungen kreativer und handlungsorientierter umgehen. Sie lösen Probleme im Team rascher und verhalten sich innovativer. Schermuly stellte in Längsschnittstudien fest, dass psychologisch empowerte Mitarbeiterinnen und Mitarbeiter seltener emotional erschöpft sind und weniger oft depressiv werden. Psychologisches Empowerment hat positive Auswirkungen auf die Zufriedenheit[65] der Beschäftigten und auf ihr Innovationsverhalten[66]. Es führt zu einem höheren Rentenalterswunsch[67] und niedrigerer Depressionsneigung[68].

Was bedeutet das für Sie und Ihre Organisation? Wenn Sie sich gesunde, innovative und leistungsstarke Mitarbeiterinnen und Mitarbeiter wünschen, sollten Sie beim psychologischen Empowerment ansetzen.

Psychologisches Empowerment im Detail

Psychologisches Empowerment besteht aus vier Komponenten: das Erleben von Kompetenz, Bedeutsamkeit, Selbstbestimmung und Einfluss.

Die Kompetenz beschreibt die Überzeugung, dass mit den eigenen Fähigkeiten die notwendigen Arbeitsaufgaben erledigt werden können. Wenn die persönlichen Überzeugungen, Werte und Ideale mit den Erfordernissen der Arbeitsrollen übereinstimmen, fühlen sich Menschen bedeutsam. Die Selbstbestimmung bezieht sich indes auf den erlebten Grad der Autonomie und Kontrolle bei der Durchführung der unmittelbaren Tätigkeiten. Bei der Komponente Einflussnahme ist ausschlaggebend, inwieweit der Mensch bewusst strategische, administrative und operative Ergebnisse durch das eigene Verhalten beeinflussen kann. Ein ausgewogenes Zusammenspiel von Kompetenz-, Bedeutsamkeits-, Selbstbestimmungs- und Einflusserleben bestimmt nach Gretchen Spreitzer das Gefühl von psychologischem Empowerment und führt dazu, dass Menschen proaktiv handeln.[69]

---

65 Schermuly et al. (2011).
66 Schermuly et al. (2013).
67 Schermuly et al. (2014).
68 Schermuly und Meyer (2016).
69 Spreitzer (2008).

Überlegen Sie einmal für sich: Wann nehmen Sie sich als bedeutsam, einflussreich, selbstbestimmt wahr? Vermutlich dann, wenn Sie sich in Ihrem Handeln als kompetent erleben. Diese Power beeinflusst nicht nur Sie selbst positiv, sondern auch Ihr gesamtes Umfeld. Psychologisches Empowerment ist ansteckend!

6.5.4.2 Exkurs: Wie viel Führung braucht der Mensch?

Führung auf dem Planeten Gesundheit

Die zentrale Herausforderung von Führungskräften ist es, entsprechende Rahmenbedingungen zu schaffen, damit Mitarbeiterinnen und Mitarbeiter Gesundheit im Berufsalltag integrieren können. Wenn Bewegung zum gelegentlichen »Privatvergnügen« zählt, das vor oder nach der Arbeit oder zu besonderen Gelegenheiten stattfindet, bleibt sie die löbliche Ausnahme. Gesundheit ergibt sich aber nicht aus Ausnahmen, sondern ist das Ergebnis regelmäßiger und langfristiger Handlungen.

Die Führungskraft in ihrer Vorbildfunktion sollte nicht nur Wasser predigen und Wein trinken, sondern vielmehr mit gutem Beispiel vorangehen. So wie sie sich verhält, so wird sie auch von den Mitarbeiterinnen und Mitarbeitern wahrgenommen und beurteilt. Und da Taten mehr als Worte sagen, folgen Menschen häufig dem Beispiel ihres Vorgesetzten und verhalten sich ebenso. Wenn Sie allerdings nur über Gesundheit sprechen und dabei nicht selbst häufig über Ihre Grenzen gehen, werden Sie von Ihrem Team sehr wahrscheinlich weder als glaubwürdig wahrgenommen noch als nachahmenswert erachtet. Authentische, gesunde Führung bedeutet demnach, die Treppe anstelle des Lifts zu benutzen, aktivierende Pausen einzulegen und spätabends keine beruflichen E-Mails mehr zu versenden. Was auch immer Sie Ihren Mitarbeiterinnen und Mitarbeitern als gesundheitsförderliche Maßnahme empfehlen: Als Führungskraft sollten Sie sich ebenfalls daran halten.

Auf der psychosozialen Ebene sprechen wir in der Gesundheitsförderung auch über gesunde Selbstführung, über gesunde Arbeitsgestaltung und gesunde Organisation.

Badura und Steinke prägen in diesem Zusammenhang den Begriff »Kultur der Achtsamkeit für Gesundheit«[70]. Eine Grundlage für die Entwicklung einer derartigen Kultur ist die Bereitschaft der Unternehmensleitung, Gesundheitsförderung als strategische Führungsaufgabe zu verankern. Zimber[71] beschreibt zwei Grundfunktionen von gesundheitsorientierter Führung: Die eine Funktion ist die der Führungskraft als »Sicherheitsmanager« im Arbeits- und Gesundheitsschutz. Dabei nehmen die Führungskräfte ihre Fürsorgepflicht für die Gesundheit ihrer Mitarbeiterinnen und Mitarbeiter wahr und sorgen für sichere und gesundheitsförderliche Arbeitsbedingungen. So ist es zum Beispiel eine Führungsaufgabe, Menschen zu ermutigen, vorhandene

70 Badura und Steinke (2011).
71 Zimber (2006).

Räume für Erholung und Entspannung zu nutzen, aktive Pausen zu gestalten und sich mehr zu bewegen – also die Angebote der Gesundheitsförderung auch in Anspruch zu nehmen.

Zum anderen ist eine Führungskraft laut Zimber aber auch »Ressourcenmanager«, das heißt, sie muss die gesamte Bandbreite der Arbeitsverhältnisse gesundheitsförderlich gestalten – von sozialer Unterstützung über Handlungsspielräume bis hin zur Zielorientierung.

Als Führungskraft sollten Sie auf Ihr Team achtgeben, es steuern und leiten, aber ebenso Anforderungen von oben durchsetzen. Das gilt vor allem im Hinblick auf die mit der neuen Arbeitswelt einhergehende höhere Autonomie und Eigenverantwortung der Mitarbeiterinnen und Mitarbeiter. Denn: Diese erweiterten Handlungsoptionen können schnell in Stressoren umschlagen. Damit diese zusätzlichen Aufgaben Sie als Führungskraft nicht überfordern, ist es besonders wichtig, dass Sie sich um die Entwicklung Ihrer eigenen Kompetenzen kümmern. Als Leitfrage kann hier dienen: Wie muss ich mich um mich selbst kümmern, um mich gut um andere kümmern zu können?

Ein zielorientierter und partizipativer Führungsstil ist entscheidend. Hinterfragen Sie die Art und Weise, wie Sie mit Ihren Mitarbeiterinnen und Mitarbeitern Ziele vereinbaren und überprüfen. Regelmäßige Updates sind wichtig, um sich gegenseitig auf dem Laufenden zu halten. Dies kann in formalen Settings geschehen oder auch informell und spontan – Hauptsache, Sie verlieren Ihr Team nicht aus dem Blick. Lassen Sie Ihre Mitarbeiterinnen und Mitarbeiter an der Ausarbeitung von Zielen mitwirken. Gemeinsam definierte Ziele sind meist realistischer und sorgen für mehr Fairness, mehr Commitment und weniger Überlastung. Hierfür ist zwar häufig ein Vertrauensvorschuss Ihrerseits nötig. Gleichzeitig sorgen Sie jedoch für eine Balance aus Geben und Nehmen, die für alle Seiten notwendig ist.

Auch die Arbeitsbelastung Ihrer Mitarbeiterinnen und Mitarbeiter sollten Sie stärker im Blick haben. Fragen Sie dazu regelmäßig nach, wer in welchem Maße ausgelastet ist, wer noch freie Kapazitäten hat, wer am Limit ist. Hier sollten Sie besonders auf jene Personen achten, die sich gerne zu viel vornehmen. Arbeiten die Menschen (auch Sie!) in den abgesprochenen zeitlichen und örtlichen Grenzen? Hier kann es beispielsweise helfen, konkret darüber zu sprechen, an welchen Tagen und zu welchen Tageszeiten Rückmeldungen auf Anfragen erwartet werden können – und wann nicht. Eine kommunizierte Vereinbarung ermöglicht es allen Beteiligten, ihre Freizeit stressfrei zu genießen, anstatt am Sonntagnachmittag schon gedanklich in die nächste Arbeitswoche einzusteigen und E-Mails vorzubereiten.

Sprechen Sie mit Ihren Mitarbeiterinnen und Mitarbeitern Vereinbarungen klar ab. Hinterfragen Sie auch Ihre eigenen Muster und die Treiber dahinter. Verändern Sie diese Strukturen am besten schrittweise und gemeinsam im Team.

Führung auf dem Planeten Innovation

Führungskräfte haben einen enormen Einfluss darauf, wie sich Menschen am Arbeitsplatz verhalten. Sie können innovatives Denken und die Bereitschaft zur Veränderung hemmen oder durch ihr Verhalten als Katalysator und Ermöglicher fungieren. Sie möchten lieber Motor sein als Hemmschuh? Dann müssen Sie innovatives Denken und Handeln nicht bloß unterstützen, sondern anregen und ermöglichen.

Damit das gelingt, brauchen Sie zuerst einmal die innere Haltung und das Bewusstsein dafür, dass Sie als Führungskraft steuern, ob Ihre Mitarbeiterinnen und Mitarbeiter Handlungsbedarf und die Notwendigkeit einer Veränderung oder Neuerung erkennen. Über Kommunikation und Verhalten können Führungskräfte die relevanten Einstellungen und Verhaltensweisen ihrer Mitarbeiterinnen und Mitarbeiter positiv beeinflussen – und tragen damit maßgeblich dazu bei, ob die Beschäftigten Herausforderungen als bewältigbar und Situationen als veränderbar ansehen.

Entscheidend für die Förderung von Innovation ist nicht nur, dass Sie als Führungskraft selbst für Innovations- und Veränderungsprozesse sensibilisiert sind und über die Kompetenzen verfügen, damit umzugehen. Wichtig ist auch der Umgang mit Ihren Mitarbeiterinnen und Mitarbeitern.

Eine innovative Führungskraft ...

- fördert Selbstständigkeit und Autonomie bei der Zielsetzung und Aufgabenerfüllung
- schafft Freiräume bei Projekten und bei der Wahl der Methoden
- sorgt dafür, dass Mitarbeiterinnen und Mitarbeiter schnell und effizient Entscheidungen fällen können
- stellt die notwendigen Ressourcen zur Verfügung
- beseitigt aktiv vorhandene Barrieren und ebnet den Weg für ein Vorankommen
- setzt auf transparente Informations- und Kommunikationspolitik
- schafft gezielt Anreizsysteme
- ermöglicht Mitarbeiterinnen und Mitarbeiter individuelle Schulungs- und Entwicklungsmöglichkeiten und fördert somit gezielt das individuelle Potenzial
- ist in der Lage, Situationen auf ihren Innovationscharakter hin zu analysieren und einzuschätzen, ob die nötigen Skills im Team vorhanden sind
- setzt die Mitarbeiterinnen und Mitarbeitern je nach individueller Stärke ein, nach dem Prinzip »fordern und fördern«
- holt bei Bedarf relevante Informations- und Beratungsleistungen von externen Expertinnen und Experten ein
- sieht sich als Coach, nicht als beste Fachexpertin bzw. bester Fachexperte.

Führung auf dem Planeten New Work

Im traditionellen, tendenziell autokratischen Managementdenken[72] findet oder fand Führung ohne Beteiligung der Mitarbeiterinnen und Mitarbeiter, streng hierarchisch und aufbauend auf Macht und Gehorsam statt. Autokratische Führungskräfte sterben langsam aus, denn die Generation Y und auch immer mehr »ältere« Generationen fragen heute wie selbstverständlich nach dem Warum von Entscheidungen, Anweisungen, Forderungen und Vorgaben und nach dem Wie der Umsetzung. Die Bedürfnisse aufgeklärter, denkender Individuen einerseits und sich immer rascher ändernde Umfelder und Kundenwünsche andererseits fordern ein neues Führungsverständnis.

Führungskräfte sind heute vielmehr Coaches, die darauf schauen, was sie ermöglichen können, anstatt zu kontrollieren und allein zu entscheiden. New-Work-Führung bedeutet vor allem eine neue Haltung, aus der heraus neue Handlungen resultieren, wie die folgende Übersicht zeigt:

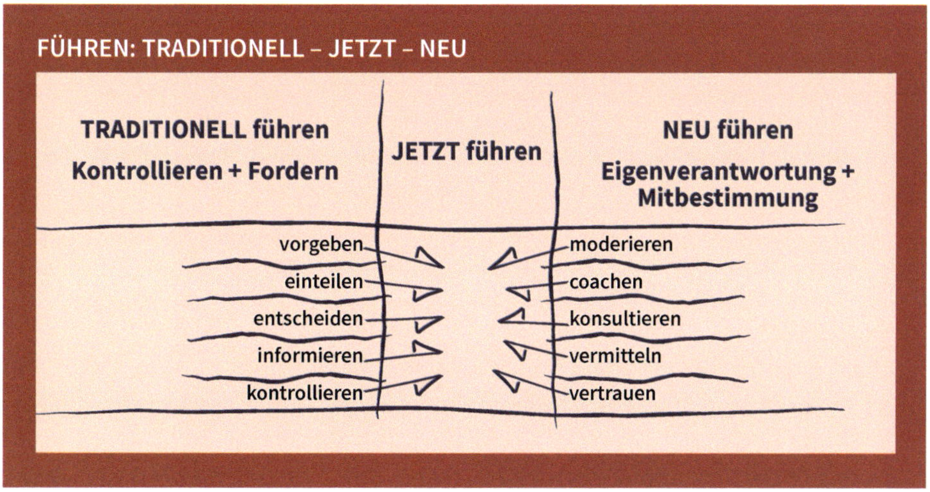

Mehr Haltung, bitte!

Wichtiger und wirksamer als jedes gesprochene Wort sind die Haltung und das damit einhergehende Menschenbild. Bereits in den 1960er Jahren hat Douglas McGregor die Theorie X und Y formuliert, damals noch weit entfernt von den New-Work-Ideen. Douglas, Management-Professor am MIT, untersuchte die Motivation von Mitarbeiterinnen und Mitarbeitern und fand einen engen Zusammenhang zwischen der fördernden Haltung von Führungskräften im Sinne der Theorie Y und einer möglichst flachen Hierarchie. Die nachfolgende Tabelle verdeutlicht die Unterschiede der beiden grundsätzlichen Haltungen X und Y:[73]

72 Weber (1922).
73 Hofert (2016).

THEORIE X – THEORIE Y

Theorie X	Theorie Y
Der Mensch ist von Natur aus arbeitsscheu.	Jeder Mensch möchte arbeiten.
Der Mensch muss zu körperlicher und geistiger Arbeit mehr oder weniger von außen gezwungen werden.	Körperliche und geistige Anstrengung beim Arbeiten ist so natürlich wie Spiel und Ruhe.
Der Mensch braucht Kontrolle und Strafe, dadurch entwickelt sich Selbstdisziplin und Selbstkontrolle, worauf gewünschtes Verhalten folgt.	Menschen verhalten sich aus sich heraus richtig.
Menschen fühlen sich durch Belohnung ihren Zielen verpflichtet.	Die wichtigste Belohnung für Menschen ist es, ihre Persönlichkeit zu leben und zu entfalten.
Menschen meiden Verantwortung und sind von allein nicht kreativ.	Jeder Mensch besitzt Vorstellungskraft, Urteilsvermögen und Erfindungsgabe für die Problemlösung. Bei entsprechenden Bedingungen möchte jeder Verantwortung übernehmen.
Menschen nutzen ihren Verstand nicht immer.	Jeder Mensch nutzt seinen Verstand.
Der Mensch ist, wie er ist.	Jeder Mensch kann sich entwickeln.
Was früh versäumt wurde, lässt sich nicht nachholen.	Etwas Neues lernen ist zu jeder Zeit möglich.

X, Y oder doch Z?

Neben den Menschenbildern X und Y kennt das japanische Managementkonzept von William Ouchi, Professor an der University of California in Los Angeles, auch noch einen partizipativ-kooperativen Führungsstil. Dieser ist für Ouchi zentraler Bestandteil des Unternehmenserfolgs. Die Produktivität von Organisationen wird nach Ouchi nämlich nicht durch noch härtere Arbeit erreicht, sondern durch großes Vertrauen, hohe Rücksichtnahme und intensive Pflege von engen Beziehungen. In sogenannten Z-Organisationen werden die Menschen hoch geachtet und in alle Belange des Unternehmens einbezogen. Das Ergebnis: Ein noch größeres persönliches Engagement. Verstärktes Mitgestalten führt zu einem hohen Maß an Selbstverpflichtung und einem längerfristigen Interesse am Wohlergehen des Unternehmens. Ouchi vergleicht die Form der sozialen Struktur von Z-Organisationen mit denen von Clans und begreift sie als Alternative zu den traditionellen Formen sozialer Kontrolle durch Markt und Hierarchie.

Durch die Diskussion zu Menschenbild und Führungsverständnis entstehen neue Führungskonzepte, die häufig im selben Atemzug mit New Work genannt werden. Im Folgenden möchten wir Ihnen ein Konzept ganz besonders ans Herz legen, das wir als Beraterinnen anwenden, um in den Organisationen, die wir begleiten, zur Entwicklung eines individuellen Führungsverständnisses beizutragen.

Wir alle sind Chef

In seinem Buch *Wir sind Chef* plädiert Hermann Arnold für die Abschaffung der alten Hierarchien. Selbst visionär, gut organisiert und umsetzungsstark sein sowie Menschen begeistern können – gemäß Arnold sind dies entscheidende Eigenschaften und Kompetenzen. Als Führungskraft sollten Sie außerdem für klare Strukturen sorgen, fachlich brillant sein und den Kennerblick für den Markt und für den Menschen haben – also beidhändig, transaktional, transformational und innovativ führen.[74] Puh, bei all diesen Anforderungen kann einem schnell schwindlig werden. Die (All-)Macht der Führungskraft ist jedoch eine Illusion. Kein Mensch – und auch Führungskräfte sind nur Menschen – kann die Herausforderungen des wirtschaftlichen Umbruchs allein meistern.

Arnold geht davon aus: Auch Führung muss geteilt werden. Das bedeutet, dass jeder zuerst in der Lage sein muss, sich selbst zu führen, bevor er andere führen kann. So wird es dann auch möglich, dass andere Ihnen ohne formelle Führungsrolle folgen – weil sie es freiwillig und aus Überzeugung tun. Jeder Mensch führt nach den eigenen Kompetenzen und entsprechender Notwendigkeit, und alle folgen der Person, die die Führungsverantwortung in einer bestimmten Angelegenheit kompetent übernimmt. Jeder muss führen, jeder muss folgen – und jeder muss wissen, wann was angebracht ist.[75]

Sehr häufig stoßen wir in der Diskussion mit unseren Kundinnen und Kunden auf den Glaubenssatz, dass das doch nicht alle Menschen können – oft wird sogar vom Großteil der Belegschaft gesprochen.

Arnold und auch wir verfolgen jedoch entschieden den Ansatz, dass jeder Mensch unterschiedliche Rollen einnehmen kann, je nachdem was gefordert, erwünscht oder möglich ist. Das ist schon allein daran erkennbar, dass einige Mitarbeiterinnen und Mitarbeiter in ihrer Freizeit als hervorragende Führungskräfte bei der Feuerwehr oder beim örtlichen Schützenverein die gesamte Organisation übernehmen, während ihnen das in der Arbeit vermeintlich nicht gelingt.

Jeder Mensch verhält sich nach den wahrgenommenen Möglichkeiten im System. Wird in einem System eigenverantwortliches Gestalten und Entscheiden sanktioniert, werden diese Personen ihre Rolle und ihr Tun daran anpassen, was im System erlaubt und erwünscht ist oder vorausgesetzt wird. Da bleibt viel menschliches Potenzial unentdeckt, und Selbstentfaltung wird untergraben. Kurz gesagt: Jeder Mensch kann führen und Verantwortung übernehmen, braucht dafür jedoch bestimmte Bedingungen, allen voran eine mutige, vertrauensvolle, Selbstorganisation unterstützende Führungskultur. Dass jeder Mensch Führungspotenzial besitzt, ist für uns unumstritten. Und dieses Potenzial der Mitarbeiterinnen und Mitarbeitern zu nutzen ist für Organisationen in einer komplexen und sich schnell wandelnden Zeit unerlässlich, um menschlich und ökonomisch erfolgreich zu sein.

74 Arnold (2016).
75 ebd.

Führung im GINO-Universum

Im GINO-Universum ist klar: Neue Führung bedeutet eine Abkehr von Kontrolle und Hierarchie. Als Führungskraft ersetzen Sie Hierarchiedenken und Kontrolle durch vertrauensvolle Begegnung auf Augenhöhe. Partizipation und Sinnstiftung stehen im Mittelpunkt des betrieblichen Denkens und Handelns. Als Führungskraft geben Sie Menschen viel Freiraum, damit sich diese selbst entfalten und ihre individuelle Kreativität leben können. Sie ermöglichen Ihren Mitarbeiterinnen und Mitarbeitern ein hohes Maß an Beteiligung und sorgen dafür, dass sich das Team in allen Belangen gegenseitig unterstützt und sich von Ihnen als Führungskraft unterstützt fühlt.

TO THE POINT

Unsere Empfehlungen für Ihren gelungenen Start ins GINO-Universum:

- Seien Sie Expertin bzw. Experte für die individuellen Kompetenzen in Ihrem Team. Leben Sie vor, was Sie möchten, das in Ihrer Organisation auch von anderen gelebt wird.
- Geben Sie den Menschen den nötigen Freiraum – zeitlich und örtlich –, damit sie sich entfalten und ihre Kreativität leben können.
- Seien Sie Ermöglicher und Coach anstatt Häuptling und Antreiber.

In der Toolbox am Ende dieses Buches in Kapitel 8.5 finden Sie konkrete Tipps zu folgenden Methoden:

- Retrospektive
- Dragon Dreaming
- Working Out Loud

6.6 Markt und Kunde: Nach außen wirken

In diesem Kapitel beschäftigen wir uns mit Fragen zu Markt und Kunde, die Ihnen gleichzeitig zur Reflexion dienen:

- Ist die Kundin bzw. der Kunde das Einzige, das Sie und Ihre Mitarbeiterinnen und Mitarbeiter von der Arbeit abhält?
- Wie beziehen Sie Ihre Kunden in die Gestaltung Ihrer Geschäftsprozesse ein?
- Tauschen Sie sich mit Ihren Geschäftspartnern, Lieferanten und Angestellten regelmäßig aus, wie Sie noch optimaler kooperieren können?
- Beobachten Sie Ihre Mitbewerber nur – oder sprechen Sie über die Herausforderungen des Marktes miteinander?
- Kennen Sie den Purpose, den Sinn Ihres Unternehmens? Wofür gibt es Ihr Unternehmen? Was braucht die Welt – und wofür werden Sie und Ihre Mitarbeiterinnen und Mitarbeiter bezahlt?

MARKT + KUNDE

Merkmale für gesundes Arbeiten	Merkmale des Arbeitens im New Work-Kontext	Merkmale für innovatives Arbeiten
ALLGEMEIN GÜLTIG		
guter Kontakt und enge Beziehung mit relevanten Umwelten (Kunden etc.)	Partizipation guter Kontakt und enge Beziehung mit relevanten Umwelten (Kunden etc.) Zukunftsorientierung Nachhaltigkeit Offenheit & Transparenz gegenüber dem Markt & Kunden	Partizipation guter Kontakt und enge Beziehung mit relevanten Umwelten (Kunden etc.) Zukunftsorientierung
KOOPERATION		
soziales Netzwerken	soziales Netzwerken fachliches Netzwerken Wissensgenerierung Kollaboration	soziales Netzwerken fachliches Netzwerken Wissensgenerierung
MARKETING		
	Authentizität Identifikation	Authentizität Identifikation

6.6.1 Mit der Linse »Markt und Kunde« auf dem Planeten Gesundheit: Eine Frage der Authentizität

Auf dem Planeten Gesundheit dreht sich alles um die Pflege der eigenen Arbeitsfähigkeit. Die zentrale Frage lautet: Wodurch bleibt der Mensch psychisch und physisch gesund, um die Arbeit zu tun, die von den Kunden verlangt wird? In der Arbeitspsychologie wird der Faktor »Kunde und Markt« vornehmlich als Stressor genannt, den es zu bewältigen gilt. Als gesundheitsförderliche Ressourcen wird er dagegen wenig bis gar nicht bewertet. Die Arbeit mit dem Gast, mit der Kundin und dem Kunden wird grundsätzlich als eher belastend wahrgenommen.

Eine der wenigen Kontaktpunkte zwischen Unternehmen und Markt stellt derzeit das Feedback von Kunden dar. Eine positive Beurteilung aus einer Befragung gilt als Bestätigung der eigenen Arbeit, während negative Bewertungen und schlechte Ergebnisse als Bedrohung und unbeliebter, externer Störfaktor angesehen werden. Die Veränderungen des Marktes und der Kundenbedürfnisse lösen Stress aus: Da will jemand etwas von mir, das ich bis dato noch nicht gemacht habe, nicht leisten kann. Das setzt uns unter Druck.

Dennoch gibt es auf dem Planeten Gesundheit auch schon vereinzelt Urlaubsdomizile: Orte, die sich anders mit dem Thema Kunde auseinandersetzen, nämlich auf eine gesundheitsförderliche Weise.

Ein Hotel macht es vor

Als erstes Dienstleistungsprojekt erhielten wir, DIEBERATERINNEN, im Jahr 2016 die Möglichkeit, ein Tiroler Fünfsternehotel bei der Einführung von Betrieblicher Gesundheitsförderung zu begleiten. Zielsetzung dieses vom Land Tirol geförderten Kooperationsprojekts war es, die Mitarbeiterinnen und Mitarbeiter zu Markenbotschaftern im Wellnessbetrieb zu machen, die authentisch und damit qualifiziert Gesundheitskompetenz an den Gast vermitteln. Welche Vorteile hat es, wenn die Beschäftigten in einem Wellnessbetrieb als authentische Markenbotschafter selbst auf ihre psychische und physische Gesundheit achten? Und wie können die interne Betriebliche Gesundheitsförderung und das Angebot eines Wellnesshotels miteinander verbunden werden?

In den Werbeversprechen von Wellnesshotels ist die Pflege der Gesundheit für den Gast der Dreh- und Angelpunkt. Dafür investiert er seine kostbare Zeit und viel Geld. Aber was ist neben der »Hardware« – tausende Quadratmeter Wasserwelt und Saunalandschaft, Wohlfühlbehandlungen, Wellnessbereich mit Pool und Infrarotkabine, Fitnesscenter und Entspannungsräume, gesundes und leckeres Essen – noch wichtig? Ganz klar: die Menschen, die dort arbeiten. In einem solchen Fall gilt es zu klären, ob die Mitarbeiterinnen und Mitarbeiter das Werbeversprechen auch leben – oder ob ein sicht- und spürbarer Bruch zwischen theoretischer und praktischer Firmenphilosophie besteht. Denn: Mitarbeiterinnen und Mitarbeiter sind Botschafter, Träger der Marke, sozusagen die Visitenkarte des Hauses.

Gesundheitskompetente Mitarbeiterinnen und Mitarbeiter im Tourismus achten auf ihre eigene Gesundheit und somit auf den Erhalt ihrer Arbeitsfähigkeit. Damit vermitteln sie die Wellness- und Gesundheitsangebote für den Gast qualifiziert und authentisch und werden zu Markenbotschaftern. Das macht einen Unterschied, der im dienstleistungsbasierten Tourismus einen Wettbewerbsvorteil darstellt.

Mitarbeiter werden zu Markenbotschaftern

Die konsequente Ausrichtung marken- oder werteorientierten Verhaltens aller Beschäftigten ist der Erfolgsfaktor in einem heiß umkämpften Markt. Im Mittelpunkt des Interesses steht der Anspruch, nach außen kommunizierte Markenversprechen oder Unternehmenswerte durch authentisches Verhalten der Mitarbeiterinnen und Mitarbeiter einzulösen. Der Gast durchschaut sehr rasch, ob es sich dabei nur um eine Worthülse handelt oder ob Versprechen auch tatsächlich authentisch gelebt werden.

Dafür muss sich auch die Mitarbeiterin bzw. der Mitarbeiter im Tourismusbetrieb damit auseinandersetzen, wie er oder sie die eigene Gesundheit – psychisch wie physisch – pflegen kann.

Im Projekthotel wurden alle Mitarbeiterinnen und Mitarbeiter sowie die Führungskräfte zum Thema Gesundheit befragt; auch eine Evaluierung psychischer Belastungen fand statt. Anschließend wurden unter breiter Beteiligung der gesamten Belegschaft Schritte erarbeitet, um die Brücke zum exzellenten Gästeerlebnis zu schaffen.

Das Ergebnis waren Maßnahmen auf Verhaltens- und Verhältnisebene. Der hauseigene Fitnesstrainer vermittelte den Kolleginnen und Kollegen beispielsweise ab sofort, wie sie gesunde Bewegungseinheiten in ihren Arbeitsalltag einbauen könnten. Die Führungskräfte wurden zum Thema gesunde Führung geschult. Es wurden hauseigene Impuls- und Microtrainings zu unterschiedlichsten Themen konzipiert, die von Mitarbeitern für Mitarbeiter angeboten werden, etwa mentale Entspannungstechniken für den Alltag, Yoga, Tanz- und Kreativworkshops, Kräuterkunde, vegane Küche und vieles mehr. Statt aufgesetzter Programme gab es Inhalte, die von den Kolleginnen und Kollegen gelebt und damit authentisch vermittelt werden: Das macht den entscheidenden Unterschied.

Neben diesen Maßnahmen, die nicht nur die individuelle Gesundheit fördern, sondern zugleich das Teamgefüge und Zusammengehörigkeitsgefühl stärken, achtete das Hotel darauf, wie diese Gesundheitskompetenz den Gästen unmittelbar vermittelt werden konnte. Dazu wurde eine Entdeckungsrallye in und um das Haus veranstaltet. Bei dieser Rallye konnten die Mitarbeiterinnen und Mitarbeiter in die Rolle des Gastes schlüpfen, erleben, wie dieser den Aufenthalt verbringt, und so konkrete Einblicke gewinnen. Ziel war es, nicht nur dem Gast »eine Reise zum Ich« anzubieten, sondern auch den Mitarbeitern zu ermöglichen, diese Seite intensiv zu erleben und damit Impulse zur Pflege ihrer persönlichen Gesundheit zu erhalten, damit sie als Markenbotschafter das Werbeversprechen des Unternehmens authentisch transportieren und den Gast persönlicher erreichen konnten. Der von uns begleitete Betrieb erhielt im Jahr 2018 übrigens das BGF-Gütesiegel der Österreichischen Gesundheitskasse.

6.6.2 Mit der Linse »Markt und Kunde« auf dem Planeten Innovation: Gemeinsam Neues gestalten

Nächster Halt: Planet Innovation. Ob Innovationen erfolgreich sind, darüber entscheiden am Ende genau diese zwei Komponenten: Markt und Kunde. Die Probleme und Bedürfnisse der Zielgruppen spielen eine zentrale Rolle, weshalb sie auf dem Planeten Innovation vermehrt in den Fokus von Unternehmen rücken. Die handelnden Personen auf anderen Planeten gehen viel zu oft davon aus, dass sie die Kundenbedürfnisse kennen. Diese Annahmen werden meist nicht überprüft oder spielen in der Entwicklung von Ideen und Lösungen eine geringe Rolle.

Kunden wollen heute nicht mehr als die Könige gesehen werden, wie es uns die Marketingprofis noch vor einigen Jahren gepredigt haben. Sie wollen als kompetente Partner gelten, deren Probleme und Bedürfnisse wahrgenommen und auf Augenhöhe gelöst werden.

Design Thinking: Den Problemen der Zielgruppe auf der Spur

»Wenn ich eine Stunde Zeit hätte, um die Welt zu retten, würde ich 55 Minuten dafür verwenden, das Problem zu definieren und nur 5 Minuten darauf, das Problem zu lösen«, soll Albert Einstein einst gesagt haben. Im Unternehmenskontext geschieht dies gemeinsam mit den Zielgruppen. Bei der aus den USA stammenden Methode »Design Thinking« beispielsweise stehen bei einem Innovationsprozess die Kundenbedürfnisse und -probleme im Fokus. Die Methode wurde von drei Professoren der Stanford University (Terry Winograd, Larry Leifer und David Kelley) entwickelt und verfolgt die Grundidee, dass alle Lebensbereiche gestaltbar sind, sich also designen lassen.

Demnach sind Produkte nur dann adäquat entworfen, wenn sie sich an die Bedürfnisse der Menschen anlehnen. Gleichermaßen sind auch Konzepte nur dann tragbar, wenn damit die Probleme der Menschen gelöst werden. Die Grundannahme dabei: Die Mehrheit der Fragestellungen ist von Komplexität gekennzeichnet, und passende Lösungen entstehen deshalb nur durch einen zielgerichteten, kreativen Prozess.[76]

Für uns ist Design Thinking jedoch mehr als eine Methode. Es ist eine Denkhaltung, die uns die Bedürfnisse der Zielgruppe näherbringt. Für Design Thinking gibt es viele Modelle. Typisch ist eine Modellierung mit sechs Phasen. Diese sind: Verstehen, beobachten, Sichtweise definieren, Ideen finden, Prototypen entwickeln.[77] Die genaue Vorgehensweise bzw. die einzelnen Arbeitsschritte der sechs Phasen finden Sie in der Toolbox am Ende des Buches in Kapitel 8.5.

Im Folgenden stellen wir Ihnen einige weitere frische Ideen vor, wie Unternehmen Feedback erhalten und die eigene Kreativität entwickeln.

Usability-Test-Essen: »Beim Essen kommen die Leute zusammen«

Das Usability-Test-Essen ist eine weitere, in Start-up-Communitys mittlerweile sehr beliebte Methode. Sie bringt Entwickler mit Nutzern an einen Tisch. Bei »Pizza, Bier und Brause« werden Prototypen, Websites oder Apps auf ihre Gebrauchstauglichkeit getestet. Dabei geht es um ein ungefiltertes Feedback der User in einem frühen Stadium der Entwicklung. Wertvolle Rückmeldungen, die bis dahin nicht erfasst wurden, können Innovationen neuen Schub verleihen.

Nicht nur in der Start-up- und IT-Szene gibt es Bestrebungen, innovative Lösungen für Kundinnen und Kunden zu kreieren; auch arrivierte Organisationen denken darüber nach, wie sie durch Veränderungen bestehender Prozesse und Abläufe den Erfolg am Markt steigern können.

Customer Journey: Eine Reise durch die Welt der Kunden

Indem Unternehmen die »Reise der Kundinnen und Kunden« durch die einzelnen Entscheidungsphasen bis hin zum endgültigen Kauf beobachten, gewinnen sie wichtige Erkenntnisse. Aus Kundensicht werden die Berührungspunkte analysiert, die jemand mit dem Unternehmen oder dem Produkt hat, noch bevor bewusst ein Bedarf besteht. Die ersten Touchpoints sind Websites, virtuelle sowie analoge Shops, Newsletter, Videos oder geteilte Beiträge in den sozialen Netzwerken. Zielgruppen werden in die Innovation der Touchpoints und Produktentwicklungsprozesse einbezogen, indem die Vernetzung aller Kontaktpunkte erfasst und aktiv genutzt wird. Die möglichst angenehme und störungsfreie Reise des Kunden bis zur Kaufentscheidung ist das Ziel. In Zeiten der Digitalisierung und eines großen, teils austauschbaren Angebots bietet die Customer Journey Unternehmen die Möglichkeit, sich von ihren Wettbewerbern abzuheben. Für sie ist es erfolgsentscheidend, die Kundenperspektive einzunehmen und alle Angebote, Dienstleistungen, Produkte und Kanäle mit den Augen der Zielgruppen zu betrachten und entsprechend auszurichten.

76 Wörthmüller (2018).
77 Kallenbach (2017).

Crowdsourcing: Die Ideen der Masse nutzen

Einen Schritt weiter gehen Organisationen, die Aufgaben und Projekte in Form von Crowdsourcing gleich an eine Gruppe von Internetnutzern auslagern. Unternehmen greifen dabei auf eine Masse von Menschen mit unterschiedlichen Interessen, Netzwerken und Expertisen zu, die häufig Lösungen und Produkte entwickeln, die ihr eigenes Leben positiv beeinflussen. Produktentwicklung durch zukünftige Kundinnen und Kunden – passgenau und innovativ am Markt mit Absatzgarantie, in der Regel ohne finanzielle Abgeltung der erbrachten Leistungen. Im Gegenzug erhalten die mitentwickelnden Zielgruppen Bekanntheit, öffentliche Anerkennung sowie das Gefühl, etwas Sinnvolles getan zu haben.

6.6.3 Mit der Linse »Markt und Kunde« auf dem Planeten New Work: Nicht mehr nur Mittel zum Zweck

Auf dem Planeten New Work rücken Markt und Kunde mit ihren Bedürfnissen und Anliegen ins Zentrum. Sie werden nicht mehr als Mittel zum Zweck, als lästiges Übel oder Widersacher betrachtet. Der Markt mit als seinen Playern sowie die Kundinnen und Kunden werden als wesentlicher Bestandteil im Geschäftsmodell integriert und einbezogen. »Reife« Organisationen leben diese Verbindung zur Zielgruppe in den unterschiedlichsten Ausprägungen und Beteiligungssettings.

Anstatt Kunden nur aus der Ferne zu befragen und die Ergebnisse dann gelegentlich zu interpretieren, werden die Zielgruppen direkt in Strategieentwicklungsprozesse miteinbezogen – mit echtem und ehrlichem Interesse, und nicht um einen Marketingeffekt zu erzielen.

Jene Unternehmen sind zukunftsfähig, die innovativ in Austausch und Diskurs mit ihren Kunden treten. Was für viele Organisationen ein großer Schritt ist, stellt für andere eine gesellschaftspolitische Notwendigkeit dar. Die Mobilitätsanbieter in Deutschland, Österreich und der Schweiz beispielsweise können es sich gar nicht mehr erlauben, ihre Kunden außen vor zu lassen. Sie richten einen Beirat ein, der bei Entscheidungen ein verankertes Mitspracherecht hält. Es geht hier um den regelmäßigen Dialog zwischen den Fahrgästen und den Unternehmensvertreterinnen und -vertretern mit dem Ziel, wertvolle Impulse und Meinungen der Kunden aufzugreifen.

Mitbewerber als Mitstreiter
Internationale Unternehmen wie Spotify oder Google machen es uns bereits vor: Sie teilen ihre Erkenntnisse mit dem Rest der Welt, geben uns tiefe Einblicke in ihre technischen Ansätze und berichten auch über ihre Erfahrungen mit neuen Führungsstilen.

Ein Beispiel hierfür ist das Unternehmen Buurtzorg, dessen Gründer Jos de Blok seinen »Konkurrentinnen und Konkurrenten« sein Wissen kostenlos zur Verfügung stellt. Seine Überlegung: Wenn wir Wissen und Informationen offensiver miteinander teilen, nutzen wir die Weisheit der Vielen und können so unsere Vision gemeinsam rascher verwirklichen. Wie de Blok sind auch andere überzeugt: Es ist Platz für alle, für jeden mit seinen Besonderheiten und seinem Spezialwissen, in seiner Einzigartigkeit.

Konkurrenzdenken lähmt und verursacht Missgunst. Energie wird häufig auf Nebenschauplätzen wie der Beobachtung und Bekämpfung von Mitbewerbern vergeudet. Stattdessen könnte dieselbe Energie genutzt werden, um Netzwerkpartner zu gewinnen, die über Kompetenzen verfügen, die man im eigenen Unternehmen neu erfinden oder kostspielig aufbauen müsste. Auf diese Weise können beide Seiten ressourcenschonend und zielorientiert ihre Vision leben und ihre Mission erfüllen. Gemeinsam.

6.6.4 Mit der Linse »Markt und Kunde« im GINO-Universum

Richten wir unseren Blick nun wieder aus der Ferne auf das gesamte GINO-Universum: Was nehmen wir in Bezug auf Markt und Kunde wahr? Das Zukunftsinstitut unter Gründer Matthias Horx schrieb im Jahr 2019 in einem Dossier Interessantes zum Megatrend New Work (siehe auch Kapitel 6.4.4). Das Ergebnis: Es geht Menschen um Sinn und Symbiose – nicht nur im eigenen Leben, sondern auch im Kollektiv, das heißt auch in Organisationen.

Klingt wieder nach Sozialromantik? Gut möglich, ist es aber ganz und gar nicht. Im Gegenteil: Erfolgreiche exponentielle Wirtschafts- und Sozialorganisationen machte spätestens Salim Ismail bekannt. Der Entrepreneur beschäftigt sich bereits seit Jahren mit der Frage der Entwicklung von Organisationen im Kontext eines beschleunigten Wandels. Als mehrfach erfolgreicher Serienunternehmer und Gründungsdirektor der Singularity University spricht er aus praktischer Erfahrung. Die zentrale Frage lautet: Wie kann ein Unternehmen gestaltet werden, das so schnell, anpassungsfähig und innovativ ist wie die Menschen, die darin arbeiten werden? Wie können wir diese kreative Kraft nutzen? Wie können wir in dieser immer schneller werdenden Zeit konkurrenzfähig bleiben und die Skalierung organisieren?

Der Sinn der Organisation
Laut Ismails Recherchen, in denen er in den vergangenen sechs Jahre die 100 am schnellsten wachsenden Start-ups weltweit unter die Lupe genommen hat, zeichnet sich jede exponentielle Organisation unter anderem durch den *Massive Transformative Purpose* (MTP), den übergeord-

neten, zielgerichteten Sinn der Organisation, aus. Die meisten Organisationen haben jedoch verlernt, sich tatsächlich mit dem Markt und den Kunden zu verbinden und sich die Frage zu stellen: Wofür existiert unsere Organisation? Was braucht die Welt? Wofür werden wir bezahlt?

In der Auseinandersetzung mit dem MTP wird ein kultureller Wandel angestoßen, der die interne Gemeinschaft, die Teams, inspiriert, ihre Aufmerksamkeit vom internen Business-Theater auf die externe Wirkung und somit auf den Markt und die Kunden zu richten. Für ein modernes, zukunftsfähiges Unternehmen ist es lebenswichtig, den Blick nach außen zu richten und den Markt bzw. die Zielgruppen direkt ins Unternehmen zu holen – nicht nur in Befragungen und Fokusgruppen, sondern als fixen Bestandteil einer fluiden Interessengemeinschaft.

Kooperation und Wettbewerb: Kein Entweder-oder

Das zeigt sich auch bereits im neuen Umgang mit den Mitbewerbern. Die Wortschöpfung »Coopetition« vereint die Kooperation (engl. *cooperation*) mit dem Wettbewerb (engl. *competition*). Eine mehr oder weniger lose Zusammenarbeit mit Mitbewerbern macht es möglich, rasch Kräfte zu bündeln und auf notwendige Ressourcen sowie Know-how zurückzugreifen. Gemeinsam an Entwicklungen zu arbeiten, deren Früchte geteilt werden, anstatt sich im Konkurrenzkampf zu verlieren und aufzureiben: Erst wenn sich Unternehmen als Teil eines Netzwerks begreifen, werden sie in der Lage sein, Kundenbedürfnisse flexibel und schnell zu bedienen und somit am Markt zu bestehen.

Im GINO-Universum ist klar: In unserer zukünftigen Lebens- und Arbeitswelt liegt der Fokus auf der persönlichen und organisationalen Sinnerfüllung – und die gelingt nur durch eine Co-Creation aller Beteiligten. Dazu zählen Kunden ebenso wie Mitbewerber.

Abermals richtet sich das GINO-Universum also danach aus, die Gesundheit aller Menschen in den Mittelpunkt zu stellen und lustvolle Innovationsfähigkeit mit humaneren Haltungen durch neue Arbeitsweisen aus der New-Work-Bewegung zu verbinden – mit dem Ziel, menschlich und ökonomisch erfolgreich zu sein.

TO THE POINT

Unsere Empfehlungen für Ihren gelungenen Start ins GINO-Universum:

- Sprechen Sie mit Ihrem Team darüber, welchen Auftrag und welche Zielsetzung Sie gemeinsam sehen und verfolgen.
- Fragen Sie Ihre Mitarbeiterinnen und Mitarbeiter, welchen Sinn sie ihrer Arbeit zuschreiben – Sie werden überrascht sein!
- Das Einzige, was fix ist, ist die Veränderung. Bleiben Sie also aktiv, offen und neugierig auf Neues. Und wenn Sie das tun, dürfen das auch Ihre Mitarbeiterinnen und Mitarbeiter.

In der Toolbox am Ende dieses Buches in Kapitel 8.5 finden Sie konkrete Tipps zu folgenden Themen und Methoden:

- Future Search – Zukunftskonferenz
- Business Model Canvas
- Massive Transformative Purpose von exponentiellen Organisationen
- Theorie U bzw. U-Prozess nach Scharmer

7 Was funktioniert und was nicht? – Praxis im GINO-Universum

Wir haben uns mittlerweile einen guten Überblick über die einzelnen Planeten im GINO-Universum verschafft. Drehen wir nun noch eine Runde, um Antworten auf folgende Fragen zu finden:

- Was verbindet die Planeten Gesundheit, Innovation und New Work?
- Kann das eine ohne das andere existieren?
- Wo liegen die Energie- und Spannungsfelder? Oder anders gefragt: Was klappt und was klappt nicht im GINO-Universum im Hinblick auf die Praxis in Ihrem Unternehmen?

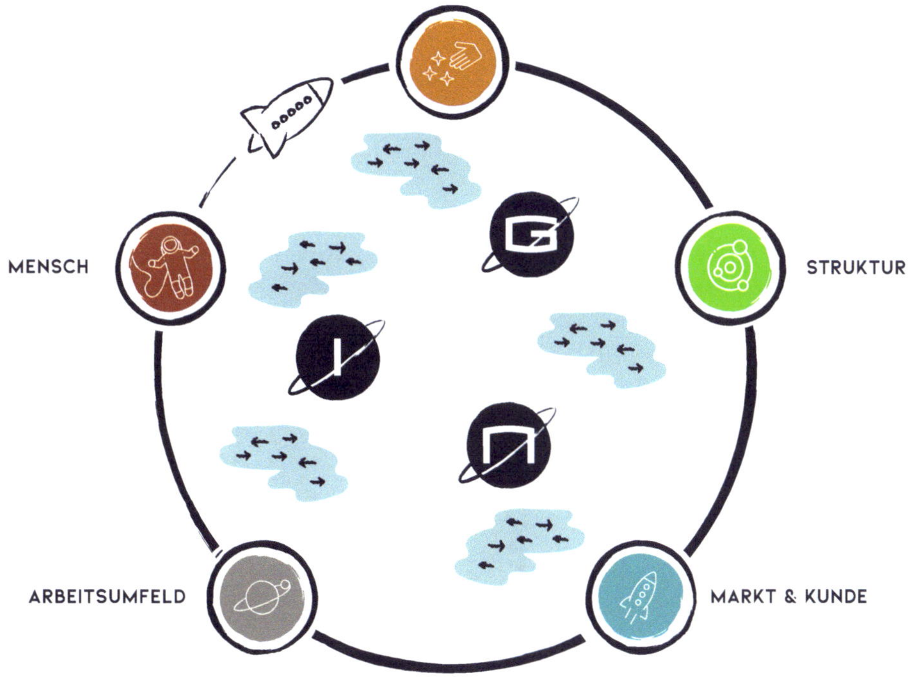

Abb. 10: GINO-Universum mit Energie- und Spannungsfeldern

Unsere Erfahrungen und Recherchen zeigen, dass die einzelnen Planeten im GINO-Universum sehr viel gemeinsam haben. Diese verbindenden Elemente sorgen für positive Energiefelder zwischen den Planeten, die inspirierend und unterstützend wirken. Dazu zählen Individualität, Sinn, Sein, Selbststeuerung, Salutogenese, Partizipation, Transparenz und Ganzheitlichkeit. In diesen Punkten sind sich die Planeten G, I und N einig; aus diesen Energiefeldern kann eine Organisation Schubkraft für Veränderung beziehen. Es lohnt sich also, diese Aspekte genauer unter die Lupe zu nehmen.

Ausnahmen gibt es immer, und so wollen wir in diesem Kapitel auch die Spannungsfelder im GINO-Universum aufzeigen, also jene Merkmale, in denen sich die Planeten unterscheiden und auf die Sie achten sollten, wenn Sie Ihr Unternehmen von der Erde ins GINO-Universum transferieren möchten.

7.1 Spannungsfelder und trennende Elemente

Die Spannungsfelder im GINO-Universum entstehen durch trennende Merkmale, also Merkmale, in denen sich die Planeten Gesundheit, Innovation und New Work unterscheiden. Hinzu kommt, dass das, was Menschen als förderlich empfinden, nicht immer in der Arbeitswelt berücksichtigt wird oder werden kann. Beispielsweise sind Sicherheit, Orientierung und Rückzug Grundbedürfnisse des Menschen. Doch wie lassen sie sich mit den Auswirkungen der VUCA-Welt vereinbaren?

Im Folgenden möchten wir die Spannungsfelder näher beschreiben. Vielleicht fragen Sie sich jetzt: Wie kann das GINO-Universum eine Reise wert sein, wenn ich auf Spannungsfelder Rücksicht nehmen muss? Sollte das GINO-Universum nicht eine spannungsfreie Zone sein? Jein. Wir sind überzeugt, dass das GINO-Universum die Zukunft ist, die eine gesunde, innovative neue Arbeitswelt auch auf der Erde ermöglicht. Dazu braucht es jedoch eine gewisse Sensibilität für Chancen und Risiken. Je mehr Sie über die riskanten Faktoren wissen, umso besser sind Sie vorbereitet und können diesen Spannungsfeldern ausweichen oder entgegenwirken.

7.1.1 Sicherheit versus Agilität

Das wohl am stärksten ausgeprägte Spannungsfeld ist Sicherheit versus Agilität. Dies drückt sich auch in folgenden Punkten aus:

- zeitlicher Rahmen versus flexible Arbeitszeit
- Rückzug versus offene Räume
- bewahren versus verändern

Wenn man nach Maslows Hierarchie der menschlichen Bedürfnisse geht, ist Sicherheit ein grundlegenderes Bedürfnis als Selbstverwirklichung. Das heißt, Menschen sind nicht in der Lage, sich große Ziele zu setzen und sie zu erreichen, wenn sie sich nicht sicher fühlen. Die Sicherheit muss zuerst vorhanden sein.

Das Wort »Sicherheit« verbinden wir im Alltag am ehesten mit der Unversehrtheit von Leib und Leben. Die Wissenschaft spricht hier häufig von »physischer Sicherheit«. Im Arbeitsalltag sind damit zum Beispiel ausreichend Kompetenz, wenig Unvorhersehbares, ein klarer Arbeitsrahmen und klare Aufgaben gemeint.

Sicherheit umfasst also viel mehr als die besagte Unversehrtheit. Es ist ein psychologisches Basisgefühl, das – oft unbewusst – über Wohlsein und Unwohlsein mitentscheidet und menschliches Handeln indirekt beeinflusst.

Agilität bedeutet Gewandtheit, Wendigkeit oder Beweglichkeit von Organisationen und Personen bzw. in Strukturen und Prozessen. Sie ist in der Welt von Innovation und New Work ein Muss. Personen sollen flexibel auf unvorhergesehene Ereignisse und neue Anforderungen reagieren und – etwa in Bezug auf Veränderungen – nicht nur reaktiv, sondern auch proaktiv agieren. Warum gelingt das einigen Teams mit Leichtigkeit und anderen nicht? Es gibt Hinweise darauf, dass die psychologische Sicherheit den Unterschied macht.

7.1.2 Arbeitswelt versus Privatwelt

Durch die Flexibilisierung von Arbeit in räumlicher und zeitlicher Dimension findet eine Vermischung von Arbeits- und Lebenswelt statt. Der Mensch erlebt diese jedoch sehr oft als Überforderung, da es schwierig ist, eine Grenze zwischen den beiden Welten zu ziehen. Wie kann ich mich abgrenzen? Wie gelingt es mir, die Arbeit nicht ins Private mitzunehmen? In unseren Supervisionen ist das immer wieder ein großes Thema. Verantwortungsvolle Unternehmen setzen entsprechende Zeichen, beispielsweise indem die Beschäftigten geschäftliche E-Mails nur bis zu einer bestimmten Uhrzeit verschicken dürfen.

7.1.3 Fremdbestimmung versus Selbstbestimmung

Eine weitere Herausforderung stellt die Selbstverantwortung und die damit einhergehende Selbstentscheidung und Partizipation auf unterschiedlichen Ebenen dar.

Viele Menschen sind es nicht mehr gewohnt, diese Kompetenzen zu leben, und fühlen sich dementsprechend überfordert. Manche wünschen sich sogar klare Anweisungen von ihren Führungskräften, um ein Gefühl von Orientierung und Halt zu haben. Dem Neurobiologen Gerald Hüther zufolge kommt der Mensch als Forscherin und Entdecker – kurz: als neugieriges Individuum zur Welt, das immer wieder aufsteht, wenn es umgefallen ist.

Diese Freude am Experimentieren und die Neugier auf die Welt auszuleben wird uns jedoch in vielen Lebensbereichen häufig schon früh verweigert. Wie also sollen wir als Erwachsene noch über die Kompetenz verfügen, uns immer wieder selbst auf- und neu auszurichten?

7.1.4 Verbindlichkeit versus »*Good enough to try*«

Ein weiterer Punkt, den wir im Sinne der Gesundheit von Mitarbeiterinnen und Mitarbeitern kritisch sehen, ist die Entscheidungsfindung. In den agilen Formen der Unternehmensführung sollen Entscheidungen gemeinschaftlich erfolgen, transparent gehalten werden und immer wieder veränderbar sein. Menschen sehnen sich jedoch häufig nach Entscheidungen, die schnell getroffen werden, und nach einem Umfeld, das sich nicht ständig verändert. Auch diese Verbindlichkeit schafft Sicherheit und Orientierung.

7.1.5 Zeitlicher Rahmen versus flexible Arbeitszeit

Die neue Arbeitswelt fordert die Ergebnisorientierung von Arbeit. Doch was heißt das? Muss ich so lange arbeiten, bis das Ergebnis passt, auch wenn das bedeutet, dass ich mehr Stunden leisten muss? Wann ist das Ergebnis das passende?

Dabei sollte auch nicht außer Acht gelassen werden, dass jedes Individuum eine andere Auffassung davon und entsprechende Ansprüche daran hat, wann ein Ergebnis gut ist. Diese unterschiedlichen Einstellungen führen nicht selten zu Konflikten zwischen Teammitgliedern. Aus diesem Grund wünschen sich viele Menschen einen klaren zeitlichen Rahmen, der ihre Arbeitsleistung begrenzt und an dem sie gemessen werden.

Ob Aufgaben rechtzeitig erfüllt werden, entscheidet so gesehen auch darüber, wie die Qualität des Ergebnisses eingestuft wird.

7.1.6 Beziehungen versus Individualität

Besprechungen, Kontakte, Austausch und Feedback können durch die unterschiedlichsten Medien erfolgen. Der Mensch jedoch sehnt sich nach persönlichen Beziehungen in seiner Arbeitsumgebung. Auch aus diesem Grund fühlen sich manche Beschäftigte, die hauptsächlich im Homeoffice arbeiten, alleingelassen. Sie sehnen sich nach einem intensiveren Kontakt mit ihren Kolleginnen und Kollegen. Auch wenn wir uns unsere Welt einerseits kaum noch ohne die Erleichterungen durch die Digitalisierung vorstellen können, wünschen wir uns andererseits umso mehr den persönlichen Kontakt. Die meisten von uns erlebten diese Vor- und Nachteile in der Coronazeit hautnah.

7.1.7 Rückzug versus offene Räume

Wenn wir die Büros des neuen Arbeitens betreten, sind wir meist beeindruckt von der Optik und den neuen Gestaltungsformen. Die offenen Formen moderner Arbeitsplätze sind ansprechend. Der Mensch jedoch strebt danach, zu wissen, wo er hingehört. Immer noch gestalten Mitarbeiterinnen und Mitarbeiter ihre Arbeitsplätze gerne mit Dingen, die ihre Persönlichkeit widerspiegeln. In den New-Work-Büros haben diese Elemente jedoch selten Platz. In manchen Unternehmen erleben wir deshalb, dass Mitarbeiter Plätze in eigentlich agilen Großraumbüros für die kommenden Tage reservieren, um sicherzustellen, dass der »Lieblingsplatz« auch garantiert verfügbar ist.

7.1.8 Bewahren versus verändern

Durch zu schnelle Veränderungen kann es passieren, dass Menschen Angst haben, ihre Sicherheit, ihren Status und ihre Anerkennung zu verlieren. Weitreichende Transformationen wie Kultur- oder Strukturwandel verunsichern viele von uns. Wir klammern uns an Vertrautes und scheuen das Neue.

7.2 Energiefelder und Gemeinsamkeiten

Eine Möglichkeit, die Spannungsfelder im GINO-Universum zu überwinden, ist, den Fokus auf die verbindenden Elemente zu lenken. Diese bilden verschiedene Energiefelder, die das GINO-Universum so erstrebenswert machen und an denen wir uns orientieren können und sollten, wenn wir gesündere, innovativere und modernere Arbeitswelten in unserer eigenen Organisation gestalten wollen. Individualität, Sinn, Sein, Selbststeuerung, Salutogenese, Partizipation, Transparenz und Ganzheitlichkeit sind die Energiefelder, die wir auf unserer Reise kennenlernen werden.

7.2.1 Individualität: Vielfalt als Erfolgsrezept

Individualität im Sinne des GINO-Universums bedeutet, der Einzigartigkeit der Mitarbeiterinnen und Mitarbeiter in jedem Bereich des Unternehmens Rechnung zu tragen. Die Individualisierung geht gezielt positiv auf die persönlichen Bedürfnisse ein.

Ein Individuum (lat.: *individuum* = Unteilbares, Einzelding) ist eine Sache, eine Entität oder ein Lebewesen, das entsprechend seiner Identitätskriterien von Gegenständen klar unterschieden werden kann. Der Begriff »Individuum« wird insbesondere auf Menschen angewendet, um sie als moralische Subjekte, das heißt als Träger von Rechten, Verantwortungen und Pflichten zu kennzeichnen. In diesem Sinne sprechen wir statt von »Individuen« häufig auch von »Personen«. Bei Personen werden zudem individuelle Eigenschaften, Interessen und Besonderheiten von denen der Gruppe (Gemeinschaft, Gesellschaft, Kollektiv), aus der sie stammen, abgegrenzt und als subjektive Elemente der Persönlichkeit zugerechnet (Individualität).[78]

Wir sind jedoch der Meinung, dass eine vollständige Individualisierung in der Unternehmensrealität leider ein schwer erreichbarer Soll-Zustand ist. Ziel ist es deshalb, durch überlegte Gestaltungsmaßnahmen diesem Wunschziel zumindest schrittweise näherzukommen.

Mit Diversität in die Zukunft

An der Seite der Individualität steht im GINO-Universum die Diversität. Ist das ein Widerspruch? Nein! Denn es braucht beides: einerseits die Wahrnehmung des einzigartigen Individuums, andererseits das Bewusstsein, dass es für erfolgreiche Unternehmen unerlässlich ist, eine Vielzahl an Persönlichkeiten mit im Boot zu haben.

Diversität ist ein positiver Aspekt der Unternehmenskultur. Sie signalisiert den Mitarbeiterinnen und Mitarbeitern, dass sie mit ihren Bedürfnissen, Fähigkeiten und Interessen ernst genommen und gefördert werden, und schafft Vertrauen. Zugleich zeigen Menschen nachweislich höhere Lernbereitschaft und Engagement, wenn sie Themen ihrer Wahl bearbeiten können.

Das GINO-Universum lebt davon, dass unterschiedliche Generationen, Kulturen und Kompetenzen in ihrer Einzigartigkeit zusammenwirken. Im GINO-Universum arbeiten Babyboomer mit den Generationen X, Y und Z zusammen. Diese Altersgruppen unterscheiden sich in ihren Gewohnheiten, Zielen und Erwartungen. Im GINO-Universum wird dies als Bereicherung empfunden. Jedoch birgt es auch große Herausforderungen: Vor allem die junge Generation hat gelernt, mit Autoritätspersonen wie Eltern und Lehrenden auf Augenhöhe zu kommunizieren, und erwartet diese Haltung auch von Arbeitgebern. Indes haben sich die vorangegangenen Generationen manche Fragen nach Unternehmensführung, Unternehmenszielen und Arbeitsaufträgen nicht gestellt, die jetzt entsprechend der neuen Arbeitswelten beantwortet werden müssen. Oder wie es der Genetiker Markus Hengstschläger ausdrückt:

> *»Ein System, in dem alle Teile möglichst nahe an einem gemeinsamen Durchschnitt liegen, ist für die Zukunft nicht gerüstet. Es braucht Varianz!«*

78 https://de.wikipedia.org/wiki/Individuum.

7.2.2 Sinn: Der Kern des Tuns

»Wenn Du ein Schiff bauen willst, dann trommle nicht Männer zusammen, um Holz zu beschaffen, Aufgaben zu vergeben und die Arbeit einzuteilen, sondern lehre die Männer die Sehnsucht nach dem weiten endlosen Meer.«
(Antoine de Saint-Exupéry)

Begriffe wie »Sinnerleben«, »Sinnhaftigkeit«, »Sinnerfüllung« und »Sinnkrise« finden in der Arbeitswelt häufig Verwendung, auch im GINO-Universum. Doch wann erleben Mitarbeiterinnen und Mitarbeiter Arbeit als sinnvoll? Und in welchem Maße kann ein Unternehmen Sinn stiften?

Vielleicht haben auch Sie sich schon einmal die folgenden Fragen gestellt:
- Mag ich mein Leben, und erlebe ich Wertvolles?
- Darf ich ich selbst sein, und stehe ich im tiefsten Inneren zu mir und zu dem, was ich tue?
- Wozu bin ich auf die Welt gekommen, und worum soll es in meinem Leben gehen?

Im beruflichen Kontext wirft das Fragen auf nach der Entwicklung der eigenen Potenziale, dem Erreichen persönlicher Ziele, dem Überwinden von Ängsten, dem Umgang mit Widerständen, der Entwicklung eines authentischen Selbst und der Erfahrung von Sinn in der Arbeit.

Zentral ist immer die Suche nach der inneren Zustimmung und dem freien, authentischen Wollen, Können, Mögen und Dürfen. Kant formulierte im Zeitalter der Aufklärung drei Grundfragen:
- Was kann ich wissen? (Erkennen)
- Was soll ich tun? (Handeln)
- Was darf ich hoffen? (Glauben)

Wie Viktor Frankl wiederholt betonte, ist Sinn nicht gegeben, sondern muss gefunden werden.[79] Das Besondere dabei: Sinngenerierung lässt sich nicht von außen anordnen oder kontrollieren, sondern obliegt dem eigenen Streben. Eine Organisation kann aber sehr wohl entsprechende Rahmenbedingungen schaffen, damit Mitarbeiterinnen und Mitarbeiter Sinn finden.

Sinn in der Arbeit ist für uns der wichtigste Faktor, um produktiv zu sein und gesund zu bleiben. Sinn in der Arbeit zu finden ist höchst individuell. Geld und Status sind nach wie vor eine starke Motivationsquelle, sie verlieren jedoch immer mehr an Wert. Sehr viele Menschen sind mittlerweile bereit, auf Gehalt zu verzichten, wenn sie stattdessen eine sinnvollere Aufgabe erfüllen können. Im Bereich der Wissensarbeit lässt sich diese Haltung schon länger beobachten. Aber auch in Tätigkeitsfeldern wie der Arbeit an der Kasse, in der Produktion oder ähnlichen Bereichen wird der Sinn immer wichtiger. Genau dazu gibt Frankl sehr wertvolle Anregungen, denn Sinn kann auf ganz unterschiedlichen Wegen gefunden werden: durch eine herausfordernde

79 Frankl (1967).

Aufgabenstellung, durch ein sinnerfülltes Miteinander im Team oder indem die positiven Seiten des Jobs bewusst wertgeschätzt werden.

Das sagt die Empirie

Empirisch wurde das Thema Sinn bisher nur wenig beleuchtet. Einen ersten aufschlussreichen Anhaltspunkt bietet der Index »Gute Arbeit« des Deutschen Gewerkschaftsbundes[80]. Die Ergebnisse zeigen, dass die Sinnfrage in Bezug auf die eigene Arbeit von vielen Beschäftigten durchaus positiv beantwortet wird. Es kann auch davon ausgegangen werden, dass Beschäftigte ihre Jobs und Tätigkeiten künftig noch stärker nach dem Kriterium der Sinnstiftung auswählen, was unter anderem auch auf den Generationenwandel zurückzuführen ist. Immer mehr junge Menschen möchten eine sinnstiftende Arbeit erledigen. Und die Möglichkeiten, einer solchen Tätigkeit nachzugehen, nehmen zu. So wird es auch für Unternehmen zunehmend wichtiger, Sinn zu stiften, um für Mitarbeiterinnen und Mitarbeitern attraktiv zu sein. Arbeit ist also mehr als nur eine Einnahmequelle. Sie dient auch als Sinnquelle und beeinflusst damit entscheidend unser Leben.

Eine gängige und weit verbreitete These der empirischen Sinnforschung postuliert, dass sich generelles und berufliches Sinnerleben stark interdependent verhalten und sich drastisch auf Zufriedenheit, Resilienz, Gesundheit und Motivation auswirken.[81] So weisen beispielsweise Personen mit einem hohen beruflichen Sinnerleben auch privat wesentlich mehr Zufriedenheit und eine bessere gesundheitliche Verfassung auf als Menschen mit geringem beruflichem Sinnerleben. Letztere sind auch in ihrer Freizeit tendenziell unzufrieden, weniger resilient und neigen dazu, mit belastenden Situationen schlechter umgehen zu können.[82]

Wird Arbeit positiv erlebt und sinnvoll wahrgenommen, fühlen wir uns vitaler, leistungsfähiger und legen ein hohes Engagement sowie eine starke intrinsische Motivation an den Tag[83]. Wie sind begeistert von der Arbeit, fühlen uns stolz und haben ein nachweislich besseres Selbstbild. Die Identifikation mit der Organisation und der Tätigkeit sind hoch, Fehltage relativ gering, der Umgang im Krankheitsfall verantwortungsbewusst und Kündigungen verhältnismäßig selten[84].

Wird die Arbeit hingegen negativ bewertet und als sinnlos erlebt, sei es durch die Erfahrung von Bedeutungslosigkeit des eigenen Handelns, durch mangelnde Wertschätzung, Über- oder Unterforderung oder Gewissenskonflikte, führt dies zunehmend zu einer Sinnkrise. Wenden wir einen Großteil unserer Zeit für etwas auf, das uns zwecklos erscheint, stellt sich über kurz oder lang Unzufriedenheit ein. Mangelt es an Sinnerleben in der Arbeit, führt dies zu Orientierungslosigkeit und Sinnverlust. Dadurch entstehen psychische und physische Beschwerden wie Erschöpfung, das Gefühl, ausgebrannt zu sein, oder auch Schlafstörungen. Somit gilt das

80 Institut DGB-Index Gute Arbeit (2017).
81 Arnold (2007); Ehresmann und Badura (2018); Schnell (2018); van Dick und Stegmann (2015).
82 Ehresmann und Badura (2018).
83 Schnell (2018).
84 Ehresmann und Badura (2018).

Sinnerleben in der Arbeit als wesentlicher Faktor im präventiven betrieblichen Gesundheitsmanagement.

Berufliches Sinnerleben findet somit auf zwei Ebenen statt: einerseits auf subjektiver Ebene, im Empfinden des Sinns in der Arbeit (*meaning in work*) und andererseits auf kollektiver Ebene, in der Wahrnehmung des Sinns der Arbeit (*meaning of work*).[85] Als weiterer Indikator für berufliches Sinnerleben gilt das Level der Passung, sprich der Abgleich unserer Erwartungshaltung an eine Tätigkeit mit der persönlich wahrgenommenen Realität. Ist das Level der Passung hoch, geht dies mit einem hohen Sinnerleben einher. Sehen wir uns das einmal genauer an.

Subjektives Sinnerleben und der Sinn der Arbeit
Wie Sie als Person ganz subjektiv bzw. individuell Sinn erleben, hängt davon ab, wie Sie Bedeutsamkeit, Orientierung, Zugehörigkeit und Kohärenz wahrnehmen. Subjektives Sinnerleben bezieht sich also ebenso auf die Passung im Sinne der Stimmigkeit zwischen den persönlichen Fähigkeiten und Werten sowie dem Anforderungsprofil der jeweiligen Arbeitstätigkeit. Wie wir Sinn erleben, orientiert sich außerdem an der Beantwortung von Fragen wie: Ist meine Arbeit für mich sinnvoll? Kann ich mit meiner Arbeit zu einem größeren Ganzen beitragen? Fühle ich mich zugehörig?

Basis für die Erklärung des Sinnerlebens bildet eine personale Existenzanalyse. Längle sieht das subjektive Sinnerleben, den existenziellen Sinn, als Zusammenspiel folgender Faktoren:[86]

- **Wirklichkeit/Faktizität** (Erkennen von Möglichkeiten und Grenzen der subjektiven Wirklichkeit): Im Arbeitskontext erleben Menschen Sinn beispielsweise dann, wenn die notwendigen Rahmenbedingungen wie Arbeitsmittel, Kündigungsschutz und Organisationsstruktur gegeben sind.
- **Identität** (charakteristische Züge des Selbst): Diese ist gegeben, wenn Menschen Respekt und Wertschätzung erfahren, ihre eigenen Werte mit den Unternehmenswerten übereinstimmen, sie sich als Teil eines größeren Ganzen fühlen und die Arbeit als sinnvoll empfinden.
- **Wert** (Kompass der Entscheidungsfindung) und – darauf aufbauend – Sinn.[87]

Das Erleben von Bedeutsamkeit kann in verschiedenen Schichten dargestellt werden, wie die folgende Abbildung zeigt. In der ersten Schicht nimmt die Mitarbeiterin bzw. der Mitarbeiter die Arbeit als bedeutsam wahr. Auch signalisiert die Organisation der Person, dass sie mit ihrer Arbeit einen wichtigen Beitrag zum Erreichen der Unternehmensziele leistet. In der zweiten Schicht erlebt die Mitarbeiterin bzw. der Mitarbeiter die Arbeit als bedeutsam für das eigene Leben. In der dritten Schicht ist die Person der Überzeugung, dass ihre Arbeit einer höheren Sache dient und die Gesellschaft und das Leben von anderen Menschen voranbringt.[88] Wenn

85 Ehresmann und Badura (2018).
86 Längle (1987).
87 Schermuly (2016).
88 Steger et al. (2012).

alle Ebenen durch die Arbeit bedient werden, stellt sich ein besonders starkes Bedeutsamkeitsempfinden ein.

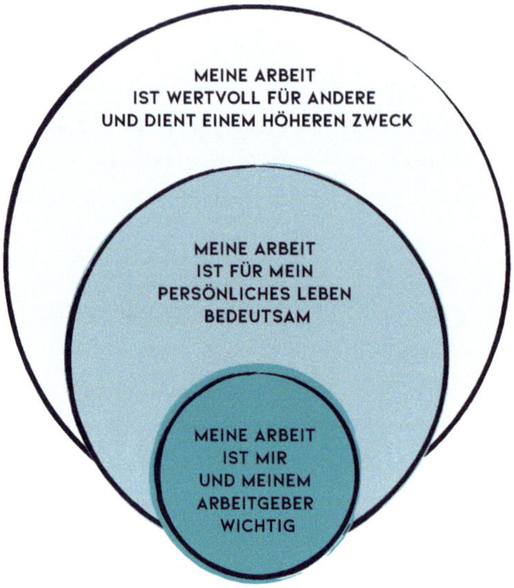

Abb. 11: Schichtenmodell zur Bedeutsamkeit der Arbeit

Kollektives Sinnerleben und der Sinn der Arbeit

Das kollektive Sinnverständnis bezieht sich auf soziologische Parameter und beschreibt den sozialen und kulturellen Kontext der Arbeit. Dieses Sinnverständnis ist ein überindividuell gültiges, selbstverständliches und meist unreflektiertes Verständnis von kollektiven Vorstellungen über das, was wichtig und unwichtig ist, wonach gestrebt wird und was vermieden werden soll.

In der Arbeitswelt meint dies die Integration und Einflussnahme der Organisations- und Unternehmenskultur. Es geht um Fragen wie: Wofür steht das Unternehmen? Welchen Einfluss hat es auf das Gemeinwohl? Was macht das Team stark?

Schnell betont in diesem Zusammenhang die Rolle der Führungs- und Organisationskultur.[89] Die Kooperation zwischen den Mitarbeitern und Führungspersonen bedingt das »Wir- und Wohlgefühl« und stärkt das kollektive Sinnverständnis. Oder anders gesagt: Sie und Ihre Mitarbeiterinnen und Mitarbeiter arbeiten gut zusammen? Dann stehen die Chancen gut, dass Sie sich alle dabei wohlfühlen und das Empfinden teilen, gemeinsam etwas Sinnvolles zu schaffen.

89 Schnell (2018).

Van Dick und Stegmann argumentieren, dass Menschen, die Ziele und Überzeugungen miteinander teilen, ihr Verhalten aneinander orientieren, da sie sich als Mitglieder einer Gemeinschaft sehen.[90] »Durch diese ›geteilte soziale Identität‹ sind sie motivierter und gehen besser mit Belastungen um«.[91]

Damit geht der Sinn der Arbeit (*meaning of work*) einher. Dieser hängt stark vom kollektiven Sinnverständnis ab und bezieht sich auf die objektiv und gesellschaftlich zugeschriebene Zweckmäßigkeit der Arbeit[92]. Beispiele hierfür sind Tätigkeiten im Sozial-, Gesundheits- und Non-Profit-Bereich, deren Auswirkungen maßgeblich etwas Größerem als betriebseigenen Interessen dienen.

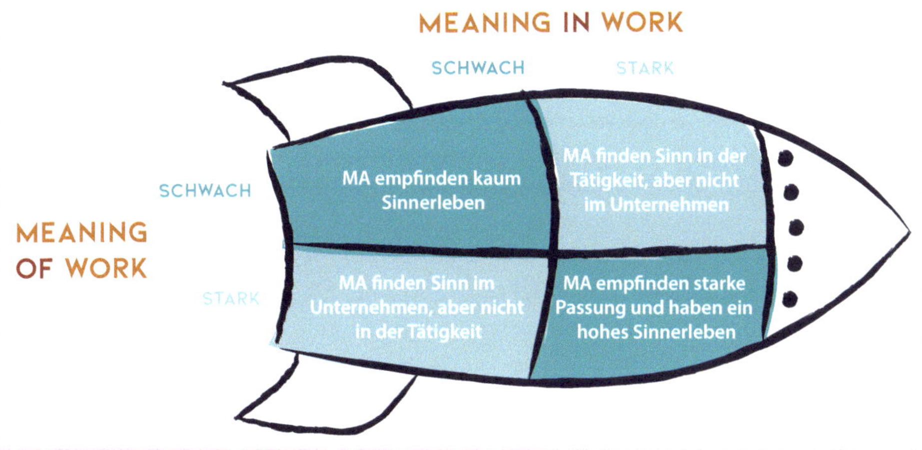

Abb. 12: Meaning OF work/Meaning IN work

Das Ziel: Im Kollektiv subjektiven Sinn finden

Wenn *meaning in work* und *meaning of work* stark sind, ist der Idealzustand erreicht. Gerade im Zusammenhang mit dem Innovationsmanagement ist diese Erkenntnis zentral, da kein extrinsischer Anreiz – beispielsweise ein hohes Gehalt – je ein so hohes Maß an Motivation hervorrufen kann wie das Bedürfnis nach Sinn.[93] Der Mensch kann nur Sinnvolles wollen und wird freiwillig nichts tun, was ihm gänzlich sinnlos erscheint – das besagt das Sinnverständnis nach Alfried Längle.

Längle stützt sich auf die Annahme, dass das Generieren von Sinn primäre Motivationskraft des Menschen ist. Alle anderen Motivationen sind nachgeordnet. So werden beispielsweise Lust

90 Van Dick und Stegmann (2015).
91 ebd.
92 Ehresmann und Badura (2018).
93 Waltersbacher et al. (2018).

und Macht lediglich als Ersatzmotivationen oder Coping-Reaktionen verstanden, die eine Kompensation bzw. Substitution darstellen, sollte der Wille nach Sinn nicht ausreichend Befriedigung finden.[94] Und auch Bernhard Badura sieht »Sinnzuweisung [als] eine [durch] intrinsische Motivation anregende Bewusstseinsleistung. Sie lässt sich weder von außen anordnen noch kontrollieren, sondern nur durch vorbildgebendes Verhalten, durch Kraft der Argumente und die Macht attraktiver Ideen beeinflussen.«[95] Und er argumentiert weiter, dass »die Suche nach Sinn, Zuwendung und Anerkennung und das damit erstrebte Gefühl, gebraucht zu werden [...] die primäre Triebkraft menschlichen Handelns [bilden] – nicht Angst vor Sanktionen oder materielle Anreize«[96]. Der Mensch ist nämlich ein auf Gemeinsinn und Kooperation sozialisiertes Wesen, das Halt, Stabilität und Sinn in gesamtgesellschaftlichen Normen- und Wertesystemen sucht. Ist dies nicht gegeben, wird Sinn und Orientierung der Nährboden entzogen, wodurch ein existenzielles Vakuum entsteht.

Verfolgt Ihr Unternehmen bedeutsame Ziele? Kennen Ihre Mitarbeiterinnen und Mitarbeiter die Richtung, in die Ihre Organisation steuert? Decken sich die Werte der Menschen mit den Werten des Unternehmens? Leben Sie selbst nach diesen Werten, und sind Sie Vorbild? Fühlen sich die Menschen in Ihrem Team wahrgenommen und respektiert? Gratulation! In Sachen Sinn ist Ihre Organisation im GINO-Universum ganz vorne mit dabei.

Der Sinn des Unternehmens

Nicht nur die Auseinandersetzung mit dem eigenen Sinn-Erleben ist also wichtig, sondern auch die Beschäftigung mit dem Sinn, dem Wofür des Unternehmens spielt eine zentrale Rolle im GINO-Universum. Mitarbeiter und Führungskräfte, die sich des Sinns ihrer Organisation bewusst sind, können darauf aufbauend ihre Entscheidungen treffen und ihr Handeln ableiten, zum Beispiel ihre Strategie. Sie erkennen, dass in dieser Ausrichtung eine enorme Kraft und Energie steckt, und nutzen diese gezielt.

Diese Kraft, dieser Spirit des Unternehmens wirkt sich positiv auf das Wir-Gefühl aus und steigert die Bereitschaft der Mitarbeiterinnen und Mitarbeiter, Verantwortung dafür zu übernehmen. Non-Profit-Organisationen mit einem hohen sozialen Impact nutzen dies bereits bewusst und schöpfen daraus Inspiration und Klarheit für ihr Handeln.

Wer sich mit dem Sinn des Unternehmens auseinandersetzt, stößt unweigerlich auf bestimmte Begrifflichkeiten. Diese wollen wir im Folgenden kurz klären.

- **Purpose** beschreibt die Bestimmung, den Zweck einer Organisation und ist im Verständnis von New Work der Orientierungsstern für Mitarbeiterinnen und Mitarbeiter, Kunden und die Gesellschaft. Er beantwortet die Frage nach dem »Big Picture« – der Aufgabe, die die Organisation für unserer Welt übernimmt und was sie antreibt. Jedes Unternehmen hat einen

94 Längle (1987).
95 Badura et al. (2018).
96 ebd.

Purpose – übersetzt mit dem »höheren Sinn« –, der erforscht werden will. Tritt dieser Purpose ins Bewusstsein von Mitarbeitern und Kunden, entfaltet er eine enorme Kraft für Entwicklung und Erfolg.
Auch wir haben unseren Purpose erforscht – DIEBERATERINNEN: Neue Impulse verändern Lebens- und Arbeitswelten.

- **Vision** beschreibt aufbauend auf dem Purpose das Zukunftsbild einer Organisation. Eine Vision zeichnet ein inspirierendes Bild, wie die Organisation mittel- und langfristig aussehen kann und was sie erreichen möchte. Wie der Purpose lädt die Vision die Gestalterinnen und Gestalter innerhalb und außerhalb der Organisationen ein, an der Entwicklung mitzuarbeiten, und macht Lust auf eine wünschenswerte Zukunft.
- **Mission** beschreibt die konkrete Strategie, welche Schritte gesetzt, welche Themen bearbeitet und welche Lösungen gefunden werden müssen, damit die Organisation seinem Purpose und seinem Zukunftsbild näherkommt.
- **Werte** – explizit ausgesprochen oder implizit spürbar – bilden den Rahmen für das Miteinander und die Zusammenarbeit in der Organisation sowie mit Kunden und Systempartnern. Die gelebten Werte in der Organisation sind prägend für die Unternehmenskultur. Die Kultur im Unternehmen kann nicht direkt verändert werden, sondern es bedarf immer der Auseinandersetzung mit den Werten, die gelebt und spürbar sind.
- Das **Leitbild** gibt einen Überblick über die bestimmenden Merkmale in Organisationen: den Purpose, die Vision, die Mission und die gelebten Werte.

In der täglichen Arbeit mit Kunden und Netzwerkpartnern wird das sinn- und strategieorientierte Denken und Handeln als kraftvoller Spirit deutlich spürbar. Das zeigt das Beispiel der NASA:

Zu Beginn der 1960er Jahre untermauerte die NASA ihren höheren Sinn (= Purpose) mit dem Statement »*Putting a man on the moon*«. Von der Reinigungskraft bis zum Astronauten war allen Akteuren klar, wozu sie täglich aufstehen und zur Arbeit gehen. Ganz gleich auf welcher Hierarchieebene und in welchem Tätigkeitsbereich – alle sahen sich als wichtigen Teil, die Mission gelingen zu lassen.

Franziska Fink weist auf die Zeitenwende hin, die der Entrepreneur Aaron Hurst in seinem Buch *Purpose Economy* beschreibt. Ihm zufolge sind wir bereits dabei, die Wissens- und Informationsgesellschaft hinter uns zu lassen, und beginnen, individuell wie gesamtwirtschaftlich nach dem Sinn zu suchen.[97]

Wir teilen Finks Ansicht, dass der Grund für die wachsende Bedeutung von Sinn in Unternehmen im Phänomen VUCA zu finden ist, das wir bereits beschrieben haben. »Ein zunehmend volatiles, unsicheres, komplexes und widersprüchliches Umfeld in Politik, Weltwirtschaft, Ökologie und Religion macht es für Organisationen immer schwerer, die traditionellen Mittel der

97 Fink (2017).

Unternehmenssteuerung anzuwenden. In disruptiven Umfeldern ist es Unternehmen zum Teil gar nicht mehr möglich, langfristig zu planen, ohne den Anschluss an die sich ständig verändernde Gegenwart zu verlieren.«[98]

Laut Franziska Fink ermöglicht »die Ausrichtung an einem Purpose [...] der Organisation agile Steuerung, ohne den Zweck aus dem Blick zu verlieren, und sichert zugleich ab, dass alle Entscheidungen und Handlungen auf diesen höchsten Zweck der Organisation einzahlen«[99].

> In der Toolbox am Ende dieses Buches in Kapitel 8.5 finden Sie konkrete Tipps zu folgendem Thema:
> - Wie kann die Kraft des Sinns entfaltet werden?
> - Angelehnt an die japanische Philosophie des »Ikigai« unterstützt die Methode »IKIGAI« mit vier zentralen Fragen bei der Auseinandersetzung mit dem Sinn der Organisation.

7.2.3 Sein: Wollen, können, dürfen und das Wozu

Eng verknüpft mit dem Energiefeld Sinn ist das Energiefeld Sein. Hier gibt es zahlreiche Überschneidungen und Parallelen. Wenn wir als Beraterinnen Sein definieren müssten, würden wir an Kants Grundfragen anknüpfen:

- Ich bin da – aber kann ich sein? (Wirklichkeit, Faktizität)
- Ich lebe – aber mag ich leben? (Wollen, Wert)
- Es gibt mich – aber wofür ist mein Leben gut? (Sinn)
- Ich bin – aber darf ich so sein? (Identität)

Die vier Grundmotivationen menschlicher Existenz

Damit sind die vier Grundmotivationen menschlicher Existenz entsprechend der personalen Existenzanalyse (PEA) formuliert. Die Auseinandersetzung mit jeder dieser vier Säulen und die Vereinbarkeit zwischen ihnen führt zu ganzheitlicher Motivation und schafft die Basis für ein authentisches Dasein, das als sinnvoll erlebt wird – auch im beruflichen Umfeld. Insbesondere im Zusammenhang mit Themen des Innovationsmanagements, bei dem Mitarbeiterinnen und Mitarbeiter idealerweise grundlegend frei und kreativ in ihrem Denken und Handeln sind, um neue Ideen generieren und etablieren zu können, ist wohl nichts wichtiger als eine authentische Grundmotivation. Grundlegend geht es bei allem Denken, Entscheiden und Handeln nämlich immer um die innere Zustimmung, das innere Ja. Voraussetzung dafür sind die vier Dimen-

98 ebd.
99 ebd.

sionen Faktizität, Wert, Identität und Sinn. Sie werden als Grundmotivationen des Menschen und als Bedingung für die Entwicklung eines authentischen Selbst gesehen.

In Bezug auf die Organisations- und Personalentwicklung leistet die PEA einen wichtigen Beitrag zur Gestaltung von Managementprozessen. Die Auseinandersetzung mit den vier Grundmotivationen stellt ein hilfreiches Managementtool dar, wenn es um Themen der Mitarbeiter-, Team- und Unternehmensführung geht. Insbesondere in der Gestaltung von Innovations- und Changeprozessen, Resilienzförderung, Kommunikation, Commitment, Authentizität und Eigenverantwortlichkeit liefert die PEA einen soliden Ausgangspunkt. In der folgenden Abbildung sind eine Reihe von Faktoren aufgelistet, die der Förderung der jeweiligen Grundmotivation im betrieblichen Kontext dienen.

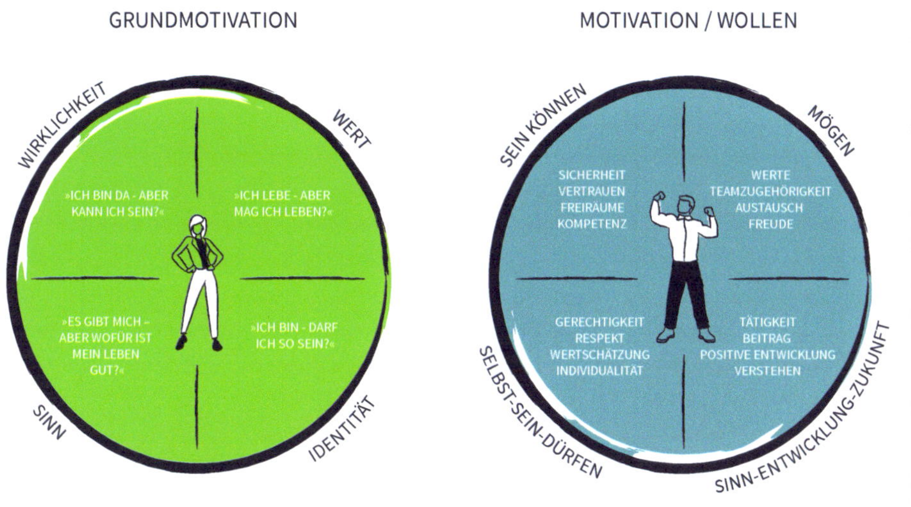

Abb. 13: Grundmotivation und Motivation/Wollen

Nur wenn sich das Management ausreichend mit den vier Grundmotivationen auseinandersetzt, wird die Basis für eine authentische und nachhaltige Motivation im Sinne eines ganzheitlichen Wollens geschaffen. Oder um es mit Längles Worten zu sagen: »Je mehr der Mensch Stellung bezieht zu diesen existenzbegründenden Gegebenheiten, desto mehr ist er in sich selbst (authentisch, selbstbewusst), desto voller und erfüllter ist sein Dasein. Und je tiefer er sich auf die Gegebenheiten bezieht und sie durchdringt, desto reifer wird er als Person.«[100] Wenn das kein Ansporn ist, sich die vier Säulen einmal näher anzusehen!

100 Längle (2014).

Sinn und Sein-Sollen

- Ist es sinnvoll, was ich tue?
- Wo werde ich gebraucht?
- Wie kann aus dem, was ich tue, etwas Wertvolles entstehen?
- In welchem größeren Rahmen steht das, was ich tue, und lässt es sich mit meinen Werten vereinbaren?

Zentral für das Sinnerleben und die Sinnfindung sind Zukunft, Kontext und Aufgabe. Die Orientierung auf die Zukunft ist wichtig, da eine Aktivität nur dann als sinnvoll empfunden wird, wenn sie in einem Zusammenhang steht, der eine potenziell wertvolle Entwicklung ermöglicht. Hinsichtlich des Innovationsmanagements gilt deshalb, dass Menschen selten der bloßen Veränderung wegen Mühsal in Kauf nehmen oder die Extrameile gehen. Durchhaltekraft und der Wille zur Veränderung brauchen immer ein Wozu, ebenso eine gemeinsame Vorstellung.

Der Kontext ist wichtig, da jede Aktivität in einem Strukturzusammenhang steht. Erst durch diese Eingebundenheit wird aus einer Tätigkeit eine Aufgabe. Ein Kontext kann vorgegeben sein (Familie, Beruf) oder selbst geschaffen werden (Arbeit für ein selbst entworfenes Projekt). Fehlen der Blick in die Zukunft, Kontext und Aufgabe, mangelt es an dem Bewusstsein, in Bezug zu etwas Größerem zu stehen. Damit fehlt zugleich das Gefühl, eingebettet zu sein und dazuzugehören.

Aus der Perspektive des Managements scheint die Auseinandersetzung mit der vierten Grundmotivation, der Sinnhaftigkeit, unabdinglich zu sein. Insbesondere wenn es um den Wunsch geht, dass Mitarbeiterinnen und Mitarbeiter Commitment entwickeln, intrinsisch motiviert sind und Engagement und Loyalität an den Tag legen, führt kein Weg daran vorbei, sich mit den sinnstiftenden Faktoren im Arbeitskontext der Personen auseinanderzusetzen. Nur wenn die Beschäftigten verstehen, wofür sie ihre Arbeit leisten, welche Ziele damit verfolgt werden und welchen Einfluss ihre Arbeitstätigkeit auf den gesamten Prozess hat, kann von einer authentischen Arbeitshaltung gesprochen werden, die nachhaltige Arbeits- und Organisationsprozesse stützt.

Dafür gilt es, sich Fragen zu widmen wie, worauf hingearbeitet werden soll und welche Werte vertreten werden. Erst wenn ein gemeinsames Ziel erkennbar ist, entsteht bei Menschen die Bereitschaft, sich zu engagieren und einen Beitrag zum Gemeinwohl zu leisten.

Gerade Innovationsmanagement bringt mitunter einen hohen Grad an Veränderung und Adaption mit sich. Das erfordert Transparenz und offene Kommunikation, damit bei den Mitarbeiterinnen und Mitarbeitern das Gefühl entstehen kann, Teil des Prozesses zu sein. Eine klare und transparente Darstellung von Zukunft, Aufgabe und Kontext wirkt somit unterstützend, insbesondere wenn sich ein Unternehmen in einer sensiblen Phase befindet.

Managementaufgaben beziehen sich in diesem Verständnis nicht ausschließlich auf die strategische Ausrichtung des Unternehmens, sondern vor allem auf die Förderung von Sinnstiftung. Wenn die Steigerung von Werten das Ziel ist, dann schafft Führung Erfüllung – dann ergibt Führen Sinn.

Faktizität und Sein-Können

- Welche Arbeitsbedingungen finde ich vor (Lichtverhältnisse, Arbeitsplatzausstattung, Verfügbarkeit benötigter Unterlagen etc.)?
- Wie viel Zeit habe ich, um meine Aufgaben zu erledigen?
- Innerhalb welcher organisatorischen Strukturen bewege ich mich, und wie geht es mir damit?

Für das Management ist es einerseits entscheidend, die externen Rahmenbedingungen, in denen das jeweilige Unternehmen eingebettet ist, wahrzunehmen und darauf zu reagieren. Andererseits müssen aber auch interne Rahmenbedingungen geschaffen werden, um Schutz, Raum und Halt zu bieten. Zudem obliegt es dem Management, Arbeitsumgebung und Arbeitszeit entsprechend zu strukturieren und für die Mitarbeiterinnen und Mitarbeitern einen Arbeitsplatz zu schaffen, an dem sie sein können und alles Notwendige vorfinden.

Basis einer konstruktiven Organisationskultur ist, dass jede einzelne Person sein kann und sein gelassen wird. Damit einher geht die Freiheit, Meinungen teilen zu können, Unterstützung und Halt zu erfahren sowie sich angenommen, wertgeschätzt und wahrgenommen zu fühlen.

Wert und Sein-Mögen

- Was macht mein Leben lebenswert?
- Was ist mir wichtig oder unwichtig?
- Was bereitet mir Freude und was Abneigung?
- Ist meine Arbeit mit meinen Werten vereinbar?
- Stimmen Organisationskultur und die Bedeutung, die Arbeit für mich hat, überein?

Um Werte zu leben, braucht es Beziehung, Zeit und Nähe. In Beziehung treten bedeutet, Bezug auf jemand anderen zu nehmen und gleichzeitig Bezug zu nehmen auf sich und die eigenen Gefühle. Zeit ist wichtig, da sich Zeit zu nehmen im Keim schon Beziehung und Zuwendung beinhaltet. Sich Zeit für etwas oder jemanden zu nehmen heißt, demjenigen oder der Sache zugewandt zu sein. Nähe entsteht durch Zeit und Beziehung und schafft Wärme sowie eine angenehme Atmosphäre. Distanz schafft dagegen tendenziell Kälte, während Distanzlosigkeit andererseits ein Korsett der Enge schaffen kann, also wenig Raum gibt und in Bedrängnis mündet.

Werte und wie viel Zeit und Raum Mitarbeiterinnen und Mitarbeitern am Arbeitsplatz eingeräumt wird, stellen einen wesentlichen Faktor dar, wenn es darum geht, sich mit der Arbeit und dem Unternehmen zu identifizieren. Eine authentisch gelebte Wertebasis bedingt somit auch nachweislich die Salutogenese. Fehlt diese, reagieren Menschen mit Coping-Mechanismen. Das kann vom Wunsch nach einem höheren Gehalt bis zur Kündigung reichen. Die Bedeutung von gemeinsamen Kaffeepausen oder After-Work-Aktivitäten ist demnach nicht zu unterschätzen.

Identität und Sein-Dürfen

- Darf ich so sein, wie ich bin? Werde ich so, wie ich bin, beachtet und wertgeschätzt?

Eine authentische Identität und damit das Selbst-sein-Dürfen entwickeln sich durch Beachtung, Gerechtigkeit und Wertschätzung. Beachtung finden Menschen beispielsweise in kleinen Gesten wie Begrüßungen. Damit wird die Person aus der Masse herausgehoben, wahrgenommen und gesehen. In der persönlichen Individualität, Einzigartigkeit und Einmaligkeit angesprochen zu werden stärkt den Bezug zur eigenen Identität. Dies geht einher mit Gerechtigkeit: Bei Ungerechtigkeit werden die Person und der eigentliche Wert, auf den Bezug genommen wird, nicht gesehen. Zugespitzt heißt das: Sie darf nicht sein und wird deshalb übergangen. Beachtung und Gerechtigkeit führen insgesamt zu Wertschätzung. Wertschätzung bedingt den Selbstwert und erweckt das Gefühl, im Innersten wertvoll zu sein.

Sind Rückhalt, Gerechtigkeit und Wertschätzung als Schlüsselfaktoren in einer Organisationskultur nicht gegeben, verhalten sich die Angestellten eher nicht authentisch. Coping-Reaktionen wie Distanzierung und Resignation sind die Folge. Werden die Werte dagegen aufrichtig gelebt, schafft dies eine gemeinsame Identität, die den Zusammenhalt des Teams und die Motivation jedes Einzelnen stärkt.

Die Entwicklung eines authentischen Selbst ist aber auch für Personen auf Managementebene wichtig, da Überzeugungen und Werte auf das Team wirken. Die transformationale Führung propagiert ein Führungsverhalten, bei dem *idealizied influence, inspirational motivation* und *individualized conideration* zusammenspielen.[101]

7.2.4 Selbststeuerung: Den Sinn von Arbeit bewahren

An die vier Grundmotivationen knüpft auch das nächste Energiefeld an, das sich ebenfalls stark mit dem Sinn von Arbeit beschäftigt. In diesem Energiefeld ist Selbstbestimmung zentral. Selbststeuerung bedeutet dabei, dass innere Abläufe und Muster zunächst verstanden werden. Das ermöglicht es der Führungsebene anschließend, einen entsprechenden Rahmen zu schaffen und damit Selbstbestimmung zu steuern. Durch selbstbestimmtes und selbstorganisiertes Arbeiten werden beispielsweise Kommunikationswege verkürzt, die Produktentwicklung beschleunigt und die Identifikation mit Entscheidungen erhöht. Jede Mitarbeiterin und jeder Mitarbeiter ist verantwortungsbewusst und übernimmt Führungsarbeit. Zudem formen Organisationen durch vorteilhafte Partnerschaften Kooperationen und verändern ihr Konkurrenz- und Hierarchie-

101 Bass (1985).

denken. Ein zukunftsfähiges Unternehmen organisiert sich vorwiegend selbst, ist eng vernetzt und kollaborativ auf vertikaler, diagonaler und horizontaler Ebene. Selbstwirksamkeit und Selbststeuerung halten also nicht nur Individuen, sondern auch Organisationen gesund.

7.2.5 Partizipation: Gemeinsam mehr erreichen

Vom Energiefeld Selbststeuerung ist es nicht mehr weit bis zum Energiefeld Partizipation. Der Mensch als intelligentester und flexibelster Teil des Unternehmens ist und bleibt integraler und unverzichtbarer Bestandteil eines GINO-Unternehmens. Es sind die Ideen, die Kreativität und die Identifikation der beteiligten Menschen, die Unternehmen wachsen lassen. Menschen formen, was sie formt – so formulierte es die französische Philosophin Catherine Malabou. Und auch Forschungen haben ergeben, dass Partizipation den Bedürfnissen der Mitarbeiterinnen und Mitarbeiter entgegenkommt und deshalb für das GINO-Universum notwendig ist. Der Mensch möchte Anerkennung erfahren, kreativ sein und in seiner Kompetenz wahrgenommen werden. Wird das nicht ermöglicht, werden Mitarbeiterinnen und Mitarbeiter in der Regel unzufrieden oder krank, oder sie verlassen das Unternehmen. Gelebte Partizipation hingegen hat viele positive Effekte:

- gesteigerte Produktivität durch schnellere Umsetzung von Strategien und Plänen
- bessere Kommunikation und Zusammenarbeit im Team
- höhere Motivation der Mitarbeiterinnen und Mitarbeiter
- weniger Krankenstand und Fluktuation
- mehr Zufriedenheit und Loyalität aufseiten der Kunden

Partizipation ist jedoch ein Begriff mit vielen Facetten. Das reicht von der einfachen Information, die jemand erhält, bis hin zur Selbstorganisation. Wenn Sie den Begriff »Partizipation« googeln, stellen Sie fest, dass Partizipation meistens im Zusammenhang mit Politik, Bürgerbeteiligung, Entwicklungshilfe und Pädagogik erscheint. Im Unternehmensführungskontext hingegen taucht Partizipation in den Suchmaschinen erst viel weiter hinten auf. Trotzdem wird Partizipation im Zusammenhang mit Gesundheit, Innovation und New Work immer wieder genannt und ist damit auch im GINO-Universum entscheidend.

Welche Form von Partizipation wo und wann eingesetzt wird und wie sie überhaupt entsteht, ist von Organisation zu Organisation verschieden – aber auf jeden Fall von großer Bedeutung. Denn wer die Macht und auch die Freiheit besitzt, Entscheidungen zu treffen, hat damit auch Verantwortung. Und je weitreichender diese Entscheidungen sind, umso wichtiger ist eine intensive Auseinandersetzung. Anstatt die Macht und Entscheidung nur bei einer kleinen Gruppe von vermeintlich auserwählten, wissenden Personen zu platzieren, wird es im GINO-Universum als ökonomisch und menschlich erfolgsversprechender erachtet, die Kraft, Macht und Weisheit der Vielen zu nutzen.

Deshalb: Wenn Menschen hochmotiviert an der Umsetzung von Strategien und Entscheidungen arbeiten sollen, sollten sie auch aktiv miteinbezogen und beteiligt werden. Das führt zu mehrfachen Gewinn: Eine breitere Basis befasst sich mit den Herausforderungen, mehrere Köpfe bringen vielfältigere Ideen und Handlungsstrategien hervor, und die Herausforderung ist nicht mehr nur »Chefsache«, sondern wird zum gemeinsamen Interesse der Mitarbeiterinnen und Mitarbeiter. Das hat Power und Zugkraft – gesundheitsförderlich für alle Beteiligten.[102]

Wer sein Arbeitsleben also aktiv mitgestalten kann, erlebt sich als selbstbestimmt und selbstwirksam. Gesundheitsrelevant? Keine Frage!

Stufen der Partizipation

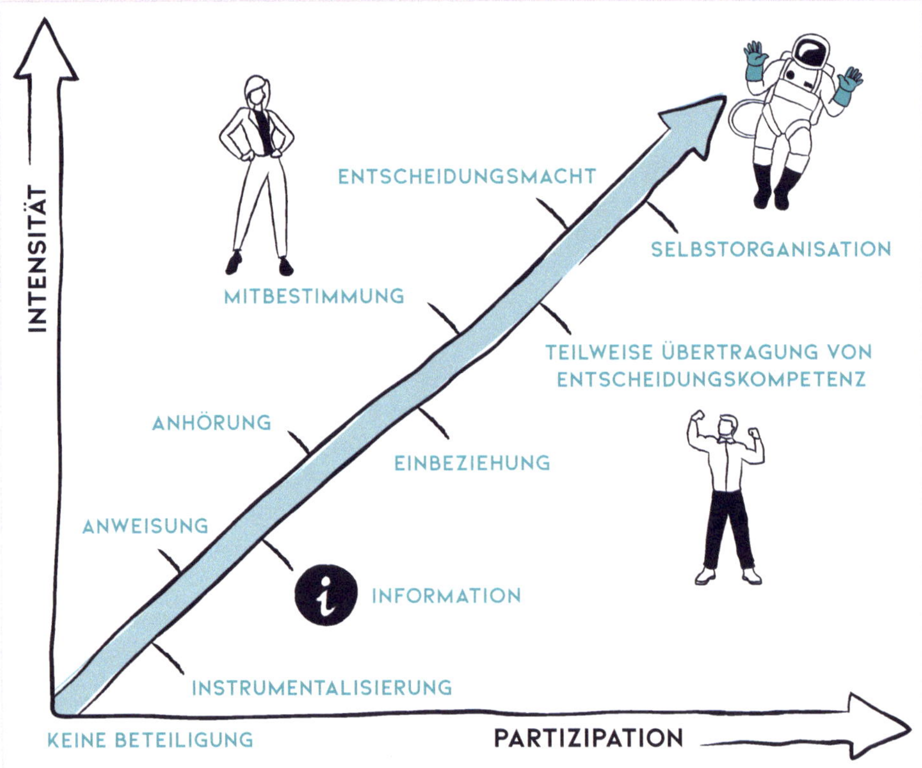

Abb. 14: Stufen der Partizipation nach Wright/Block/von Unger

102 Badura et al. (2010); Ducki (2000).

Das Stufenmodell von Wright, Block und von Unger, das eine Weiterentwicklung des 1969 von Sherry Arnstein veröffentlichten Stufenmodells ist, gibt einen klaren Überblick, was wir unter Partizipation verstehen können und welche Ausprägungen partizipativer Prozesse es im GINO-Universum gibt. Es verdeutlicht auch, an welchem Punkt welche Steigerung von Partizipation möglich ist (ein Entwicklungsprozess, der in kleinen Schritten gegangen werden sollte).

Partizipation bedeutet nicht pauschal das eine oder das andere. In den unterschiedlichsten Unternehmensbereichen kann es unterschiedliche Formen der Partizipation geben.

Wright, Block und von Unger beschreiben die neun Stufen der Partizipation wie folgt:

- **Stufe 1: Instrumentalisierung**
  Die Interessen der Zielgruppe spielen keine Rolle, weshalb Entscheidungen außerhalb dieser getroffen werden. Bei dieser Stufe stehen also die Interessen der Entscheidungsträger (ET) im Mittelpunkt. Gegebenenfalls nehmen Zielgruppenmitglieder an Veranstaltungen teil, ohne über deren Zweck oder Ziel Bescheid zu wissen.
- **Stufe 2: Anweisung**
  ET nehmen die Lage der Zielgruppe wahr. Die Definition der Probleme der Zielgruppe sowie die Festlegung der Vorgänge, mit denen die Probleme beseitigt oder gelindert werden sollen, erfolgt ausschließlich auf Basis der Meinung der ET. Zudem wird die Meinung der Zielgruppe zu ihrer eigenen Situation nicht berücksichtigt. Die Kommunikation seitens der ET ist direktiv.
- **Stufe 3: Information**
  Die ET kommunizieren der Zielgruppe, welche Probleme in der Gruppe vorherrschen und welche Hilfe sie folglich benötigt. Hierfür werden der Zielgruppe unterschiedliche Handlungsmöglichkeiten empfohlen, um die Probleme zu lindern oder zu beseitigen. Das Vorgehen der ET wird erklärt und begründet. Zudem wird die Sichtweise der Zielgruppe berücksichtigt, um die Akzeptanz der Informationsangebote sowie die Aufnahme der Botschaften zu fördern.
- **Stufe 4: Anhörung**
  Die ET richten ihre Sicht auf die Lage der Zielgruppe. Dabei werden die Mitglieder der Zielgruppe angehört, sie haben jedoch keine Kontrolle darüber, ob ihre Sichtweise Beachtung findet.
- **Stufe 5: Einbeziehung**
  Das Unternehmen lässt sich von ausgewählten Personen aus der Zielgruppe beraten, jedoch haben die Beratungen keinen verbindlichen Einfluss auf den Entscheidungsprozess. Bei der »echten« Partizipation nimmt die Zielgruppe eine formale, verbindliche Rolle in der Entscheidungsfindung ein.
- **Stufe 6: Mitbestimmung**
  Die ET halten Rücksprache mit Vertretern der Zielgruppe, um wesentliche Aspekte einer Maßnahme mit ihnen abzustimmen. Dies kann zu Verhandlungen zwischen der Zielgruppenvertretung und den ET bei wichtigen Fragen führen. Die Zielgruppenmitglieder haben ein Mitspracherecht, jedoch keine alleinigen Entscheidungsbefugnisse.

- **Stufe 7: Teilweise Übertragung von Entscheidungskompetenz**
  Ein Beteiligungsrecht gewährleistet, dass die Zielgruppe bestimmte Aspekte einer Maßnahme selbst bestimmen kann. Jedoch liegt die Verantwortung für die Maßnahme in den Händen anderer, zum Beispiel bei Mitarbeiterinnen und Mitarbeitern einer Organisation.
- **Stufe 8: Entscheidungsmacht**
  Die Zielgruppenmitglieder bestimmen alle wesentlichen Aspekte einer Maßnahme selbst, was im Rahmen einer gleichberechtigten Partnerschaft geschieht. Andere Akteurinnen und Akteure außerhalb der Zielgruppe sind an wesentlichen Entscheidungen beteiligt, spielen dabei jedoch keine bestimmende, sondern eine begleitende oder unterstützende Rolle.

Die letzte Stufe des Modells geht über die Partizipation hinaus, denn sie umfasst alle Formen selbstorganisierter Maßnahmen, die nicht unbedingt als Folge eines partizipativen Entwicklungsprozesses entstehen. Vielmehr können diese von Beginn an von Mitarbeiterinnen und Mitarbeitern selbst initiiert werden.

- **Stufe 9: Selbstorganisation**
  Hier initiieren die Mitglieder der Zielgruppe eine Maßnahme bzw. ein Projekt selbst und führen es durch. Dabei entsteht die Eigeninitiative häufig aus eigener Betroffenheit. Die Zielgruppe trifft Entscheidungen eigenständig und eigenverantwortlich, zudem obliegt ihr die Verantwortung für die Maßnahmen. Alle ET sind Mitglieder der Zielgruppe. Diese Stufe umfasst alle Formen von Initiativen, die von Personen der Zielgruppe selbst konzipiert sowie durchgeführt werden.[103]

Wie weit soll Partizipation gehen?

Andreas Zeuch hat sich in seinem Buch *Alle Macht für niemand* intensiv mit den Themen Demokratisierung und Partizipation auseinandergesetzt. Er beschreibt fünf Stufen in Unternehmen, von denen wir insbesondere die letzten zwei im GINO-Universum antreffen und nun näher beschreiben möchten

1. **Partizipationsgrad**
   Keine Partizipation: Mitarbeiterinnen und Mitarbeiter ohne Führungsfunktion sind gewissermaßen Spielbälle der Entscheidungsmacht der Vorgesetzten – und zwar vom direkten Chef bis hin zur Geschäftsführerin oder dem Vorstandsvorsitzenden.
   a) **Information:** Es besteht weiterhin keine Möglichkeit, die eigene Arbeit selbst zu gestalten und an darüber hinausreichenden Entscheidungen zu partizipieren. Allerdings werden die Mitarbeiterinnen und Mitarbeiter über Entscheidungen informiert.
   b) **Konsultation:** Vorgesetzte bitten Ihre Nachgesetzten um deren Meinung, bevor sie wieder im stillen Kämmerlein verschwinden und allein entscheiden. Immerhin.
   c) **Mitbestimmung:** Die gesamte Belegschaft ist eingeladen, bei Entscheidungen, die der Mitbestimmung unterliegen, den Entscheidungsprozess aktiv mitzugestalten.

103 Wright (2010).

   d) **Selbstbestimmung:** Mitarbeiterinnen und Mitarbeiter gestalten den Entscheidungsprozess eigenmächtig. Dies bedeutet zwingend die selbstbestimmte, demokratische Problemdefinition als Ausgangspunkt der darauffolgenden Entscheidungen.
2. **Partizipationsreichweite**
   Starken Praxisbezug hat nicht nur die Beschreibung des Partizipationsgrades, sondern auch jene der Reichweite. Sie beschreibt den Grad der Selbstbestimmung in zwei Dimensionen: die Zeitachse mit kurz-, mittel- und langfristigen Entscheidungen sowie die Bedeutungsachse mit nicht existenziellen, das Wohl des Unternehmens nachhaltig beeinflussenden und existenziellen Entscheidungen. Typischerweise lassen sich diese Ausprägungen den Reichweiten operativer, taktischer und strategischer Entscheidungen zuordnen.
   a) **Operativ:** Die Mitarbeiterinnen und Mitarbeiter dürfen ihre eigene tägliche Arbeit und damit kurzfristige Entscheidungen mitgestalten, die keine direkte existenzielle Bedeutung für den Erfolg des Unternehmens haben.
   b) **Taktisch:** Entscheidungen auf der taktischen Ebene beeinflussen das Unternehmen in seinem Erfolg und seiner wirtschaftlichen Gesundheit. Es sind Entscheidungen mit einem mittelfristigen Bedeutungshorizont. Dazu gehört beispielsweise der Bereich der Personalbeschaffung.
   c) **Strategisch:** Mitarbeiterinnen und Mitarbeiter dürfen auch strategische Entscheidungen entweder durch direkte oder repräsentative Demokratie mit- oder selbst bestimmen. Konkret betrifft dies Entscheidungen zu Fusionen, neuen Geschäftsfeldern und -modellen, strategischen Ausrichtungen und dergleichen.[104]

In Old-Work-Unternehmen sollten Sie Partizipation sehr behutsam einführen, denn hier herrschen häufig noch hierarchische Strukturen und ein autoritärer Führungsstil vor. Mitarbeiterinnen und Mitarbeiter, die es nicht gewohnt sind, mitgestalten zu können, reagieren oft mit Überforderung.

In der Praxis erleben wir ebenfalls eine große Herausforderung für das Unternehmen, wenn Mitarbeiterinnen und Mitarbeiter zwar in Qualitätszirkeln oder Befragungen zu ihrer Meinung interviewt und Ideen gesammelt werden, das Unternehmen diese Informationen dann aber nicht entsprechend nutzt. Frust und ein gebrochener Partizipationswille sind häufig die Folge. Partizipation soll also nur dann Gegenstand sein, wenn sie ehrlich gemeint ist und konsequent durchgezogen wird.

Der Übergang zu einer stärkeren Beteiligung kann wie gesagt nur behutsam erfolgen. Er sollte eingebettet sein in ein Bündel von Maßnahmen, die den Mitarbeiterinnen und Mitarbeitern deutlich machen: Euer Wissen und eure Meinung sind uns wichtig.

104 Zeuch (2015).

TO THE POINT

Für Ihren gelungenen Start ins GINO-Universum sollten Sie sich folgende Fragen stellen:

- Wo möchten Sie die Mitarbeiterinnen und Mitarbeiter einbeziehen?
- Was spricht dafür und was dagegen?
- Wie und zu welchen Themen möchten Sie die die Mitarbeiterinnen und Mitarbeiter beteiligen?
- In welcher Form kann und soll das geschehen?
- Was wünschen Sie sich als Ergebnis? Was ist der Mehrwert für Sie, die Mitarbeiter und die Organisation?
- Wie wird der Prozess der Partizipation strukturiert und gestaltet?

7.2.6 Transparenz: Mit Vertrauen ans Ziel

Wer den Sinn eines Unternehmens verstehen und sich motiviert am Geschehen beteiligen möchte, braucht zuerst einmal Informationen. Das führt uns zum nächsten Energiefeld im GINO-Universum: Transparenz. Transparenz bedeutet in unserem Verständnis die willentliche Durchschaubarkeit einer materiellen oder immateriellen Sache bzw. eines Sachverhalts. Transparenz ist in Organisationen eine Forderung bzw. ein für erstrebenswert erachteter Zustand von frei zugänglichen Informationen über Ziele, Strategien, Abläufe, Sachverhalte und/oder Entscheidungswege. Dies ist mit offener Kommunikation und gelebter Partizipation über alle Hierarchieebenen und Instanzen hinweg verbunden. Das alte Sprichwort »Reden ist Silber, Schweigen ist Gold« stimmt in diesem Zusammenhang nicht.

Transparenz schafft Vertrauen, sorgt für Innovation und ermöglicht ein gesundes Arbeitsumfeld. Transparenz ist für ein Unternehmen im GINO-Universum von höchster Priorität. Offenheit innerhalb und zwischen den Teams prägt den Erfolg und ist zudem einer der wichtigsten Faktoren der Arbeitszufriedenheit. Doch in welchen Bereichen ist Transparenz sinnvoll?

In New-Work-Unternehmen wird Transparenz in allen Bereichen des Unternehmens als wichtig erachtet. Die unternehmensinterne Transparenz bedeutet, dass Mitarbeiterinnen und Mitarbeiter über die Strategien und Ziele, die das Unternehmen verfolgt, Bescheid wissen. Das fördert sowohl die Identifikation als auch die Motivation.

Transparenz setzt auf Offenheit und Ehrlichkeit. Diese Art der Kommunikation schafft eine produktive Plattform für erfolgreiche Zusammenarbeit. Dadurch haben die Mitarbeiterinnen und Mitarbeiter die Möglichkeit, ihre Themen in exakter Übereinstimmung mit den Anforderungen zu lösen. Indem Informationen und Ergebnisse, Niederlagen und Herausforderungen geteilt werden, wird das Vertrauen im Team gestärkt und der Zusammenhalt gestärkt.

In unseren Recherchen haben wir festgestellt, dass Transparenz für das GINO-Universum vor allem in der Kommunikation und Information ausschlaggebend ist. Katerina Doumanes hat in ihrer Masterthesis beschrieben, dass Informationen und Kommunikation auf Vertrauen beruhen und damit Vertrauen schaffen. Laut Doumanes basiert die Vertrauensbildung auf den Faktoren Rechtzeitigkeit, Vollumfänglichkeit und Relevanz der Informationen.[105] Es muss also der richtige Zeitpunkt gewählt werden. Ebenso sollte entschieden werden, für wen welche Informationen wichtig sind, und diese sollten dann detailliert weitergegeben werden, sodass keine Fragen offenbleiben.

TO THE POINT

Für Ihren gelungenen Start ins GINO-Universum sollten Sie sich folgende Fragen stellen:

- Wer benötigt diese Information?
- Welches Ziel verfolge ich mit meiner Information?
- Welche Inhalte müssen dafür weitergegeben werden?

7.2.7 Salutogenese: Gesundheit als Pflicht

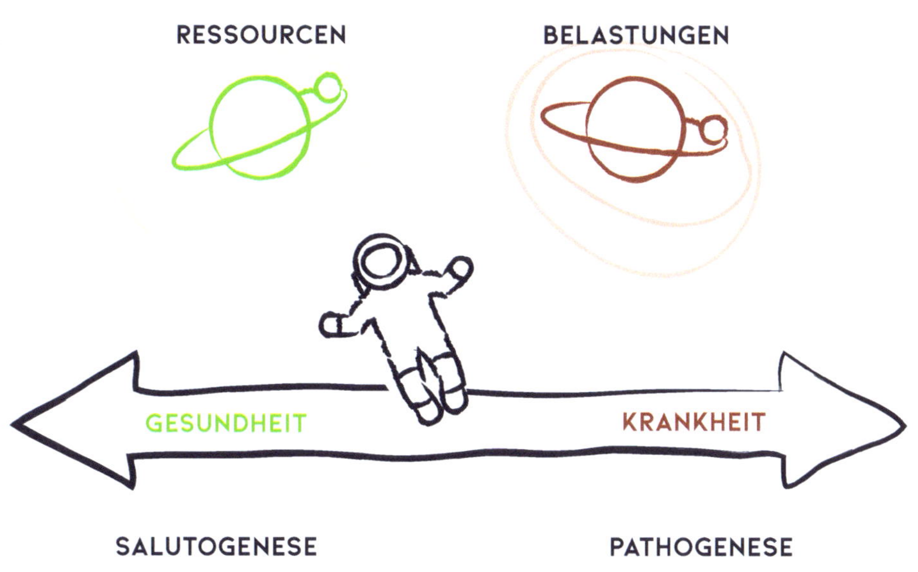

Abb. 15: Gesundheits-Krankheits-Kontinuum

105 Doumanes (2017).

Ein entscheidendes verbindendes Merkmal der Planeten im GINO-Universum ist selbstverständlich auch die Gesundheit. Der Soziologe Aaron Antonovsky (1923–1994) setzte sich intensiv mit der Frage auseinander, welche Faktoren die Gesundheit beeinflussen und für ihre Erhaltung wesentlich sind. In seiner Forschung entwickelte er ein ganzheitlich orientiertes Gesundheitsmodell: das Salutogenese-Modell. Laut Antonovsky braucht ein Mensch, der wiederholt Stressoren ausgesetzt ist, ausreichend Ressourcen und ein bestimmtes Maß an Resilienz, um seine ganzheitliche Gesundheit erhalten zu können. Auch sieht Antonovsky Gesundheit nicht als einen Zustand an, sondern als einen stetigen Prozess, der sowohl von kranken als auch gesunden Faktoren beeinflusst wird.[106] Der Mensch ist also nie vollständig krank oder vollständig gesund. Vielmehr befindet er sich in einem Gesundheits-Krankheits-Kontinuum, in dem er sich – beeinflusst von Ressourcen und Belastungsfaktoren – aktiv zwischen den beiden Polen Gesundheit und Krankheit bewegt.

Vermutlich fragen Sie sich jetzt, welche Ressourcen Sie aktivieren können, um mit der ständigen Konfrontation von Reizen und Stressoren umzugehen. Antonovsky teilt die entscheidenden Komponenten in drei Kategorien, wie die folgende Tabelle zeigt:

GENERELLE WIDERSTANDSRESSOURCEN

individuelle Ressourcen	gesellschaftliche Ressourcen	ökonomische und materielle Ressourcen
körperliche Ressourcen (Konstitution, körperliche Stärken und Schwächen)	politische und ökonomische Stabilität	finanzielle Möglichkeiten, finanzielle Sicherheit und Unabhängigkeit
kognitive Ressourcen (Wissen, Intelligenz, Problemlösefähigkeit)	intakte Sozialstrukturen	sicherer Arbeitsplatz
psychische Ressourcen (Selbstvertrauen, Selbstsicherheit, Optimismus, Ich-Identität)	gesellschaftliche Netzwerke	Zugang zu Dienstleistungen

Kohärenzgefühl: Verstehen, handhaben, Sinn erkennen

Von großer Bedeutung ist für Antonovsky das Kohärenzgefühl (*sense of coherence* – SOC). Darunter wird das Gefühl eines grundsätzlichen Vertrauens verstanden, dass »sich die Dinge so entwickeln werden, wie vernünftigerweise erwartet werden kann«[107].

106 Struhs-Wehr (2017).
107 Antonovsky (1997).

Dieses Vertrauen stellt sich dann ein, wenn wir Vorgänge in unserer Innen- und Außenwelt verstehen können. Auch ist entscheidend, dass wir mit der jeweiligen Situation gemäß unseren Fähigkeiten und Möglichkeiten umgehen können und zugleich wissen, wofür etwas gut ist, also ob und welchen Sinn es ergibt. Ist das der Fall, können wir Herausforderungen annehmen und bewältigen. Sind diese wesentlichen Komponenten allerdings nicht gegeben, empfinden wir Situationen als belastend, und die Reize lösen Stress oder sogar Überforderung aus.

Wie können Sie das Kohärenzgefühl im Arbeitsalltag fördern? Die nachfolgende Tabelle zeigt die verschiedenen Möglichkeiten auf:

KOHÄRENZGEFÜHL

Verstehbarkeit	Handhabbarkeit	Sinnhaftigkeit
verständliche Informationen in Wort und Schrift verfügbar machen	ausreichend fachliche Ressourcen und Zugang zu notwendigem Wissen und Know-how	Sinnhaftigkeit der einzelnen Aufgaben vermitteln
regelmäßige Kommunikation und Austausch über Fortschritte und Entwicklungen	Arbeitsmaterial (Hard- und Software)	Das ganzheitliche »Wofür« verstehen
Nachvollziehbarkeit der Arbeitsschritte	Gestaltungsmöglichkeiten – zeitlich wie räumlich	den eigenen Anteil am Gesamtresultat erkennen
Ganzheitlichkeit der Aufgaben vermitteln	Entscheidungsspielraum und Verantwortung übertragen	persönliche Lern- und Entwicklungsperspektiven aufzeigen
	Rückmeldung	
	Kooperationen und soziale Unterstützung	

Erlebnisse und Erfahrungen in der täglichen Praxis beeinflussen die genannten Widerstandsressourcen und können sie stärken oder schwächen. So haben Menschen beispielsweise eher das Gefühl, dass eine Aufgabe im Job machbar und sinnvoll ist, wenn sie verbindliche Unterstützung aus ihrem sozialen beruflichen Umfeld erhalten. Das fördert ihr Kohärenzgefühl und sorgt dafür, dass ihre Widerstandsressourcen ausgebaut werden.[108]

7.2.8 Ganzheitlichkeit: Ganz oder gar nicht

Und schließlich strebt das GINO-Universum natürlich auch danach, alles unter einen Hut zu bekommen. »Ganzheitlichkeit« ist ein Begriff, der in der heutigen Zeit geradezu inflationär gebraucht wird. Er ist bei den meisten Menschen positiv besetzt und wird in vielerlei Zusam-

108 Struhs-Wehr (2017).

menhängen verwendet. Immer wieder wird Ganzheitlichkeit heute durch den Begriff »Nachhaltigkeit« ersetzt, der das Konzept zu seinen Wurzeln zurückbringt. Der Begriff »Ganzheitlichkeit« ist vom Adjektiv »ganz« abgeleitet, das sich in der deutschen Sprache bereits vor dem 8. Jahrhundert nachweisen lässt. »Ganz« bedeutet ursprünglich »heil«, »unverletzt« und »vollständig«. Ganzheitlichkeit ist demnach die Betrachtung einer Sache in der systemischen Vollständigkeit aller Teile sowie in der Gesamtheit ihrer Eigenschaften und Beziehungen untereinander.

Schon bei den naturverbundenen Kulturen war Ganzheitlichkeit oberstes Ziel des mythischen Denkens. Wird Ganzheitlichkeit in den modernen Wissenschaften zum Leitgedanken erhoben, spricht man von Holismus (Ganzheitslehre).

Der Begriff »ganzheitlich« hat in unserem Zusammenhang seinen Ursprung in der systemischen Organisationstheorie. In der allgemeinen Systemtheorie wird »holistisch« häufig als Synonym für »ganzheitlich« verwendet.

Die Betrachtung der Ganzheit im Sinne des GINO-Universums bedeutet eine umfassende, weitsichtige und weit vorausschauende Berücksichtigung möglichst vieler Aspekte aus den Dimensionen der Organisation. Da nach unserem Verständnis der Mensch im Mittelpunkt steht, sind seine physischen und psychischen Faktoren in die ganzheitliche Betrachtungsweise einzubeziehen.

Der Internist und Wegbereiter der psychosomatischen Medizin Thure von Uexküll (1908–2004) bezeichnet die Umwelt des Individuums sowie seine Einbettung in psychosoziale Bezüge als Ganzheitlichkeitsverständnis oder bio-psycho-soziales Modell. Die Herausforderung dabei: Ganzheitlichkeit ist immer ein individuelles Konzept. Bei jedem Menschen spielen einzelne Faktoren eine unterschiedliche Rolle und sind unterschiedlich ausgeprägt. Insofern gibt es kein standardisiertes Rezept, das im Unternehmen umgesetzt werden kann.

Für uns stellt Ganzheitlichkeit eine Grundvoraussetzung des GINO-Universums dar. Wir erleben, dass einige Unternehmen, die sich Veränderung in ihrer Organisation wünschen, oft daran scheitern, weil sie nur einige Faktoren im Unternehmen aktiv umgestalten und anderen wiederum keine Beachtung schenken. Change-Management kann unserer Ansicht nach jedoch nur im Ganzen betrachtet erfolgreich umgesetzt werden. Wenn Sie bereit sind, alle Faktoren zu gewichten und auch bestehende Ansätze wertzuschätzen, kann Ganzheitlichkeit dem Aufbruch in die unternehmerische Zukunft Schubkraft verleihen.

1946 gründete der australische Sozialwissenschaftler Elton Mayo die Human-Relations-Bewegung, die die individuellen Bedürfnisse des Mitarbeiters, seine psychologische Verfassung und sein Selbst in den Mittelpunkt des Managementdenkens rückte. Mayo warnte schon damals vor der Verengung des Denkens. Umgekehrt lässt sich auch sagen, dass nur ein breiter, möglichst alle Perspektiven berücksichtigender Blick zur Problemlösung führt. Entscheidend sind also auch Zusammenhänge und eine vorausschauende Herangehensweise.

Ergänzend sollten wir auch den Begriff »pars pro toto« berücksichtigen, also den Gedanken, dass jeder Einzelne Teil des Ganzen ist bzw. für das große Ganze steht. Da die einzelnen Teile jedoch mitunter sehr unterschiedlich sein können, ist der Ganzheitlichkeit nur schwer Rechnung zu tragen. Sie können sich ihr jedoch annähern, indem Sie den einzelnen Teilen möglichst umfassend Beachtung schenken. Das Ganze wirkt sich auf seine Teile aus – und diese wiederum wirken auf das Ganze zurück.

Ein bekannter Merksatz besagt, dass sich das Ganze auf seine Teile auswirkt und dass diese wiederum auf das Ganze zurückwirken.

8 So klappt es mit Ihrem GINO-Unternehmen

8.1 Von der Erde zum GINO-Universum

Für uns ist es keine Frage, *ob* New Work, Gesundheit und Innovation Themen sind, denen wir uns stellen sollten. Die Frage lautet vielmehr, *wie*. Wie also kommen wir von der Erde ins GINO-Universum? Oder anders gefragt: Was brauchen Sie, damit Ihre Organisation dorthin gelangt? Wir sind davon überzeugt: Dieses Wie wird die Zukunft prägen. Dabei grenzen wir uns ab von Old Work und damit von klassischen Strukturen und Arbeitsbedingungen, die in manchen Unternehmen bereits von New Work abgelöst wurden. Wir sind überzeugt, dass sich in den kommenden Jahren viele Organisationen auf den Weg machen werden.

Doch wie kann das gelingen?

Um ins GINO-Universum einzutauchen, braucht es wie bereits beschrieben zuerst einmal den Wunsch, das eigene Unternehmen umzugestalten und zukunftsfähig zu machen. Für die konkreten weiteren Schritte ist Durchhaltevermögen und Fehlerfreudigkeit unerlässlich. Nur mit dieser Haltung lassen sich Maßnahmen erfolgreich umzusetzen. Viele Einzelelemente führen zu einem großen Ganzen und verändern damit die Gestalt der Organisation.

In der Praxis zeigt sich, dass Unternehmen häufig funktionierende Changeprozesse von anderen Organisationen übernehmen, also 1:1 zu übertragen versuchen. Die meisten scheitern jedoch. Das überrascht nicht, denn keine Organisation ist mit einer anderen vergleichbar. Jedes Unternehmen zeichnet sich durch Individualität aus. Das erfordert ein gewisses Fingerspitzengefühl in der Praxis.

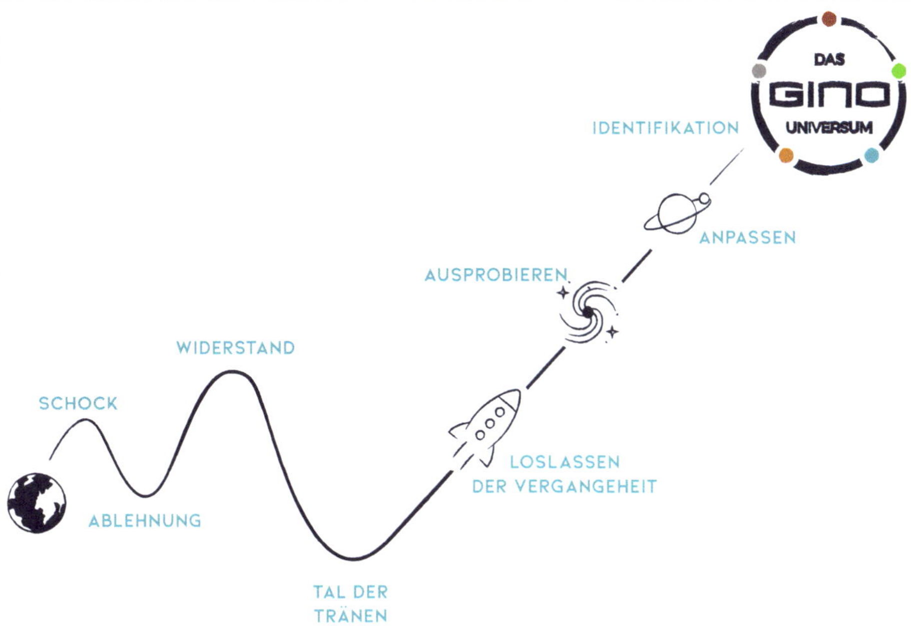

Abb. 16: Der Weg ins GINO-Universum

Am besten, Sie tasten sich Schritt für Schritt vor. Wie Sie in der Abbildung sehen, verläuft der Weg ins GINO-Universum nicht linear. Es gibt jedoch einige Haltestellen, die zuverlässig am Wegesrand auftauchen und Orientierung ermöglichen. Diese Haltestellen markieren unterschiedliche Phasen, die Organisationen durchlaufen, bis sie die gewünschte Veränderung erreichen. Das gilt nicht nur für jene Mitarbeiterinnen und Mitarbeiter, die den Veränderungen kritisch gegenüberstehen, sondern auch für die, die grundsätzlich überzeugt sind. Wichtig zu wissen ist außerdem, dass die Phasen in den meisten Fällen aufeinanderfolgen. Es kann aber auch vorkommen, dass sich unterschiedliche Menschen zum selben Zeitpunkt in unterschiedlichen Phasen befinden. (So, als wäre jeder in einem eigenen Raumschiff und in eigenem Tempo ins GINO-Universum unterwegs.) In den unterschiedlichen Phasen brauchen Menschen unterschiedliche Unterstützungen und Herangehensweisen – was es herausfordernd macht, ein Team geschlossen zum Ziel zu navigieren.

1. Phase: Schock

Obwohl uns Veränderungen seit unserer frühesten Kindheit begleiten, wir uns auch immer wieder darauf einstellen und sie meist sehr erfolgreich bewältigten, reagieren wir häufig trotzdem zunächst schockiert auf Neues. Veränderung bedeutet Stress. Die Erwartungen und Wünsche passen nicht mit der tatsächlichen Realität zusammen, die manchmal unerwartet eintritt. Das kann bedrohlich wirken.

Wir fragen uns: Schaffen wir das? Jeder Mensch geht mit dieser Frage anders um. Das Wie hängt von Vorerfahrungen, Selbstbewusstsein, Resilienz und der sozialen Unterstützung ab.

Für uns ist grundsätzlich wichtig wahrzunehmen, dass Menschen an ihrem Arbeitsplatz unterschiedliche Bedürfnisse haben und jeder Mensch seine eigene Realität erlebt. Das bedeutet: Im GINO-Universum ist der Mensch als einzigartiges Individuum wertzuschätzen. Im Umkehrschluss heißt das jedoch auch, dass es keine Patentrezepte gibt. Jedes Unternehmen muss sich somit intensiv damit auseinandersetzen, was seine Mitarbeiterinnen und Mitarbeiter wann brauchen, um gesund und innovativ in der neuen Arbeitswelt zu leben.

2. Phase: Ablehnung

Wenn wir glauben, dass wir die neue Situation nicht bewältigen können, reagieren wir häufig mit Ablehnung, Angst, Leugnung oder Wut. Die Herausforderung besteht darin, sensibel und sinnvoll auf diese Abwehrhaltung zu reagieren. Unruhe sollte nicht als Privatproblem angesehen, sondern ernst genommen werden, da sie sich auf das gesamte Team und die Produktivität der Gruppe auswirken kann. Veränderung geht meist mit einem Leistungseinbruch einher.

Eine gesunde Unternehmenskultur sorgt in dieser Phase dafür, dass aus Betroffenen Beteiligte werden. Denn: Die sozialen Dynamiken in organisationalen Veränderungssituationen sind ein wichtiges Erfolgskriterium für die Umsetzung von Veränderung.

TO THE POINT

Unsere Empfehlungen für Ihren gelungenen Start ins GINO-Universum:

- Informieren Sie Ihre Mitarbeiterinnen und Mitarbeiter so früh wie möglich, um Gerüchten vorzubeugen.
- Machen Sie Ihre Mitarbeiterinnen und Mitarbeiter zu Beteiligten des Prozesses. Wo können sie wie aktiv werden?
- Achten Sie auf Befindlichkeiten und Wünsche der einzelnen Personen. Wer braucht wann welche Unterstützung?

3. Phase: Tal der Tränen

Nach der Ablehnung ist das Tal der Tränen meist unvermeidlich. Resignation und Frustration sind zu diesem Zeitpunkt sehr hoch. Folgende Fragen stehen in dieser Phase im Raum: Wie sollen wir das machen? Ergibt das alles Sinn? Ist uns das zu viel?

4. Phase: Loslassen

Wer im Tal angelangt ist, kann sich nur mehr bergauf entwickeln. So folgen auf das Tal der Tränen langsam Akzeptanz und die Einsicht, dass die Veränderung notwendig ist. Die Beteiligten sind nun gewillt, das Vergangene loszulassen, neue Ideen auszuprobieren und diese, wenn sie zum Erfolg geführt haben, dauerhaft zu installieren. Das Spannende in dieser Phase ist nämlich, dass entscheidende Erkenntnisse darüber gewonnen werden können, warum gewisse Verhaltensweisen zum Erfolg führen und andere nicht.

Auch die Identifikation mit dem Neuen steigt in dieser Phase. Wird das, was erfolgreich getestet wurde, ins aktive Verhaltensrepertoire aufgenommen, ist dies ein spürbares Zeichen dafür, dass das Wohlbefinden und das Selbstvertrauen des Teams zurückkehren.

Wir alle kennen das Phänomen der Silvestervorsätze: Sie halten im schlechtesten Fall ein paar Tage, im besseren Fall ein paar Wochen und nur bei wenigen dauerhaft. Woran liegt das? In den meisten Fällen passt die gewünschte Veränderung nicht zu uns. Es kann aber auch daran liegen, dass uns in kritischen Momenten jemand fehlt, der uns ermutigt und uns unterstützt, bis wir uns selbst wieder daran erinnern, dass das neue Muster Vorteile bringt. Deshalb:

TO THE POINT

Unsere Empfehlungen für Ihren gelungenen Start ins GINO-Universum:

- Sorgen Sie für genug Austausch und Unterstützung im Team.
- Geben Sie Feedback und holen Sie Feedback ein, um immer wieder zu prüfen, was passt und was nicht.
- Nehmen Sie sich kleine Schritte vor, die Sie auch wirklich umsetzen können.
- Schätzen Sie diese Schritte, und seien Sie stolz darauf, wenn Sie sie gemacht haben, auch wenn sie noch so klein sind.

- Machen Sie sich und den anderen klar, was gleich bleibt. Das sorgt für ein Gefühl von Stabilität und Sicherheit.
- Erinnern Sie sich an Erfolge in früheren Veränderungsprozessen.

5. Phase: Ausprobieren und anpassen
Um zu verhindern, dass Maßnahmen nutzlos verpuffen, sollten sie in eine organisationsweite Strategie eingebettet werden.

Als BERATERINNEN sind wir Systemikerinnen: Wir sehen die Organisation ganzheitlich. Demnach ist uns wichtig, dass die Implementierung von Maßnahmen horizontal und vertikal erfolgt. Obwohl wir Verfechterinnen davon sind, zuerst kleine Schritte zu gehen und im Zweifelsfall nur eine Abteilung als Pilot in die Umsetzung zu schicken, um nicht das gesamte System zu überfordern, so ist es dennoch im zweiten Schritt von hoher Notwendigkeit, alle Abteilungen miteinzubeziehen.

Denn: Werden Changeprozesse nur in Teilen des Unternehmens vollzogen, kommt es häufig zu Konkurrenzdenken. Vertrauen, Partizipation, Zusammenarbeit, offene Kommunikation und vieles mehr, was im GINO-Universum von zentraler Bedeutung ist, würde ad absurdum geführt.

Deshalb sollte gelten: Veränderung betrifft eine Organisation auf allen Ebenen, sie sollte aber strukturiert und gegebenenfalls in vielen kleinen Schritten erfolgen, sodass geprüft werden kann, welche Teile der alten Strukturen gegebenenfalls noch Bestand haben.

Wir BERATERINNEN glauben nicht, dass alles, was unter Old Work verstanden wird, per se schlecht und überholt ist. Was konkret einer Veränderung unterzogen werden sollte, hängt immer von der Aufgabe einer Organisation, seiner Entstehungsgeschichte und Entwicklung sowie Tradition und Kultur ab. Teile der alten Arbeitsweise können auch in Zeiten von New Work noch sinnvoll sein.

Charakteristisch für das GINO-Universum sind neue Formen der Arbeitsgestaltung; starre Hierarchien klassischer Organisationen werden aufgebrochen. Grundsätzlich gilt: Je stärker Komplexität und Innovation in einem Unternehmen ausgeprägt sind, desto sinnvoller und notwendiger sind modernere Formen der Arbeitsgestaltung. Umgekehrt: Je klarer beispielsweise die Arbeitsabläufe sind, umso weniger spricht gegen klassische Formen der Arbeitsgestaltung.

Entscheidend ist, dass Organisationen alte und neue Arbeitsweisen reflektieren und Veränderung stets als Möglichkeit in Betracht ziehen. Nur das ermöglicht ihnen Zukunftsfähigkeit und ein Weiterkommen.

Es wäre jedoch gefährlich, beispielsweise Führung einfach abzuschaffen und flache Hierarchien unüberlegt einzuführen, bloß weil dies New Work entspricht und damit zeitgemäß und erstrebenswert erscheint. Das endet meist im Chaos. Nach wie vor sind Stabilität und Orientierung ein Grundbedürfnis des Menschen. Sie gehen jedoch verloren, wenn die Strukturen in kurzer Zeit stark verändert werden. Wird Führung einfach abgeschafft, ohne dass die damit verbundenen Aufgaben anderweitig verteilt werden, birgt dies ein großes Risiko. Die Mitarbeiterinnen und Mitarbeiter finden sich vermutlich nicht so schnell zurecht und verlieren die Orientierung, weil sie nicht wissen, an wen sie sich mit bestimmten Fragen wenden sollen. Kurz: Unüberlegt abgeschaffte Strukturen und das Fehlen eines Rahmens führen zu Konflikten.

Im GINO-Universum wirken Sie dem entgegen, indem Sie Rollen klar verteilen und einen stabilen Rahmen definieren. Das gibt Sicherheit in Zeiten der Veränderung. Schaffen Sie außerdem den nötigen Raum und die Zeit, damit sich nicht nur um die Menschen herum, sondern auch in ihren Köpfen neue Strukturen und eine neue Organisation etablieren können.

Vergessen Sie nicht: Sie haben eine aktive Rolle im Changeprozess! Die häufig empfundene Angst, dass Führungspersonen durch New Work ihre »Daseinsberechtigung« verlieren, ist nicht die Idee des GINO-Universums. Was sich ändert, sind lediglich die Aufgaben und Formen des Arbeitens – und das Verständnis von Führung. War Führung zuvor bereits nützlich, wird sie es bleiben. War sie es nicht, wird sie sich verändern. Führung sollte nicht Selbstzweck sein.

6. Phase: Identifikation

Das GINO-Universum als Haltung verlangt Vertrauen. Geschafft! Der letzte Schritt der Veränderung besteht nun darin, Identifikation mit der neuen Situation zu fördern. Um die Mitarbeiterinnen und Mitarbeiter auf ein neues Setting einzustellen, werden neue Strategien benötigt, denn eine veränderte Unternehmensstruktur verändert auch das Verhalten sowie die Handlungen der Beschäftigten. Menschen können schnell überfordert sein, wenn sie ohne adäquate Kompetenzen und ohne vorhergehende Trainings in die Selbstorganisation entlassen werden. Deshalb benötigt das Konzept des GINO-Universums einen klar definierten Rahmen sowie Zeit für die Adaption. Wichtig ist auch, den Beteiligten Vertrauen entgegenzubringen und Freiräume zu schaffen. Das vermittelt nicht nur Sicherheit, sondern steigert auch die Kreativität. Es reduziert zudem die Komplexität, fördert die Diskussionsfreudigkeit und beschleunigt Entscheidungen.

TO THE POINT

Für Ihren gelungenen Start ins GINO-Universum sollten Sie sich folgende Fragen stellen:

- Was finden Sie am GINO-Universum erstrebenswert? Was davon wünschen Sie sich für Ihre Organisation?
- Sind die Absichten und Ziele klar definiert?
- Warum möchten Sie gerade jetzt etwas in der Arbeit neu gestalten?
- Welche Ressourcen stehen Ihnen zur Verfügung (personell, zeitlich, monetär, räumlich)?
- Welche Widerstände könnten bei der Einführung auftreten und warum?

- Welche Kompetenzen und Bedürfnisse werden für die neue Arbeitssituation benötigt? Welche sind erlernbar? Welche nicht?
- Wie kommunizieren Sie Absicht, Ziele und Maßnahmen?
- Wer sind die Multiplikatoren für die Maßnahme?

»Es gibt nichts Praktischeres als eine gute Theorie«, sagte Immanuel Kant. Und da geben wir ihm recht: Theorie muss immer durch Menschen in die Praxis übertragen werden. Sonst ist sie komplett wirkungslos. Darum ist es uns so wichtig, in diesem Buch nicht nur die theoretischen Hintergründe, sondern auch die gelebte Praxis zu beleuchten.

Letztendlich sind wir als DIEBERATERINNEN Praktikerinnen, die sich tagtäglich mit dem Alltag in Organisationen beschäftigen. Was uns dabei unterstützt, Arbeitswelten und die darin lebenden Menschen zu verstehen, ist überlegte Theorie.

Deshalb möchten wir Ihnen im Folgenden einige Methoden vorstellen, mit denen Sie von der Theorie in die Praxis kommen. Denn Kant sagte auch: »Theorie ohne Praxis ist leer, Praxis ohne Theorie ist blind.«

8.2 Schnellcheck für Ihr Unternehmen

Mit dem folgenden Schnellcheck überprüfen Sie, ob Ihr Unternehmen bereits im GINO-Universum angelangt ist. Idealtypisch finden Sie folgende Ausprägungen, Haltungen und Einstellungen in Ihrer Organisation vor.

8.2.1 Umfeld und Struktur

Wie arbeiten wir?
Das Umfeld und die Struktur werden ständig erneuert und der Aufgabe, dem Sinn und den Bedürfnissen der Mitarbeiterinnen und Mitarbeiter angepasst.

Organisationen schaffen Räume und neue Architekturkonzepte, um Tätigkeiten zu erleichtern und zu fördern. In der Organisation werden diese Veränderungen transparent gehalten.

Strukturen und Arbeitsumfeld dienen den Menschen innerhalb und außerhalb des Unternehmens und dadurch den Aufgaben und der Sinnerfüllung.

8.2.2 Kultur

Wofür gibt es uns?
Die Organisation orientiert sich an ihrem Sinn. Jede Mitarbeiterin und jeder Mitarbeiter weiß über die Unternehmensidentität und das Wesen der Organisation Bescheid.

Wie wollen wir sein? Wie gehen wir miteinander um?
Die Organisation achtet auf ihre Werte, die Mitarbeiterinnen und Mitarbeiter in ihrer Arbeit stärken. Wertschätzung und Respekt sind die Atome der gemeinsamen Arbeit.

Angstfreiheit, offene Fehlerkultur und gelungene Kommunikation sind Voraussetzung für das Arbeiten der Zukunft.

Alle Mitarbeiterinnen und Mitarbeiter leben Selbstverantwortung und Selbstbestimmung in unterschiedlichen Formen der Partizipation.

8.2.3 Mensch

Wohin wollen wir?
Die Organisation bleibt stetig durch neue Impulse in der Veränderung, um den Herausforderungen des Markts gewachsen zu sein.

Lernen, forschen, experimentieren und kritisches Denken sind Aufgabe aller Akteure im Unternehmen. Das bedeutet, jeder ist angehalten, sich mit neuen Themen und Ideen auseinanderzusetzen.

Was brauchen wir?
Die Organisation achtet auf individuelle, gezielte Förderung und Unterstützung der einzelnen Mitarbeiterinnen und Mitarbeiter. Sie regt die Menschen zur Selbstreflexion an, ermöglicht Neues und unterstützt das Verwerfen von Altem.

Wie gehen wir mit Wissen um?
Wissen steht allen transparent zu Verfügung.

In der Organisation wird ein offener Austausch zum gemeinsamen Lernen sowie zur Wissensvermittlung und -erweiterung ermöglicht.

Wer macht was? Wie viel Führung braucht es?
Führungskräfte und Mitarbeiter sind Coaches, Unterstützerinnen und Ermöglicher. Alle übernehmen – je nach Kompetenz – eine aktive Rolle.

Rollen, Aufgaben und Kompetenzen sind klar verteilt und verändern sich stetig.

8.2.4 Markt und Kunde

Was hat der Kunde davon?
Die Organisation kann ihre wirtschaftliche und gesellschaftliche Wertschöpfung klar benennen. Sie ist sich über die Wünsche, Anliegen und Meinungen ihrer Kunden bewusst. Die Vernetzung mit ihnen sowie mit Anbietern ist ständig gegeben.

8.3 Fragebogen

Eine der allergrößten Herausforderungen für uns ist es, sinnvolle Theorien in die Praxis umzusetzen.

Wir haben dazu einen Fragebogen entwickelt, der auf die von uns erarbeiteten Merkmale abzielt. Mit diesem Fragebogen für Mitarbeiter und Führungskräfte ermitteln wir, inwieweit die wichtigsten Merkmale in allen Dimensionen auf die Arbeit in der Organisation zutreffen, und erstellen daraus später das GINO-Barometer.

Im Folgenden einige der Fragen, die wir im Fragebogen stellen:

Umfeld
In diesem Bereich fragen wir zum Beispiel danach,
- wo und wann die Person arbeitet,
- wer darüber entscheidet, woran gearbeitet wird, und
- woran die Arbeitsleistung gemessen wird.

Struktur
Hier schauen wir darauf,
- wie mit Informationen im Unternehmen umgegangen wird,
- wie die Abläufe und Prozesse definiert sind,
- wie Entscheidungen erfolgen und
- wie Zusammenarbeit und Unterstützung erlebt werden.

Kultur
In diesem Bereich betrachten wir,
- wie sich die Mitarbeiterinnen und Mitarbeiter mit dem Sinn des Unternehmens auseinandersetzen,
- welche gelebten Werte spürbar sind und
- wie es um die Themen Feedback, Fehlertoleranz und Führungskultur bestellt ist.

Mensch

Hier betrachten wir

- die Fähigkeiten, Fertigkeiten und Entwicklungspotenziale des Einzelnen,
- den Umgang mit Konflikten und gegenseitiger Wertschätzung sowie
- erlebtes Führungsverhalten.

Markt und Kunde

Im diesem Bereich befragen wir die Beteiligten

- zum Umgang mit Kundinnen und Kunden,
- zum Umgang mit Geschäftspartnern und Systempartnern sowie
- zu Kooperations- und Vernetzungsmöglichkeiten.

8.4 GINO-Barometer

Als Ergebnis erhalten wir und das Unternehmen ein GINO-Barometer. Dieses Barometer gibt bildlich wieder, wie nah die Organisation bereits an einem GINO dran ist.

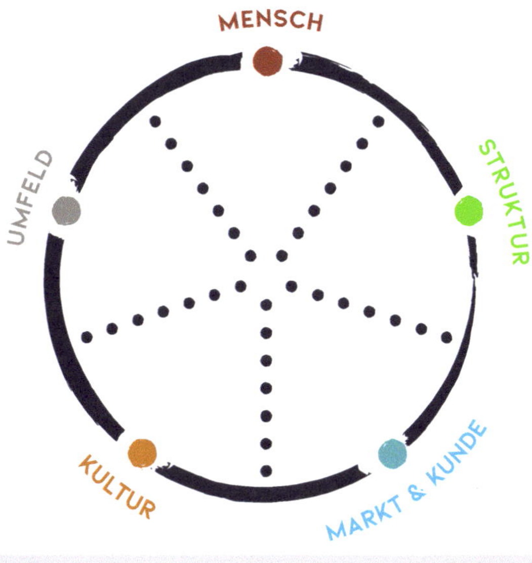

Abb. 17: GINO-Barometer leer

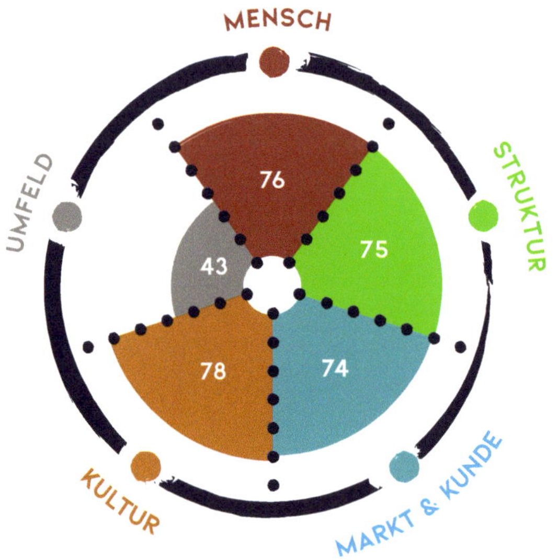

Abb. 18: GINO-Barometer ausgefüllt

Wie Sie den beiden Abbildungen entnehmen können, sind alle Dimensionen auf einer Skala dargestellt. Wenn sich bei den Befragungen herausstellt, dass drei Viertel der Skala ausgefüllt sind, sprechen wir von einem GINO. Wir haben diese Befragungen in den unterschiedlichsten Organisationen durchgeführt – von Dienstleistungs- und IT-Unternehmen über Start-ups bis hin zu Bildungsanbietern und Non-Profit-Organisationen. Sehr häufig gaben uns die Verantwortlichen die Rückmeldung, dass dieses Barometer für sie einen übersichtlichen Spiegel ihres Unternehmens darstelle. Wir wiederum waren sehr überrascht, wie viele Unternehmen aus den unterschiedlichen Bereichen bereits GINO-Merkmale leben – oft ohne sich dessen bewusst zu sein.

In den Bereichen, die bislang weniger ausgeprägt waren, konnten die Verantwortlichen mithilfe der Toolbox, die wie Ihnen im folgenden Kapitel vorstellen, konkrete Handlungsmöglichkeiten ausarbeiten.

Den gesamten Fragebogen – erweitert um die gewünschten Sozialvariablen – setzen wir in unserer Beratung erfolgreich ein. Wenn Sie Interesse daran haben, freuen wir uns über Ihre Kontaktaufnahme.

8.5 Toolbox

Inhaltsverzeichnis zur Toolbox

Achtsamkeitstraining	
Thema	KULTUR – MENSCH
Ziel & Methode	Ziel dieser Achtsamkeitsübungen ist es, Haltungen und Einstellungen sowie Fähigkeiten und Kompetenzen zu reflektieren und zu verbessern. Die Übungen lassen sich in zwei Kategorien einteilen: formale Techniken (für die Sie sich konzentriert Zeit nehmen sollten) und informale Techniken (die Sie täglich zwischendurch oder während anderer Tätigkeiten nutzen können).
Umsetzung	• **Body Scan:** Begeben Sie sich an einen ruhigen Ort, und sammeln Sie Ihre Aufmerksamkeit, indem Sie eine entspannte Haltung einnehmen und ruhig werden. Richten Sie Ihre Aufmerksamkeit nun Schritt für Schritt auf die verschiedenen Teile Ihres Körpers: Beginnen Sie beim Kopf, wandern Sie zum Gesicht, zum Hals, zu den Schultern, zu den Armen, zum Rücken, zur Brust, zum Becken, zu den Beinen und Füßen. Richten Sie zum Schluss 1 Minute lang Ihre volle Aufmerksamkeit auf den gesamten Körper. • **Achtsames Gehen:** Suchen Sie sich einen Ort, an dem Sie ungestört sind. Nehmen Sie im Stehen eine aufrechte Haltung ein. Setzen Sie dann einen Fuß auf den Boden. Nehmen Sie diesen Schritt bewusst wahr. Verlagern Sie nun das Gewicht, und setzen Sie das andere Bein auf den Boden. Nehmen Sie auch dies wieder bewusst wahr. So schreiten Sie langsam vorwärts. Wenn Sie Schwierigkeiten haben, langsam zu gehen, kombinieren Sie Bewegung und Atmung: Atmen Sie ein, und heben Sie das Bein, atmen Sie aus, und setzen Sie dann erst den Fuß ab. Atmen Sie ein, und heben Sie das andere Bein usw. Nach guter Einübung können Sie diese Technik auch informal anwenden, beispielsweise auf dem Weg zur Toilette oder in die Kaffeeküche. • **Achtsam E-Mails checken:** Planen Sie bewusst Zeit für das Checken von E-Mails ein bzw. dafür, nicht verfügbar zu sein. Sie können Ihre E-Mails beispielsweise immer nur am Nachmittag lesen; so haben Sie am Vormittag Ruhe und können konzentrierter arbeiten. Zudem können Sie die E-Mails priorisieren: Welche müssen gleich beantwortet werden? Welche können warten? Vermeiden Sie es außerdem, negative E-Mails zu verfassen, und bemühen Sie sich, nette Worte zu finden. Im letzten Schritt gilt es, generell weniger Mails zu versenden und unwichtige Nachrichten einfach zu löschen. • **Achtsames Atmen:** Setzen oder legen Sie sich bequem hin, und schließen Sie die Augen. Beginnen Sie nun achtsam zu atmen, indem Sie Ihre Atemzüge zählen: »Ich atme ein, eins. Ich atme aus, eins. Ich atme ein, zwei. Ich atme aus, zwei.« Zählen Sie so bis zehn. Wenn zwischendurch Ablenkungen auftauchen, nehmen Sie diese zur Kenntnis, kehren Sie mit Ihrer Aufmerksamkeit aber immer wieder zur Atmung zurück. Beenden Sie die Übung, indem Sie sich beim Einatmen vorsagen: »Ich bin ruhig.« Mit der Ausatmung lächeln Sie und würdigen den Augenblick. • **Achtsames Telefonieren:** Wenn das Telefon klingelt, antworten Sie nicht sofort, sondern atmen Sie zunächst ruhig durch, und stellen Sie sich gedanklich auf das Telefonat ein. Erst dann heben Sie ab und widmen dem Gespräch Ihre volle Aufmerksamkeit. • **Achtsamkeitsspaziergang:** Gehen Sie allein für ca. 10 Minuten ohne ein bestimmtes Ziel spazieren, und nehmen Sie dabei die Umgebung mit allen Sinnen bewusst wahr. • **Zeit zum Reflektieren nehmen:** Nehmen Sie sich täglich Zeit zum bewussten Nachdenken, rufen Sie sich Glücksmomente in Erinnerung, und schöpfen Sie aus ihnen Energie. Erinnern Sie sich an Ihre Erfolge (oder auch an die Erfolge von Menschen, mit denen Sie sich gefreut haben), und spüren Sie noch einmal die damit verbundenen angenehmen Emotionen.
Ressourcen	Zeit (abhängig von der jeweiligen Übung), ruhiger Raum

Alles vollkleben	
Thema	STRUKTUR
Ziel & Methode	Bei dieser Methode werden Whiteboards mit beschriebenen Klebezetteln versehen. Dadurch entstehen bunte Wände, beispielsweise in Teamräumen oder auf dem Flur.
Umsetzung	Gern verwendet wird diese Methode bei Meetings, um beispielsweise Aufgaben im Team zu notieren. Die Klebezettel werden anschließend auf einem Taskboard oder Whiteboard aufgeklebt. Jede Person hat eine Fläche von ca. zwei Quadratmetern zur Verfügung. Die Klebezettel können auf dieser Fläche verschiedene Stationen durchlaufen (von »To do« bis »Done«), wodurch auf einen Blick der aktuelle Bearbeitungsstatus der Aufgabe ersichtlich ist. So sind die Aufgaben nicht nur für den, der daran arbeitet, gut sichtbar; sondern auch alle Kolleginnen und Kollegen sehen gleich, wie der aktuelle Stand ist. Nicht nur Klebezettel sind erlaubt, auch Zeichnungen und andere Visualisierungsformen bieten sich an. Denn ein Bild sagt oft mehr als tausend Worte. Haben alle dasselbe Bild von einer Aufgabe im Kopf? Aufzeichnen kann hilfreich sein, das zu klären. Der Vorteil dieser Methode: Die Klebezettel sind einfach zu beschreiben, und Korrekturen lassen sich leicht vornehmen. Zudem können die Klebezettel zu Themen gruppiert werden. Mit dieser Methode können Teams anfallende Themen also nicht nur gemeinsam erarbeiten, sondern auch priorisieren und weiterverfolgen. Ein paar Blätter Papier ersetzen dabei effektvoll und interaktiv den Laptop.
Ressourcen	Taskboard/Whiteboard, Klebezettel, Marker/Stifte

Appreciative Inquiry (AI)	
Thema	KULTUR
Ziel & Methode	Bei dieser Methode geht es darum, als Gruppe den Blick auf das Positive (Gelungene) zu richten. Das sorgt für Optimismus und gute Stimmung im Team, fördert die positive Auseinandersetzung mit konkreten Inhalten und steigert die Motivation.
Umsetzung	Appreciative Inquiry (AI) kann als Start für jegliche Art von Veränderungsprozess bzw. Weiterentwicklung genutzt werden. Mittels AI können diverse Unternehmensbereiche einbezogen werden, indem Themen aufgegriffen werden, die alle betreffen. Sie können AI aber auch einfach als Methode zur Teamentwicklung nutzen. Wichtig: AI benötigt ein konkretes Kernthema, etwa die Zukunft der Organisation oder die Entwicklung eines Leitbildes. AI erfolgt in vier Phasen: • **Phase 1: Discovery** Diese erste Phase ist entscheidend, denn es geht um das Erkunden dessen, was in der Vergangenheit gut funktioniert hat. Wertschätzendes Erkunden, Erforschen des Guten und Thematisieren des Funktionierenden stehen auf dem Programm. Dabei können abhängig vom jeweiligen Thema Hintergrundfragen, Auswahlfragen sowie Leitfragen gestellt werden. • **Phase 2: Dream** Jetzt werden positive Bilder der Zukunft entworfen. Dabei ist das Definieren und Wahrnehmen dessen, was wie sein soll, vorrangig. • **Phase 3: Design** Hierbei werden die Zukunftsbilder genauer ausgestaltet, wodurch die Ergebnisse der Dream-Phase konkretisiert und fassbar werden. • **Phase 4: Delivery** In dieser Phase werden Aktionspläne bzw. Projekte entwickelt. Es geht also um die Ableitung von Maßnahmen. Die Frage, wie die Umsetzung erfolgt, leitet dabei zum Aktionsplan über. • **Phase 5: Umsetzung** Jetzt beginnt die eigentliche Arbeit: das Umsetzen der Projekte bzw. Aktionspläne. Für eine erfolgreiche Umsetzung von AI empfehlen wir eine Moderatorin bzw. einen Moderator mit Großgruppen-Erfahrung. Diese Person sollte die richtigen Fragen stellen und sich selbst zurücknehmen können. Bei der Umsetzung kann mit Flipcharts gearbeitet werden, auf denen die Moderatorin bzw. der Moderator die wesentlichen Punkte notiert.
Ressourcen	Zeit (abhängig von der Intensität und Regelmäßigkeit), Raum, Flipchart, Schreibmaterialien, Moderator (evtl. externe Person – in diesem Fall auf entsprechende finanzielle Ressourcen achten)
Quelle	David Cooperrider (Case Western Reserve University)

<table>
<tr><th colspan="2">Barcamp</th></tr>
<tr><td>Thema</td><td>STRUKTUR – MENSCH</td></tr>
<tr><td>Ziel & Methode</td><td>Hierbei handelt es sich um ein offenes Veranstaltungsformat für Großgruppen (typischerweise 30 bis 300 Personen) mit hohem inhaltlichem Austausch auf Augenhöhe und reger Beteiligung aller Anwesenden.
Meist gibt es ein Oberthema (z. B. Marketing), zu dem sich die Teilnehmerinnen und Teilnehmer versammeln. Ansonsten gibt es bei Barcamps kein vorher festgelegtes Programm, weshalb sich diese Methode durch eine große inhaltliche Offenheit auszeichnet. Barcamps können in Unternehmen durchgeführt werden, um interne Aspekte weiterzuentwickeln, oder auch unternehmensübergreifend organisiert sein, damit auch Interessierte aus anderen Firmen oder Branchen teilnehmen können.</td></tr>
<tr><td>Umsetzung</td><td>Beim Barcamp ist die Vorbereitung das A und O. Deshalb sollten Sie bereits vor dem eigentlichen Event einige Aspekte bedenken, darunter v. a. die Festlegung des Rahmens (Ort, Datum, Größe, Zielgruppe), die Einladung sowie die Kommunikation an die Teilnehmenden. Das eigentliche Event läuft anschließend typischerweise in folgenden Schritten ab:
• 1. Barcamp-Eröffnung: Barcamps starten normalerweise in einer gemütlichen Atmosphäre, beispielsweise mit einem gemeinsamen Frühstück, wobei bereits erste Kontakte geknüpft werden können. Anschließend erfolgt die Eröffnung, bei der die Moderatorin bzw. der Moderator alle Teilnehmerinnen und Teilnehmer begrüßt, die Organisatoren vorstellt und in die Barcamp-Methode einführt. Anschließend erfolgt eine Vorstellungsrunde, in der sich alle Teilnehmer kurz mit ihrem Namen und drei Stichworten (Hashtags) vorstellen. Diese Hashtags können die jeweilige Person entweder beruflich oder privat beschreiben.
• 2. Session-Planung: Dieser Schritt stellt den inhaltlichen Auftakt des Events dar und dient der Themenfindung. Konkret notiert hier jeder seine Themenvorschläge auf Kärtchen, stellt sie kurz vor und erfragt pro Thema, wer daran sonst noch interessiert ist (häufig per Handzeichen). Anschließend werden jene Themen, die auf großes Interesse stoßen, auf einer Pinnwand fixiert und sogleich einer Uhrzeit (es gibt keine vorgeschriebene Taktung, aber häufig werden 45 bis 60 Minuten eingeplant) und einem Raum (Größe kann abhängig von der Größe der Interessentengruppe variieren) zugeordnet. Somit dient die Pinnwand der Visualisierung des Tagesprogramms (dieses sollte idealerweise auch digital zur Verfügung gestellt werden).
• 3. Session-Phase: Unmittelbar nach Fertigstellung des Tagesprogramms finden die Sessions statt. Diese laufen parallel in mehreren Räumen ab, wobei häufig 45 Minuten zum Bearbeiten des Themas und 15 Minuten zum Wechseln zwischen den Räumen vorgesehen sind. Die Sessions können unterschiedlich gestaltet sein, z. B.: in Form eines Workshops oder einer Diskussion. In jeder Session gibt es eine Moderatorin bzw. einen Moderator (jene Person, die das Thema vorgeschlagen hat) und idealerweise eine Protokollantin bzw. einen Protokollanten.
• 4. Abschlussrunde: Am Ende kommen alle Teilnehmerinnen und Teilnehmer zu einer offenen Runde zusammen. Jetzt werden die Inhalte jeder Session der gesamten Gruppe präsentiert. Auch kann den Veranstaltern Feedback zum Barcamp gegeben werden.
Im Anschluss an das Barcamp werden alle Dokumentationen zusammengefügt und an die Teilnehmenden versandt.</td></tr>
</table>

Barcamp	
Ressourcen	Zeit (abhängig vom Oberthema und den verfügbaren Zeitressourcen); Moderationsmaterial, Pinnwände/Flipcharts, Schreibmaterialien, ggf. finanzielle Ressourcen (abhängig vom Veranstaltungsort, Catering etc.), räumliche Möglichkeiten am Veranstaltungsort – die Location sollte Folgendes bieten: einen großen Raum für die Plenar-Sessions (ausgestattet mit Beamer/Smartboard und evtl. Mikrofonanlage), genügend Arbeitsräume für die Gruppen-Sessions (ausgestattet mit Beamer/Smartboard und guter Internetverbindung), offene Flächen für den informellen Austausch bzw. zum Netzwerken

Business Model Canvas (BMC)	
Thema	MARKT & KUNDE
Ziel & Methode	Das Business Model Canvas wurde von Alexander Osterwalder entwickelt und stellt ein universelles Werkzeug für das Strukturieren, Diskutieren und Visualisieren von Geschäftsmodellen dar. Mit dem BMC können mehrere Personen gemeinsam innerhalb kürzester Zeit ein Geschäftsmodell in strukturierter Form aufbauen.
Umsetzung	Das BMC gliedert Geschäftsmodelle in **neun Bausteine**, die aufeinander aufbauen und in Abhängigkeit zueinander stehen. Die Bausteine sind im BMC wie folgt angeordnet: • Der Baustein »Value Proposition« steht in der Mitte des BMC und bildet somit den Kern des Geschäftsmodells. • Vier Bausteine (»Customer Segments«, »Channels«, »Customer Relationships« und »Revenue Streams«) bilden ab, wie für das Unternehmen und für den Kunden Werte geschaffen werden. • Vier Bausteine (»Key Partnerships«, »Key Resources«, »Key Activities« und »Cost Structure«) auf der linken Seite nehmen die Mittel, die für die erfolgreiche Umsetzung des Geschäftsmodells benötigt werden, in den Blick. **Value Proposition:** Hier wird das Leistungsversprechen, mit dem das Unternehmen auf den Markt tritt, fokussiert. Es werden Aspekte festgehalten, die das Wertangebot des Unternehmens kennzeichnen: Warum nehmen Kunden unsere Leistung in Anspruch? Welchen Wert liefern wir ihnen? Welche ihrer Probleme lösen wir? Welche Bedürfnisse erfüllen wir? **Customer Segments:** In diesem Baustein werden die Zielgruppen untersucht. Die Frage, wer die wichtigsten Kunden sind, ist zentral. Die Kundensegmente können nach diversen Kriterien geordnet werden (z. B. soziodemografische Daten, Einkaufsfrequenz). **Channels:** In diesem Block setzen sich die Teilnehmerinnen und Teilnehmer damit auseinander, über welche Kanäle die Zielgruppen erreicht werden: Wie informieren sich unsere Kunden? Wie und wo kaufen sie? Wo erreichen wir sie? **Customer Relationships:** Hier geht es darum, wie das Unternehmen seine Kundenbeziehungen pflegt: Welche Formen bieten wir? Gibt es z. B. persönliche Ansprechpartner oder eine Support-Hotline? Wie bleiben wir mit unseren Kunden in Kontakt (z. B. über einen Newsletter)? **Revenue Streams:** In diesem Baustein werden die wichtigsten Einnahmequellen dargestellt: Wodurch verdient das Unternehmen Geld (z. B. Verkauf von Produkten, kostenpflichtige Zusatzservices, Abonnements)? Wie bezahlen die Kunden? Wie viel trägt jede Einnahmequelle zu den Gesamteinnahmen bei? **Key Partnerships:** Hier werden die Partnerschaften festgehalten, auf denen das Geschäftsmodell basiert. Es geht v. a. um das Identifizieren jener Partner, die für das Geschäftsmodell strategisch relevant sind: Wer sind die Schlüsselpersonen (z. B. Lieferanten, Technologiepartner)? Von wem erhalten wir Schlüsselressourcen? Ohne wen oder was könnten wir unsere Leistungsversprechen nicht einhalten? **Key Resources:** Dieser Baustein beschäftigt sich mit dem Identifizieren der erfolgskritischsten Ressourcen: Welche Ressourcen sind für das Leistungsversprechen/die Kundenbeziehungen etc. unabdingbar? Welche Ressourcen und Mitarbeiter sind essenziell? **Key Activities:** Hier werden Kernaktivitäten festgehalten, die für den Erfolg wichtig bzw. für die Weiterentwicklung notwendig sind: Welche Aktivitäten müssen ausgeführt werden, um das Leistungsversprechen zu verbessern oder um Kunden- oder Partnerbeziehungen zu pflegen?

Business Model Canvas (BMC)	
	Cost Structure: Dieser Block dient der Erfassung der wichtigsten Kostenblöcke bzw. -treiber. Dadurch wird eine Übersicht über erfolgskritische Kosten/Ausgaben geschaffen: Welche Fixkosten und variable Kosten werden für das Leistungsversprechen benötigt? Welche Kernaktivitäten verursachen hohe Kosten?
Ressourcen	BMC-Template (1 DIN-A4-Seite, online verfügbar), evtl. Fläche zum Aufhängen des Templates, zeitliche Ressourcen (ca. 2 bis 4 Stunden), Schreibmaterialien (Stifte, Post-its)
Quelle	Alexander Osterwalder

Check-in	
Thema	STRUKTUR – KULTUR – MENSCH
Ziel & Methode	Dieses Tool kann zu Beginn von Teambesprechungen, Klausuren und Sitzungen eingesetzt werden. Jeder kommt eingangs zu Wort und »landet« bewusst im Meeting; ein vertieftes Kennenlernen wird ermöglicht. Der Check-in schafft eine gute Basis für die anschließende Themenbearbeitung und fördert Austausch, Kommunikation und Teamwork.
Umsetzung	Bevor Sie ins Meetingprogramm einsteigen, spricht jeder ganz kurz darüber, was ihn (privat und/oder beruflich) im Moment beschäftigt. Die Frage »*What makes you glad, sad, mad?*« dient als Raster. Die Aussagen bleiben unkommentiert (sofern nicht eine Krise die Arbeitsfähigkeit einer Person oder der Gruppe hemmt).
Ressourcen	Zeit (abhängig von der Intensität und Gruppengröße, ca. 1 bis 2 Minuten pro Mitarbeiter), Raum

Company Backlog	
Thema	STRUKTUR
Ziel & Methode	Unter Company Backlog wird ein visuell-organisatorisches Hilfsmittel verstanden, mit dem übergreifende Projekte sowie Entscheidungen transparent gestaltet werden können. In das Company Backlog werden nur jene Aspekte aufgenommen, die von übergreifender Bedeutung sind, demnach also keine Punkte, die nur von einzelnen Personen oder Kreisen entschieden werden können.
Umsetzung	Eine Organisation(-seinheit) kann mit einem Company Backlog Ideen, Themen mit Entscheidungsbedarf, Vorhaben u. Ä. sammeln, diese anschließend priorisieren und ihren Fortschritt beobachten. Das Company Backlog ist eine (mobile) Pinnwand, die z. B. in folgende Spalten/Bereiche gegliedert ist: Strategie und Ziele, Ideen, Entscheidungen, Umsetzung, Experimente. Das Company Backlog wird beispielsweise einmal in der Woche in einem Zeitrahmen von ca. 30 Minuten aktualisiert. Die Teilnehmerinnen und Teilnehmer kommen in einem Workshopraum zusammen, nehmen neue Beiträge in das Company Backlog auf und aktualisieren den Status von Beiträgen oder Prioritäten. Eine Möglichkeit ist auch, Ideen (Spalte »Ideen«), an denen seit einigen Wochen niemand arbeitet, wegzunehmen. Dadurch verfallen diese. Dadurch dass das Company Backlog laufend aktualisiert wird, ist es jedem Organisationsmitglied in einem lockeren Rahmen möglich, sich einen Überblick zu verschaffen und Entscheidungen sowohl zu initiieren, als auch verfolgbar und transparent zu machen.
Ressourcen	ca. 30 Minuten Zeit pro Woche (abhängig von der gewünschten Intensität und Regelmäßigkeit), Raum, Wand/mobile Pinnwand o. Ä., Schreibmaterialien, Post-its

Danke-Runde	
Thema	KULTUR – MENSCH
Ziel & Methode	Dieses Tool kommt zu Beginn von Teambesprechungen, Klausuren oder Sitzungen zum Einsatz. Positives aus dem Arbeitsalltag wird konkret genannt. Die Mitarbeiterinnen und Mitarbeiter erleben gegenseitige Wertschätzung, wodurch die Beziehungen gestärkt und die Kommunikation verbessert wird.
Umsetzung	Jeder in der Runde beantwortet folgende Frage: Wofür oder wem bin ich in unserer Arbeit/in unserem Team dankbar?
Ressourcen	Zeit (abhängig von der Intensität und Gruppengröße, ca. 1 bis 2 Minuten pro Mitarbeiter), Raum

Delegation Board	
Thema	MENSCH
Ziel & Methode	Das Delegation Board ist ein Führungstool. Hierbei werden in einer offenen Kommunikation tragfähige Vereinbarungen darüber getroffen, welche Entscheidungen künftig von der Führungskraft entweder konsultativ, gemeinsam oder autonom getroffen werden.
Umsetzung	Das Anfertigen eines Delegation Board erfolgt in vier Schritten: • **1. Definition der Entscheidungsbereiche**: Alle entscheidungsrelevanten Aspekte der Arbeit werden erfasst. Ein gemeinsames Brainstorming (alle Aspekte werden auf separaten Post-its notiert) und ein anschließendes Clustern (Post-its werden thematisch gebündelt) helfen dabei, nichts Wesentliches zu vergessen. • **2. Klärung der aktuellen Entscheidungsmodi:** Die Ausgangssituation wird mithilfe der folgenden Fragen definiert: Welche Entscheidungen werden vorgegeben? Wofür trägt wer die alleinige Verantwortung? Bei welchen Entscheidungen wird eine andere Person konsultiert? Wann findet eine gemeinsame Beratung statt? • **3. Hervorhebung hierarchischer Entscheidungen:** Klare Rahmenbedingungen fördern die Selbstorganisation. Deshalb sollten Sie als Führungskraft in diesem Schritt genau überlegen, welche Entscheidungen Sie tatsächlich abgeben möchten und können. • **4. Vereinbarung der künftigen Entscheidungsmodi:** Dieser Schritt kann auf spielerische Art erfolgen, indem alle Beteiligten Karten mit den diversen Entscheidungsmodi erhalten. Am einfachsten ist es, wenn auf den Karten lediglich die Nummern 1 bis 4 stehen (1 steht für hierarchisch, 2 für konsultativ, 3 für gemeinsam und 4 für autonom). Diese Karten werden dann von allen Beteiligten für die offenen Entscheidungsbereiche (= all jene, die die Führungskraft abgeben möchte) kommentarlos zugleich ausgespielt. Sobald für alle Entscheidungsbereiche die Karten auf dem Tisch liegen, wird besprochen, warum wer welche Nummer gewählt hat. Warum hat Person X beispielsweise eine 3 gespielt und alle anderen eine 4?
Ressourcen	Zeit (abhängig von der Intensität) und Raum, Post-its, evtl. Flipchart (zum Aufhängen des Delegation Board)

Demo	
Thema	STRUKTUR
Ziel & Methode	Bei einer Vielzahl an selbstorganisierten Teams, die laufend neue Änderungen bzw. Produkte auf den Markt bringen, kann man schon mal den Überblick verlieren. Deshalb treffen sich diese selbstorganisierten Teams 14-tägig zu einer Demo, um sich gegenseitig auf den aktuellen Wissensstand zu bringen.
Umsetzung	Die Demo findet im 2-Wochen-Takt statt und startet am Nachmittag. Dabei präsentieren jeweils eine oder zwei Personen aus einem Team den anderen Teams den aktuellen Stand. Zentraler Inhalt: Was wurde seit der letzten Demo für die Kundinnen und Kunden geschaffen, was zuvor noch nicht da war? Erfolge werden von den anderen beklatscht. Nicht-Erfolge (alles, was noch nicht für den Markt verfügbar gemacht werden konnte und noch in Bearbeitung ist) werden mit Buhrufen quittiert. Die Demo dauert bei 10 bis 15 präsentierenden Personen insgesamt ca. 30 Minuten. Wir empfehlen für die Durchführung Google-Slides. Am Morgen des Demo-Tages dupliziert der/die erste Vortragende des Tages die Folien der letzten Woche und gibt sie für die Kolleginnen und Kollegen frei. Ab diesem Zeitpunkt können alle Vortragenden die Unterlagen so bearbeiten, wie sie am Nachmittag benötigt werden.
Ressourcen	Google Slides, Zeit (abhängig von der Intensität und Regelmäßigkeit), Raum für die Präsentation

Design Thinking	
Thema	MARKT & KUNDE
Ziel & Methode	Design Thinking entspringt dem Denken und der Arbeit von Designerinnen und Designern, die es gewohnt sind, unter starken Restriktionen Kreativität zu leben und Innovationen hervorzubringen. Dieses Tool erfreut sich derzeit in vielen Bereichen großer Beliebtheit. Mit seiner offenen, kreativen aber gleichzeitig systematischen Herangehensweise ermöglicht Design Thinking Teams bei unterschiedlichen Fragestellungen und Problembereichen ein strukturiertes Vorgehen.
Umsetzung	**Phase 1: Verstehen** Zunächst wird eine gemeinsame Wissensbasis hergestellt. Die Teilnehmerinnen und Teilnehmer legen den Fokus auf bestimmte Kundengruppen, sie analysieren die bestehenden Daten und arbeiten erste Fragestellungen sowie Hypothesen aus. **Phase 2: Beobachten** Die Kundenerlebnisse stehen im Fokus, das Nutzerverhalten wird beobachtet, Interviews werden durchgeführt und Emotionen ermittelt. **Phase 3: Sichtweise definieren** Nun filtern die Teilnehmerinnen und Teilnehmer die gesammelten Erkenntnisse, entwickeln eine Synthese, kreieren Personas und formulieren ein endgültiges Problem-Statement (Bedürfnis). **Phase 4: Ideen finden** Jetzt geht es darum, Ideen zu generieren sowie Lösungsansätze zu sammeln, zu beurteilen und auszuwählen. **Phase 5: Prototypen entwickeln** Die finalen Ideen werden verwirklicht, Lösungsmodelle entwickelt und der konkrete Einsatz in der Praxis überprüft. **Phase 6: Testen** Jetzt gilt es, den Prototypen zu testen. Dazu werden die Kunden bzw. Nutzer eingeladen. Das eingeholte Feedback wird abschließend ausgewertet.
Ressourcen	multiprofessionelle Gruppe von 6 bis 8 Personen, Moderationsmaterial
Quelle	Terry Winograd, Larry Leifer und David Kelley

<table>
<tr><th colspan="2">Dragon Dreaming</th></tr>
<tr><td>Thema</td><td>KULTUR – MENSCH – MARKT & KUNDE</td></tr>
<tr><td>Ziel & Methode</td><td>Dragon Dreaming wurde vom Australier John Croft entwickelt. Die Methode ist ein wirksamer Weg, um Träume oder konkrete Ziele zu verwirklichen, dabei das Wir-Gefühl zu stärken und das Potenzial der Gruppe zu heben. Diese Methode unterstützt sowohl kognitives als auch intuitives Erfassen und ermöglicht dadurch eine ganzheitliche Perspektive. Es stärkt die Innovationskraft von Teams und hilft ihnen dabei, ihre Ideen schneller zu realisieren.
Dragon Dreaming ist besonders geeignet für:<ul><li>Gruppen, die ein gemeinsames Anliegen haben oder finden wollen</li><li>Teams, die eine gemeinsame Aufgabe haben und ihre Erledigung planen wollen</li></ul></td></tr>
<tr><td>Umsetzung</td><td>Phase 1: Träumen
Am Anfang jedes Projekts steht die Vision eines Einzelnen oder einiger weniger, die nur gemeinsam in einem engagierten Team umgesetzt werden kann. Deshalb gilt es zunächst, andere für die Vision zu begeistern. Damit dies gelingt, sollte das Team das Projekt als Gemeinschaftsprojekt ansehen, dem alle zustimmen, von dem sich jeder etwas versprechen kann und an dessen Realisierung alle beteiligt sind. Die zentrale Frage lautet daher: Was ist der größte Gewinn für alle?
Die Träumerin bzw. der Visionär lädt andere ein, das Projekt gemeinsam mit ihr/ihm zu realisieren. Die Vision wird erklärt und anschließend der Gruppe übergeben. Diejenigen, die die Vision/den Traum teilen, bilden die Projektgruppe.
Phase 2: Planen
In dieser Phase werden Informationen, die für die Realisierung notwendig sind, gesammelt und anschließend den einzelnen Schritten zugeteilt. Das Projekt wird zeitlich eingegrenzt, und das Team trägt die Schritte (=Punkte) in einen »Spielplan« (Karabirdt) ein. Dabei wird auch überlegt, wie die einzelnen Punkte in Verbindung zueinanderstehen. Daraus ergibt sich ein übersichtlicher Aktionsplan. Im nächsten Schritt werden den Punkten Personen zugeordnet: Ein begeistertes Teammitglied übernimmt die Verantwortung. Eine weitere interessierte Person, die der Aufgabe aber mit gewisser Skepsis gegenübersteht, wird zur Assistenz des Verantwortlichen ernannt. Eine dritte Person mit entsprechender Fachkompetenz fungiert als Berater. Der fertige Spielplan ermöglicht einen guten Überblick darüber, wo das Projekt steht, wie es sich entwickelt und welche Aufgaben als nächstes erledigt werden müssen.
Zudem erfolgt in dieser Phase die Zuteilung des Budgets. Nach Abschluss aller Kalkulationen ist die Planungsphase beendet.
Phase 3: Handeln
In dieser Phase wird sozusagen auf dem Spielbrett gespielt, die einzelnen Punkte werden also umgesetzt. Jeder Handlung geht eine »Feier« voraus, und jede Handlung wird mit einer »Feier« abgeschlossen. Dabei werden Teammitglieder und deren Leistung gewürdigt (es muss nicht unbedingt ein großes Fest sein).
Phase 4: Feiern
Nach erfolgreichem Projektabschluss wird gefeiert! Dabei werden das Team sowie jeder Einzelne für die erbrachten Leistungen gewürdigt. Falls noch Budget vorhanden ist, wird dieses in ein neues Projekt mitgenommen.</td></tr>
<tr><td>Ressourcen</td><td>Spielplan »Karabirdt«, Schreibmaterial, Zeit</td></tr>
<tr><td>Quelle</td><td>John Croft</td></tr>
</table>

Einrichten eines ergonomischen (Computer-)Arbeitsplatzes	
Thema	ARBEITSUMFELD
Ziel & Methode	Arbeitsbedingte Erkrankungen bzw. Berufskrankheiten können durch eine gesunde Gestaltung des Arbeitsplatzes und der Arbeitstätigkeiten vermindert werden. Eine zentrale Rolle bei dieser gesunden Gestaltung spielt die Ergonomie, also die Anpassung der Arbeitsbedingungen an den Menschen. Ein ergonomischer Arbeitsplatz zielt darauf ab, die berufliche Tätigkeit optimal zu unterstützen und arbeitsbedingte gesundheitliche Belastungen zu minimieren. Er zeichnet sich durch eine Vielzahl an Faktoren aus, darunter eine gesunde Körperhaltung, eine optimale Sitzhöhe, ausreichend Beleuchtung, ein niedriger Lärmpegel sowie eine gute Luftfeuchtigkeit. Durch ergonomisches Arbeiten wird eine »Wohlfühlatmosphäre« geschaffen, in der bessere Ergebnisse möglich sind. Deshalb ist es so wichtig, in die Errichtung eines ergonomischen (Computer-)Arbeitsplatzes zu investieren.
Umsetzung	Für eine ergonomische Gestaltung des Arbeitsplatzes sind folgende Aspekte relevant: **1. Umgebung: Bedingungen im Arbeitsraum** • **Lichtverhältnisse:** Es ist wichtig, dass in den Arbeitsräumen Tageslicht vorhanden ist. Bei zusätzlichen Beleuchtungskörper wird empfohlen, diese seitlich bzw. indirekt zu platzieren. Hierfür eignen sich beispielsweise Wandstrahler, die direkte Spots auf den Tisch ersetzen. Zudem sollte darauf geachtet werden, dass möglichst wenig Blendeffekte durch reflektierende Gegenstände sowie nicht allzu hohe Kontraste entstehen. • **Lärm:** Bereits geringer Lärm verursacht Stress und beeinträchtigt die Leistungskraft. Deshalb gilt es, den Lärmpegel im Arbeitsraum möglichst gering zu halten und somit ein möglichst ruhiges Umfeld zu schaffen. Der Lärmpegel sollte 55 Dezibel nicht überschreiten. • **Raumtemperatur:** Der Arbeitsraum sollte eine Temperatur von mindestens 20 bis 22 Grad aufweisen. • **Luftfeuchtigkeit:** Um die optimale Luftfeuchtigkeit, die bei 40 bis 60 Prozent liegt, zu erreichen, empfiehlt sich v. a. regelmäßiges Lüften (Stoßlüften). Hilfreich können auch Luftbefeuchter sowie großblättrige Pflanzen sein. **2. Arbeitsplatz: Schreibtisch und Bürostuhl** • **Fläche:** Für einen Bildschirmarbeitsplatz sollte ausreichend Fläche (ca. 10 Quadratmeter) zur vorhanden sein, sodass der Mitarbeiter problemlos aufstehen und sich auf dem Stuhl drehen bzw. mit diesem zurückrollen kann, ohne irgendwo anzustoßen. • **Schreibtisch:** Der Schreibtisch sollte nicht frontal vor einem Fenster platziert sein, sondern besser parallel zu diesem, und so aufgestellt werden, dass kein Schatten beispielsweise auf die Tastatur fällt. Die Tischplatte sollte eine ausreichende Arbeitsfläche bieten (mind. 160 cm breit und 80 cm tief). Neben diesen Maßen ist bei der Auswahl des Tisches auf eine reflexionsarme Oberfläche zu achten (Tische mit Glasplatten eignen sich nicht, da die Reflexion zu einer schnellen Überanstrengung der Augen führt). Zudem sollten unter dem Tisch freie Beinbewegungen möglich sein, damit die Beine zwischendurch ausgestreckt werden können, ohne sich in Kabeln zu verheddern. Der Tisch sollte je nach Körpergröße 18 bis 30 cm über der Sitzfläche liegen. Empfehlenswert sind zudem höhenverstellbare Schreibtische. Hierbei ist eine Verstellmöglichkeit bis in den Stehbereich sinnvoll. Auf dem Schreibtisch ist es zudem wichtig, die häufig verwendeten Gegenstände (z. B. Telefon) so zu platzieren, dass diese leicht erreichbar sind.

<table>
<tr><th colspan="2">Einrichten eines ergonomischen (Computer-)Arbeitsplatzes</th></tr>
<tr><td></td><td>
<ul>
<li>Bürostuhl: Beim Stuhl ist es wichtig, dass dieser individuell an die Benutzerin/den Benutzer anpassbar bzw. seine Sitzhöhe verstellbar ist. Diese sollte so eingestellt sein, dass die Fußsohlen flach auf dem Boden stehen (damit Knie und Rumpf auf gleicher Ebene sind) und die Unterschenkel zu den Oberschenkeln ca. 90 Grad angewinkelt sind. Zudem sollten die Unterarme rechtwinklig abgebogen sein und waagrecht auf dem Schreibtisch aufliegen. Die Armlehne des Bürostuhls sollte somit ca. auf Tischhöhe liegen. Zwischen den Oberschenkeln und der Tischplatte sollte etwas Platz (ca. eine Handbreite) sein. Ein weiteres wichtiges Element ist die Rückenlehne, denn diese sollte eine gute Abstützung für die diversen Arbeitshaltungen gewährleisten. Deshalb sollte die Rückenlehne stufenlos in Neigung und Höhe verstellbar sein und eine Lordosenstütze aufweisen. Damit wird dynamisches Sitzen (= die Rückenlehne ermöglicht eine gute Abstützung bei Bewegungen aus der aufrechten Sitzhaltung nach vorne und nach hinten) sichergestellt. Die Kniekehlen sollten beim Anlehnen ca. zweifingerbreit über die Sitzvorderkante herausragen. Der Sitzbezug sollte aus einem rutschsicheren, atmungsaktiven Material bestehen.</li>
</ul>
3. Hardware – Bildschirm und Tastatur
<ul>
<li>Größe des Bildschirms: Der Monitor sollte groß genug sein, mindestens 22 bis 24 Zoll.</li>
<li>Positionierung des Bildschirms: Wie bereits erwähnt, sollten Schreibtisch und Bildschirm nicht frontal zu einem Fenster, sondern parallel dazu positioniert werden. Auch störende Reflexionen auf dem Monitor sollten vermieden werden. Beim Aufstellen des Bildschirms ist darauf zu achten, dass zwischen der Person und dem Monitor ca. 50 bis 70 cm (ca. eine Armlänge) liegen. Außerdem sollte die Bildschirmoberkante maximal auf Augenhöhe liegen, damit der Kopf beim Lesen der obersten Zeile etwas nach vorne geneigt bzw. der Blick leicht nach unten gerichtet ist.</li>
<li>Positionierung der Tastatur: Die Tastatur ist im Idealfall eine vom Bildschirm getrennte Einheit, die neigbar ist, aber möglichst flach eingestellt werden sollte. Die Hände liegen in der optimalen Sitzposition waagrecht auf der Tischplatte auf. In dieser Position sollte die Tastatur mindestens 10 cm von der Tischkante entfernt sein. Generell ist es empfehlenswert, die Tastatur frontal vor dem Benutzer zu positionieren, damit sie leicht erreichbar ist. Beim Tippen ist auf eine neutrale Position der Handgelenke (nicht stark nach oben/unten biegen) zu achten.</li>
</ul>
4. Regelmäßiges Verändern der Körperhaltung und Bewegung
<ul>
<li>Körperhaltung verändern: Auch wenn Sie eine gesunde Arbeitshaltung einnehmen, ist es nicht optimal, ständig in dieser auszuharren. Deshalb sollte die Arbeitsposition regelmäßig geändert werden (z. B. Wechsel zwischen Stehpult und gewohntem Schreibtisch). Hilfreich ist es zudem, immer wieder aufzustehen und sich zu bewegen.</li>
<li>Stehend arbeiten: Telefonate eignen sich gut dafür, im Stehen zu arbeiten, denn dadurch wird der Rücken entlastet (außerdem klingt die Stimme selbstbewusster). Eine ausgedehntere Variante ist es, die komplette Arbeit stehend zu erledigen. Hierfür bedarf es allerdings eines höhenverstellbaren Tisches.</li>
</ul>
5. Pausenregelung
Bei ständiger Bildschirmarbeit ist die Augenbelastung besonders hoch, weshalb Pausen sehr wichtig sind. Um den gewünschten Erholungseffekt zu erzielen, raten wir anstelle einer großen (Mittags-)Pause zu mehreren kürzeren Pausen.
</td></tr>
<tr><td>Ressourcen</td><td>finanzielle Mittel (beispielsweise zur Anschaffung eines höhenverstellbaren Tisches), zeitliche Ressourcen (zur Evaluierung und Einrichtung der Arbeitsplätze)</td></tr>
</table>

Einrichten eines Kreativraums	
Thema	ARBEITSUMFELD
Ziel & Methode	Mehr denn je müssen sich Unternehmen heute ständig weiterentwickeln, neuen Anforderungen gerecht werden und mit der Konkurrenz mithalten. Dazu bedarf es kreativer Ideen und innovativer Prozesse. Jeder Mensch verfügt über ein gewisses Maß an Kreativität, diese lässt sich jedoch weder jederzeit abrufen noch erzwingen. Wird Kreativität gefordert, muss sie auch gefördert werden! Eine Arbeitsumgebung, die passende Rahmenbedingungen aufweist, kann dabei helfen, dass sich Ideenreichtum und Kreativität entfalten. Eine konkrete Möglichkeit ist die Errichtung eines Kreativraums, der ein optimales Umfeld für Ideen und innovative Gedanken schafft und somit zum Nährboden für Kreativität wird.
Umsetzung	Bei der Errichtung eines Kreativraums sollten Sie Folgendes beachten: **1. Atmosphäre, Bewegung und Freiräume** Um Kreativität zu fördern, bedarf es eines Raumes mit einer offenen, freundlichen und hellen Atmosphäre. Der Kreativraum sollte zum Wohlfühlen einladen, gemütlich und frei von Ablenkungen sein und somit den Kopf für Ideen freimachen. Im Kreativraum sollte zudem keine Unordnung herrschen, da Chaos und Durcheinander kreativitätshemmend wirken. Um auch die Konzentrationsfähigkeit optimal zu unterstützen, sollte die Raumtemperatur bei ca. 20 Grad liegen. Bei der Farbwahl gilt zu beachten, dass einige Farben inspirierend und andere weniger anregend wirken. Anstelle langweiliger Poster sollten Wände kreativ gestaltet werden. Um den Austausch anzuregen und somit eine gesellige Atmosphäre zu erzeugen, empfehlen wir, Obst, Nüsse oder Snacks bereitzustellen. Der Kreativraum sollte zusätzlich zur freundlichen Atmosphäre genügend Platz aufweisen, damit sich die Mitarbeiterinnen und Mitarbeiter darin bewegen können. Durch körperliche Bewegung kommen auch die Gedanken in Schwung; es entstehen leichter neue Ideen. Wenn genügend Platz vorhanden ist, können Sie auch Kreativsitzungen im Stehen abhalten. Bei einer stehenden Sitzung können sich die Teilnehmerinnen und Teilnehmer bewegen – ein effektiverer Arbeitsmodus entsteht. Zusätzlich zum Platz für Bewegung sollte auch genügend Platz und ggf. Material zum Schreiben, zum Bauen von Prototypen etc. vorhanden sein. Wichtig für Kreativität ist neben Freiraum auch Entspannung. Stellen Sie deshalb beispielsweise gemütliche Sitzecken, Sitzsäcke o. Ä. zur Verfügung und achten Sie darauf, dass Ruhezonen respektiert werden. **2. Einrichtung/Ausstattung** Ein Kreativraum sollte Dynamik sowie Flexibilität bieten, damit die Kreativität bestmöglich gefördert wird. Dies erreichen Sie durch folgende Ausstattung: • **Bewegliches Mobiliar:** Durch bewegliches Mobiliar stellen Sie nicht nur räumliche Gestaltbarkeit, sondern auch kommunikative Flexibilität sicher. Das sind v. a. Tische mit Rollen, höhenverstellbare Tische und flexible Stühle, die stapelbar oder auch höhenverstellbar sind. • **Wohnliche Einrichtung:** Zusätzlich sollte der Kreativraum mit wohnlicher Einrichtung ausgestattet sein, damit sich die Mitarbeiterinnen und Mitarbeiter in ihm wohlfühlen. Das erreichen Sie durch bequeme Sitzmöbel, ein Sofa, eine Sitz-Lounge oder einen hohen Tisch mit lässigen Sitzhockern.

Einrichten eines Kreativraums	
	• **Möglichkeiten zur Visualisierung:** Das Visualisieren von Gedanken und Ideen ist in einem kreativen Prozess von großer Bedeutung. Stellen Sie deshalb Flipcharts, Pinnwände in unterschiedlichen Farben sowie diverse Tafeln (z. B. Whiteboards) zur Verfügung, damit Skizzen und Zeichnungen erstellt oder Prozesse dargestellt werden können. Weitere Beispiele sind Projektionstafeln, Magnettafeln und beschreibbare Tischoberflächen.
Ressourcen	finanzielle Mittel (z. B. für die Anschaffung von beweglichen Tischen, Flipcharts etc.), zeitliche Ressourcen (für die Einrichtung)

<table>
<tr><th colspan="4">Feedback und Feedforward</th></tr>
<tr><td>Thema</td><td colspan="3">KULTUR – MENSCH</td></tr>
<tr><td>Ziel & Methode</td><td colspan="3">Bei Feedback und Feedforward handelt es sich um ein Arbeitsblatt, mit dem sich ein Team auf kollegiales Feedback vorbereiten kann. Es geht darum, positive Erfahrungen und konkrete Erwartungen für eine noch bessere Zukunft zu formulieren.</td></tr>
<tr><td rowspan="4">Umsetzung</td><td colspan="3">1. Schritt: Jedes Teammitglied erhält ein Arbeitsblatt und füllt dieses aus. Hier ein Beispiel:</td></tr>
<tr><td>Von:</td><td>An:</td><td>Datum</td></tr>
<tr><td colspan="3">Damit unsere Zusammenarbeit (noch) besser wird, würde ich mir wünschen, dass Sie:
• weiterhin
• öfter
• weniger oft/gar nicht mehr
zudem …</td></tr>
<tr><td colspan="3">2. Schritt: Nachdem alle ihre Arbeitsblätter ausgefüllt haben, werden diese im Rahmen einer offenen Runde allen Teammitgliedern präsentiert.
3. Schritt: Am Ende der offenen Runde werden die Arbeitsblätter als eine Art verbindlicher »Veränderungsvertrag« persönlich überreicht.
Feedback und Feedforward sollte regelmäßig (z. B. jedes Quartal/Halbjahr) stattfinden.</td></tr>
<tr><td>Ressourcen</td><td colspan="3">Zeit (abhängig von der Intensität und Regelmäßigkeit), Raum, Arbeitsblätter, Schreibmaterialien</td></tr>
</table>

Fishbowl	
Thema	STRUKTUR – MENSCH
Ziel & Methode	Alle Anwesenden (die Zahl der Teilnehmerinnen und Teilnehmer ist bei dieser Methode fast unbegrenzt) tauschen sich zu einem Thema aus, wobei unterschiedliche Positionen Gehör finden. Diskussionen verlaufen dank der klaren Struktur geordnet ab.
Umsetzung	• Ein Thema mit Diskussionsbedarf wird von der Moderatorin/dem Moderator vorgestellt. • 2 bis 3 Personen (Anzahl je nach Gruppengröße), die sich für das Thema interessieren und – idealerweise – unterschiedlicher Meinung sind, sitzen gemeinsam mit der Moderatorin/dem Moderator in einem kleinen Kreis (Innenkreis), der die Mitte eines größeren Kreises (Außenkreis) bildet, und diskutieren. • Zusätzlich stehen 1 bis 2 leere Stühle im Innenkreis. Auf den freien Stühlen darf jeder aus dem Außenkreis Platz nehmen, ein Statement abgeben und den Innenkreis wieder verlassen. So kommt auch in größeren Gruppen jeder zu Wort, der möchte. Wichtig: Der Außenkreis darf sich nur im Innenkreis zu Wort melden.
Ressourcen	Zeit (abhängig von Thema und Gruppengröße), Raum, Stühle

Future Search – Zukunftskonferenz	
Thema	MARKT & KUNDE
Ziel & Methode	Die Großgruppen-Methode »Future Search« (Originalformat einer Zukunftskonferenz) wurde von Marvin Weisbord entworfen. Sie ist ein Tool, mit dem Großgruppen in einem strukturierten Verfahren ein gemeinsames Zukunftsbild entwickeln, gemeinsame Strategien ableiten und Handlungspläne verabschieden. Future Search dient somit der Problemlösung, Strategieentwicklung und Handlungsplanung sowie der Positionierung und Kooperation.
Umsetzung	**Grundprinzip:** Alle Interessengruppen bzw. das gesamte System arbeiten zusammen. Dadurch kann jede Interessengruppe ihre Sichtweise einbringen, und ein Gesamtbild entsteht. **Ablauf:** Ein Future Search gliedert sich in sechs Schritte, die idealerweise in zwei halben und einem ganzen Arbeitstag ausgeführt werden. Die Schritte bauen systematisch aufeinander auf – das heißt, jeder Schritt ist eine Vorbereitung für den nächsten. **1. Arbeiten mit der Vergangenheit** Eine Papierbahn wird an einer Wand fixiert. Auf ihr sind drei Zeitstrahle aufgemalt (einer steht für die Welt, einer für den Beruf, einer für das Private). Die Teilnehmerinnen und Teilnehmer notieren zuerst allein für sich auf separaten Zetteln, welche Ereignisse für sie jeweils in den drei Bereichen wichtig waren. Danach werden alle Ergebnisse auf die großen Zeitstrahle an der Wand übertragen, wodurch eine Collage vieler Ereignisse (z. B. Weltereignisse, Arbeitsstellen, Lebenswege) entsteht. Die Teilnehmerinnen und Teilnehmer können so feststellen, dass sie sich zwar voneinander unterscheiden, es aber auch Gemeinsamkeiten gibt. Es bilden sich personenübergreifende Themenfelder, und ein Gefühl der Nähe entsteht. **2. Arbeiten mit der Gegenwart (I)** Nun wird im Plenum eine Mindmap erstellt, auf der alle relevanten externen Trends, die die Gegenwart und Zukunft prägen, festgehalten werden. Dies können diverse gesellschaftliche Entwicklungen sein, von Kultur über Politik bis hin zur Umwelt. Diese Mindmap liefert einen Überblick über die Trends und schafft ein Bewusstsein dafür, was sich dadurch für die Arbeit, konkrete Handlungen, Veränderungen etc. ableiten lässt. Es gilt herauszufinden, was die Gruppe im Hinblick auf diese Entwicklungen tut bzw. tun will. Dabei soll eine Dynamik des Anpackens entstehen. **3. Arbeiten mit der Gegenwart (II)** Die Teilnehmerinnen und Teilnehmer erstellen in homogenen Gruppen zwei Listen. Eine Liste enthält, worauf sie stolz sind, die andere Liste, was sie bedauern. Ziel ist es, Verantwortung für Handlungen und Schwächen zu übernehmen. **4. Idealbilder der Zukunft entwerfen** Gemischte Gruppen versetzen sich gedanklich in die Zukunft und entwickeln eine Vision, wie sie sich die ideale Zukunft vorstellen. Sie beschäftigen sich damit, was sie in der Zukunft erreicht haben wollen, welche Aktionen es künftig geben soll und welche Maßnahmen bereits heute gesetzt werden müssen, um diese Ziele zu erreichen. Die Ergebnisse werden in einer kreativen Form (z. B. als Kunstwerk oder Radiointerview) im Plenum präsentiert. Damit werden Übereinstimmungen der Teilnehmerinnen und Teilnehmer sichtbar. **5. Entdecken einer gemeinsamen Plattform** Ziel ist es, eine Basis zu finden, auf der alle gemeinsam weiterarbeiten können. Hierfür unterhalten sich die Teilnehmer zunächst in gemischten Gruppen über Grundsätze und

Future Search - Zukunftskonferenz	
	Werte, die als Basis für die Zukunft dienen sollen. Anschließend tauschen sich jeweils zwei Gruppen darüber aus und fertigen zwei Plakate an: Auf dem ersten werden die Werte festgehalten, auf die sich die beiden Gruppen einigen konnten, auf dem zweiten jene, auf die sie sich nicht einigen konnten. Dadurch entdecken die Teilnehmerinnen und Teilnehmer Gemeinsamkeiten und akzeptieren Unterschiede. Zudem entsteht der Wille, die ausgemalte Zukunft zu erschaffen. **6. Handlungsplanung** Nun werden Vorhaben gesammelt und erste Schritte gemeinsam geplant. Dabei überlegt sich jeder zunächst allein, wer was bis wann tun kann. Danach werden diese Überlegungen nochmals in Gruppen angestellt. Am Ende werden die Pläne in einer Plenumspräsentation für alle transparent kommuniziert. Ziel sind Optimismus und Veränderungsenergie, um ins Tun zu kommen.
Ressourcen	zeitliche Ressourcen (optimal: zwei halbe und ein ganzer Tag); finanzielle Mittel, Personen (wichtig: alle Interessengruppen einbinden)
Quelle	Marvin Weisbord

Getting Things Done (GTD)	
Thema	MENSCH
Ziel & Methode	Die Methode dient zur Entlastung einzelner Personen, die selbstbestimmt arbeiten, indem der Kopf »konsequent geleert« wird. Bei GTD handelt es sich um eine Art Baukasten. Durch Anpassungen an den Arbeitsalltag können Sie sich bewusst machen, mit welchen Tätigkeiten Sie beschäftigt sind. Ziel ist es, leichter zu entscheiden, was relevant ist, einen Überblick zu gewinnen und eine bessere Arbeitsstruktur zu entwickeln.
Umsetzung	GTD basiert auf fünf Schritten: **1. Schritt: Sammeln** In diesem Schritt sammeln Sie auf Sie einströmende Dinge (z. B. Telefonate, E-Mails, Briefe, Ideen) in »Briefkästen« außerhalb des Kopfes. Konkret bedeutet dies, dass Sie z. B. eine aufkommende Idee auf einem Zettel notieren und diesen in den Posteingangskorb im Büro oder zu Hause werfen. Sie können aber auch in digitaler Form sammeln (z. B. indem Sie sich selbst eine E-Mail schreiben). Generell gilt es, möglichst wenige Briefkästen zu haben und diese an einer fixen Stelle zu positionieren, damit nichts verloren geht. **2. Schritt: Verarbeiten** In diesem Schritt überprüfen Sie für jedes einzelne »Ding« im Briefkasten, was es ist sowie ob und was Sie selbst damit tun müssen. Gleichzeitig überlegen Sie, ob etwas aus dem Briefkasten delegiert werden kann. **3. Schritt: Organisieren** Das Organisieren erfolgt in einem Listensystem. Dazu vermerken Sie die Themen, an denen Sie gerade arbeiten, in einer Liste. Somit werden nicht nur Termine in einem Kalender, sondern auch Arbeitsthemen in einer Liste notiert, was den Kopf freier macht. **4. Schritt: Durchsehen** Hier überprüfen Sie regelmäßig, ob sich alle Aspekte im System und am richtigen Ort befinden. So stellen Sie sicher, dass Sie an den wichtigsten Themen arbeiten und nichts Wichtiges übersehen. **5. Schritt: Erledigen** In diesem Schritt setzen Sie sich mit jenen Dingen auseinander, die erledigt werden müssen. Hierbei wird aber nicht nur nach dem System gearbeitet, sondern es geht auch um die Freiheit zu wissen, welche Themen anstehen. Wichtig hierbei: Lassen Sie auch Raum für nicht geplante Dinge.
Ressourcen	Schreibmaterial, Briefkästen (vor Ort oder digital), Zeit (abhängig von der Intensität)
Quelle	David Allen

Hedgehog-Synthese/Hedgehog-Konzept	
Thema	KULTUR
Ziel & Methode	Das Hedgehog-Konzept dient der gemeinsamen Entdeckung bzw. Erarbeitung des Purpose (= Sinn/Zweck) einer Organisation. Jim Collins, ein US-amerikanischer Unternehmensberater, hat diese Methode in seinem Buch *Good to Great* entwickelt. Das Konzept basiert ursprünglich auf einer altgriechischen Parabel über Füchse und Igel (Igel = engl.: *hedgehog*). Sie besagt, dass Füchse viele Dinge wissen, Igel hingegen eine große Sache. Collins legt diese Metapher auf Unternehmen um: Organisationen, die den Fokus nur auf einen Aspekt legen, sind die Igel. Sie können Aspekte vereinfachen, konzentrieren sich auf nur eine einzige Sache/Vision und sind dadurch erfolgreich. Unternehmen, die sich hingegen mit mehreren Dingen gleichzeitig auseinandersetzen, dadurch den Fokus verlieren und ihre Erfolgschancen minimieren, sind die Füchse. Collins empfiehlt Managern deshalb, sich nicht von vielen Dingen zerstreuen zu lassen, sondern sich auf das Wesentliche zu konzentrieren. Im Hedgehog-Konzept geht es somit um die Kraft der Einfachheit, die die Chancen auf Erfolg erhöht.
Umsetzung	**Aufbau des Hedgehog-Konzepts** Das Konzept setzt sich aus drei einander überlappenden Kreisen zusammen. In jedem dieser Kreise steht eine zentrale Frage: 1. *What are you deeply passionate about?* (Was begeistert uns/worin liegt unsere Leidenschaft?) 2. *What can you be the best in the world at?* (Worin können wir die Besten auf der ganzen Welt sein?) 3. *What best drives your economic or resource engine?* (Was treibt unseren Wirtschafts- bzw. Ressourcenmotor an?) In der Mitte der drei überlappenden Kreise bildet sich eine Schnittmenge. Hierin besteht das Hedgehog-Konzept bzw. der Purpose einer Organisation, der diese zum langfristigen Erfolg führt. Das Modell von Collins ist somit ein einfaches Konzept, das aus tiefem Verständnis über die Schnittmenge dreier Kreise entsteht. **Exemplarischer Ablauf – Wie Sie Ihr eigenes Hedgehog-Konzept finden** • Zu Beginn werden die drei großen, einander überlappenden Kreise mit den drei zentralen Fragen z. B. an einer Pinnwand befestigt. • Die drei Fragen werden in kleinen Teams beantwortet und die Antworten auf Post-its notiert. • Alle kleinen Teams kommen zusammen, und jedes Team bringt seine Post-its auf der großen Zeichnung an. • Die Post-its werden gemeinsam geclustert. • Bei Antworten, die zu zwei Fragen passen, wird das Post-it in die Schnittmenge der beiden Kreise geklebt. • Bei Antworten, die zu allen drei Fragen passen, wird das Post-it in die Mitte (in die Schnittmenge aller Kreise) geklebt. • Anschließend werden die Post-its gewichtet und entsprechend umgeklebt, wodurch schlussendlich einige wenige Post-its in der Mitte übrigbleiben. • Mit diesen Post-its zieht sich ein kleines Team zurück, bastelt daraus einen Satz als Purpose Statement und präsentiert dieses anschließend in der Gruppe. • Bei dieser Präsentation holt sich das Team Resonanz ein. Bei Bedarf wird das Statement gemeinsam geschärft. • Abschließend kann das Statement grafisch dargestellt werden.
Ressourcen	zeitliche Ressourcen (variiert), Pinnwand mit den drei Kreisen, Schreibmaterial, Post-its
Quelle	Jim Collins

Hitliste der Fehler bei Meetings	
Thema	STRUKTUR
Ziel & Methode	In Besprechungen werden häufig dieselben Fehler gemacht. Wir haben eine Hitliste erstellt, die Ihnen dabei helfen soll, Meetings professioneller und effektiver zu gestalten.
Umsetzung	**Fehler 1 – keine Moderation:** Niemand übernimmt das Wort und leitet die Diskussion. **Fehler 2 – Unklarheit über Zweck und Zielsetzung des Treffens** **Fehler 3 – falsche Teilnehmerinnen und Teilnehmer:** zu viele, fehlende oder »überflüssige« Personen, die keinen Beitrag zum Meeting leisten können **Fehler 4 – unrealistische Zeitplanung und Überladung der Tagesordnung** **Fehler 5 – Disziplinlosigkeit**: Verspätungen, Verlassen des Raumes zwischendurch, klingelnde Smartphones, nebenbei am Notebook arbeiten **Fehler 6 – fehlende Ergebnis- und Entscheidungsorientierung** **Fehler 7 – mangelnde Vorbereitung** der Teilnehmerinnen und Teilnehmer, v. a. aber der Moderatorin/des Moderators **Fehler 8 – fehlendes Protokoll:** Die Ergebnisse werden nicht schriftlich festgehalten. Daraus lassen sich folgende Empfehlungen ableiten: • MODERATION • KLARHEIT • DISZIPLIN • VOR- und NACHBEREITUNG

<table>
<tr><th colspan="2">IKIGAI</th></tr>
<tr><td>Thema</td><td>MENSCH</td></tr>
<tr><td>Ziel & Methode</td><td>Das IKIGAI-Modell stammt aus dem Japanischen und setzt sich aus »iki« (= Leben) und »gai« (= Wert) zusammen. Übersetzt steht IKIGAI somit für den Wert des Lebens und bedeutet in etwa »wofür es sich zu leben lohnt«. Mithilfe dieses Modells kann jeder für sich selbst herausfinden, was der Sinn des eigenen Lebens ist. IKIGAI ist demnach stets individuell, denn jeder von uns hat seine eigenen Gründe dafür, was das Leben lebenswert macht bzw. was einen selbst im Leben erfüllt und glücklich macht. Mit dieser Methode kann man die eigene Lebenssituation visualisieren, sich selbst besser erforschen, die eigenen Stärken/Werte/Leidenschaften sichtbar machen und die eigene Lebensaufgabe finden, die zu Selbstverwirklichung und Zufriedenheit führt. Das Herausfinden des individuellen IKIGAI soll der Schlüssel zu einem langen, erfüllten Leben sein.
IKIGAI kann v. a. in Situationen angewandt werden, in denen Sie sich über sich selbst und Ihre Ziele klar werden müssen. Einsatzmöglichkeiten findet IKIGAI somit beispielsweise in Umbruchsituationen, bei Neuorientierungen (z. B. beruflich) und bei der Suche nach neuen Perspektiven.</td></tr>
<tr><td>Umsetzung</td><td>

Aufbau des IKIGAI-Modells
Das Modell setzt sich aus vier einander überlappenden Kreisen zusammen. In jedem Kreis wird eine zentrale Frage behandelt:
1. Was treibt mich an bzw. was liebe ich/tue ich gerne?
2. Worin bin ich stark/talentiert bzw. was kann ich wirklich gut?
3. Wofür werde ich honoriert bzw. womit kann ich Geld verdienen?
4. Was braucht die Welt bzw. womit leiste ich einen Beitrag?
</td></tr>
</table>

IKIGAI	

	Aus der Schnittmenge von zwei nebeneinander liegenden Kreisen bildet sich jeweils ein übergeordnetes Grundbedürfnis bzw. sie zeigt, welches Grundbedürfnis erfüllt wird:
	• Aus der Schnittmenge von 1 (was man liebt) und 2 (worin man stark ist) ergibt sich die eigene **Leidenschaft/Passion**.
	• Aus der Schnittmenge von 2 (worin man stark ist) und 3 (wofür man honoriert wird) ergibt sich die/der eigene **Profession/Beruf**.
	• Aus der Schnittmenge von 3 (wofür man honoriert wird) und 4 (was die Welt braucht) ergibt sich die eigene **Berufung**.
	• Aus der Schnittmenge von 4 (was die Welt braucht) und 1 (was man liebt) ergibt sich die eigene **Mission**.
	Sind diese vier Grundbedürfnisse erfüllt und stehen sie in einem ausgewogenen Verhältnis zueinander, ergibt sich die zentrale Schnittmenge bzw. der Idealzustand des IKIGAI. An diesem Punkt überschneiden sich Leidenschaften und Talente mit dem, was die Welt braucht und wofür man honoriert wird.
	Ablauf: Wie Sie Ihr eigenes IKIGAI finden
	• Einen ruhigen Ort suchen und Stift und Zettel bereitlegen.
	• Kreis für Kreis durchgehen und Antworten notieren. Dabei
	  – alles aufschreiben, was einem spontan einfällt,
	  – Fragen nicht voreilig beantworten,
	  – sich Zeit nehmen und offen/ehrlich zu sich sein,
	  – sich nicht unter Druck setzen.

	Bei der Beantwortung dieser Fragen bzw. bei der Suche nach dem IKIGAI können folgende Fragen hilfreich sein: • **Kreis 1 – Was man liebt:** Was begeistert mich? Was macht mir Spaß? Bei welchen Aktivitäten vergesse ich die Zeit? Was kann ich einen ganzen Tag lang machen? Was habe ich schon als Kind gerne getan? • **Kreis 2 – Worin man stark ist:** Wo liegen meine Talente? Worin bin ich begabt? Was kann ich besser als andere? Welche Ausbildungen/weitere Fähigkeiten habe ich? • **Kreis 3 – Wofür man honoriert wird:** Was ist mein Beruf? Wofür werde ich bezahlt? Habe ich noch weitere Einnahmequellen? Könnte ich auch mit anderen Dingen Geld verdienen? • **Kreis 4 – Was die Welt braucht:** Was erfüllt mich wirklich mit Sinn? Wovon bin ich überzeugt? Was entspricht meinen Werten? Wem oder wo würde ich fehlen? Durch das Beantworten dieser Fragen wird das IKIGAI schrittweise erarbeitet.
Ressourcen	zeitliche Ressourcen (variiert), Schreibmaterial

Intervision	
Thema	KULTUR – MENSCH
Ziel & Methode	Mit diesem Tool wird die Qualität der Arbeit verbessert, und die Mitarbeiterinnen und Mitarbeiter können sich durch die Unterstützung von Kolleginnen und Kollegen im eigenen Fach weiterentwickeln. Bei einer Intervision geht ein Teammitglied auf seine Kollegen zu und bittet diese, sie bei der Lösung einer Funktions- oder Personalfrage bzw. in einer Arbeitssituation zu unterstützen bzw. »mitzudenken«. Eine Intervision läuft strukturiert ab. Indem mehrere Kolleginnen und Kollegen gleichzeitig gefragt werden, können zeitgleich mehrere Lösungen entwickelt werden.
Umsetzung	• Zunächst wird das Problem von einem Teammitglied vorgetragen. • Anschließend wird das Problem durch Fragen analysiert, die der Vortragende möglichst gut zu beantworten versucht. • Dadurch werden dem Teammitglied vielfältige Einblicke in das Problem ermöglicht. • Gleichzeitig dienen die Fragen dazu, die anderen Teammitglieder zu informieren, damit diese dem/der Problemeinbringenden später wertvolle Empfehlungen geben können. • Nachdem die Kolleginnen und Kollegen sich mehrere potenzielle Lösungen überlegt und dem/der Problemeinbringenden vorgetragen haben, wählt diese/dieser die aus seiner/ihrer Sicht geeignetste Lösung aus. (Es ist auch möglich, dass ein Teammitglied den Vorsitz übernimmt und dafür sorgt, dass keine Diskussion über die gewählte Lösung entsteht). Intervisionen finden in der Praxis in unterschiedlichen Frequenzen (von einmal in sechs Wochen bis einmal in drei Monaten) statt.
Ressourcen	Zeit (abhängig von der Regelmäßigkeit), Raum, Moderationsmaterial, geeignete Personen

Job Rotation	
Thema	MENSCH
Ziel & Methode	Unter Job Rotation wird ein systematischer Arbeitsplatzwechsel verstanden. Genauer betrachtet stellt Job Rotation eine Form der Arbeitsorganisation dar, in der die Mitarbeiterinnen und Mitarbeiter ihre Arbeitsaufgaben und Arbeitsplätze wechseln. **Vorteile für Mensch und Unternehmen** • Durch den systematischen Arbeitsplatzwechsel erhalten die Mitarbeiterinnen und Mitarbeiter Einblicke in unterschiedliche Bereiche, entwickeln ein besseres Verständnis für diese und beziehen sie in Entscheidungen mit ein. Außerdem wird die Arbeit der Kolleginnen und Kollegen aus anderen Bereichen mehr wertgeschätzt und Betriebsblindheit vermieden. • Die Mitarbeiterinnen und Mitarbeiter sammeln neue Erfahrungen in einem anderen Arbeitsgebiet des Unternehmens. Indem sie zusätzliche Qualifikationen erwerben, können sie vom Unternehmen flexibler eingesetzt werden. • Abwechslungsreichtum ist gegeben, wodurch die Motivation gestärkt werden kann.
Umsetzung	Das Zauberwort bei der Umsetzung von Job Rotation lautet »systematisch«. Job Rotation kann grundsätzlich in einem festgelegten Rhythmus oder in flexiblen Abständen erfolgen. Die Bandbreite der Aufgaben an den einzelnen Arbeitsplätzen bleibt grundsätzlich dieselbe, wobei es aber auch die Möglichkeit gibt, zwischen Tätigkeiten mit unterschiedlichen Anforderungsniveaus zu wechseln. Was passt, sollte das Unternehmen individuell klären. Damit Job Rotation erfolgreich ist, müssen außerdem folgende Fragen beantwortet werden: Was ist das Ziel der Job Rotation? Wann soll mit der Job Rotation begonnen werden und wie lange soll sie erfolgen? Bedarf es an vorbereitenden Schulungen?
Ressourcen	ausreichend Zeit und Abstimmung

Kanban	
Thema	STRUKTUR
Ziel & Methode	Kanban ist eine Arbeitsmanagementmethode, mit der Sie Ihre eigene Arbeitsweise verbessern, den Überblick für das ganze Team behalten und die langfristigen Arbeitsaufgaben organisieren können. Das verbessert den Workflow im Team und wirkt sich positiv auf die Produktivität und die Qualität des Endprodukts aus. Seinen Ursprung hat die Methode in der Just-in-time-Produktion der 1940er Jahre bei Toyota. Die Produktion erfolgte nach dem Pull-Prinzip: Anstatt bestimmte Mengen vorab zu produzieren, die den Markt fluten, wird nur entsprechend der Nachfrage produziert.
Umsetzung	**Schritt 1: Visualisierung** Die Aufgaben aller Personen oder Prozesse werden visualisiert, z. B. auf einem Board mit farbigen Karten. Das Kanban-Board ist in mindestens drei Spalten eingeteilt: Sammlung aller Aufgaben, Aufgabe in Arbeit, Aufgabe erledigt. **Schritt 2 Limitierung** Jede Spalte enthält eine bestimmte Anzahl an Karten. Das Team oder die einzelne Person nimmt sich erst wieder neue Aufgaben, wenn sie Kapazitäten frei hat bzw. eine Auftragskarte in die nächste Rubrik gewandert ist (und damit ein Platz in der vorherigen Spalte frei wird). Vorteil: Konzentration auf eine Aufgabe! Multitasking wird reduziert, »Work in progress«-Limits werden eingehalten. Auch die Anzahl der Projekte ist limitiert, wodurch ein Work-Overload verhindert wird. **Schritt 3: Management** Auftretende Engpässe und Blockaden sollen rasch erkannt und beseitigt werden. Das Management konzentriert sich auf einen reibungslosen Ablauf und optimiert langfristig die Kapazitätsverteilung. **Schritt 4: Regulierung** Explizite Prozessregeln (Status von Aufgaben, vereinbarte Limits etc.) werden am Board sichtbar. Damit werden Arbeitsabläufe transparent und Erwartungen klar vermittelt. **Schritt 5: Feedback** Rückmeldung zu geben ist ein fester Bestandteil von Kanban. Diese Feedbacks erfolgen in regelmäßigen Abstimmungen. **Schritt 6: Kaizen** »Kaizen« bedeutet Veränderung zum Besseren. Prozesse im Team zu verbessern ist ein fortlaufender Vorgang, da davon ausgegangen wird, dass ein finales Optimum nicht erreicht werden kann.
Ressourcen	Board; Post-ist; bunte Karten o. Ä., mit denen Arbeitsabläufe visualisiert werden können

Kollegiale Beratung	
Thema	MENSCH
Ziel & Methode	Die kollegiale Beratung ist ein systematisches bzw. strukturiertes Beratungsgespräch, bei dem sich eine Gruppe von Kolleginnen und Kollegen nach einem feststehenden Ablauf wechselseitig zu Fällen/Fragen/Problemen/Schlüsselthemen des Berufsalltags berät und gemeinsam Lösungsansätze entwickelt. Mithilfe dieser Methode können berufsbezogene Probleme besser bewältigt und damit einhergehende Belastungen reduziert werden. Außerdem dient die kollegiale Beratung als Maßnahme der berufsbezogenen Qualifizierung, der Qualitätssicherung des beruflichen Handelns sowie der praxisbezogenen Personalentwicklung. **Charakteristik der Methode** • Die Durchführung erfolgt in Gruppen mit 6 bis 9 Teilnehmerinnen und Teilnehmern, wobei sich die Gruppe regelmäßig zum Bearbeiten von Praxisfällen trifft. • Jeder Teilnehmer ist aktiv an der Beratung beteiligt. • Innerhalb der Gruppe erfolgt eine Rollen- und Arbeitsverteilung (die Rollen werden pro Fall unterschiedlich verteilt). • Eine externe professionelle Beratung kommt nur zur Einführung der Methode hinzu, danach führt die Gruppe die Methode selbständig durch. • Der Ablauf besteht aus sechs Phasen.
Umsetzung	**Phase 1: Casting** In dieser Phase erfolgt die Rollenverteilung, wobei vier Rollen vergeben werden: Moderator(in), Fallerzähler(in), kollegiale(r) Berater(in), Sekretär(in). Zuerst bestimmt die Gruppe die moderierende Person. Diese wiederum wählt die Person aus, die den Fall erzählt (jene Person, die Lösungsideen für eine bestimmte Situation benötigt). Die übrigen Teilnehmerinnen und Teilnehmer übernehmen die kollegiale Beratung, wobei ein Teilnehmer als Sekretär(in) fungiert. **Phase 2: Spontanerzählung** Zunächst fordert die Moderatorin/der Moderator zum Erzählen des Praxisfalls auf (ca. 10 Minuten, Schilderung der wichtigsten Aspekte, Beschreibung des Falls aus der Perspektive des jeweiligen Erzählers). Die Moderation unterstützt durch klärende Fragen. Am Ende können die Berater zusätzliche Verständnisfragen stellen. **Phase 3: Schlüsselfrage** Anfangs fordert der Moderator den Fallerzähler zum Formulieren einer Schlüsselfrage in Bezug auf den Praxisfall auf. Hat der Erzähler dabei Schwierigkeiten, unterstützt der Moderator oder ggf. auch die ganze Gruppe. **Phase 4: Methodenwahl** In diesem Schritt initiiert die Moderatorin/der Moderator die Auswahl des Beratungsmoduls, mit dem die Schlüsselfrage bearbeitet werden soll (z. B. Brainstorming, Actstorming oder Resonanzrunde). Danach bringt der Fallerzähler mit dem Berater einen Vorschlag über ein Modul ein. Dieses wird in Abstimmung von Moderator und Gruppe ausgewählt, und die entsprechenden Informationen werden bereitgestellt. **Phase 5: Beratung** Nun wird der Fallerzähler von den Beratern zur Schlüsselfrage beraten (entsprechend den Prinzipien des jeweiligen Beratungsmoduls). Die Person, die den Fall eingebracht hat, hört aufmerksam zu, die Moderatorin/der Moderator behält die Zeit (ca. 10 Minuten) im Auge und die Sekretärin/der Sekretär verschriftlicht alle Ideen und Beiträge.

Kollegiale Beratung	
	Phase 6: Abschluss In diesem Schritt fragt der Moderator den Fallerzähler, welche eingebrachten Ideen er als hilfreich empfindet. Daraufhin geht der Erzähler kurz auf die hilfreichsten Beiträge ein. Anschließend wird wieder bei Phase 1 begonnen. Damit die kollegiale Beratung erfolgreich ist, sind vier Aspekte relevant: Vertrauen (fördert Offenheit bei den Gesprächen), Vertraulichkeit (nichts über die Fälle darf nach außen gelangen), Unterstützung und Wertschätzung. Wichtig ist zudem, dass es innerhalb der Gruppe keine Konflikte gibt.
Ressourcen	Zeit (abhängig von der Intensität und Regelmäßigkeit), Raum, Materialien zum Verschriftlichen der Ideen (z. B. Flipchart und Schreibmaterialien)

Kollegiales Feedback	
Thema	KULTUR – MENSCH
Ziel & Methode	Diese drei Methoden dienen dazu, anderen wertschätzend Rückmeldung zu geben.
Umsetzung	**Einander den Rücken stärken** • Zuerst wird jedem Teammitglied ein Papierbogen (z. B. Flipchart) auf den Rücken geklebt. • Danach schreiben sich alle gegenseitig positives Feedback auf den Bogen. Dieses beinhaltet die Aspekte, die man am anderen schätzt und die man be- oder verstärken möchte. • Abschließend kann jeder seinen Feedbackbogen durchlesen, die Rückmeldungen genießen und mit einem zweiten Teammitglied besprechen. Diese Methode nimmt insgesamt etwa 20 bis 30 Minuten in Anspruch. **Speed Feedback Dating** • Kolleginnen und Kollegen tauschen im Vieraugengespräch Feedback aus. Dabei finden mehrere Zweiergespräche parallel statt, und die Paare wechseln noch einer vorgegebene Zeit (wie beim Speed Dating). Im Feedbackgespräch werden verschiedene Aspekte thematisiert, u. a. welches Verhalten man an seinem Gegenüber stärken oder verändern möchte. • Sobald die Gespräche beendet sind, werden alle Paare ins Plenum geholt, um die Rückmeldungen gemeinsam zu »verarbeiten«. • Am Ende kann eine schnelle Abschlussrunde erfolgen, in der die eigenen Erfahrungen geteilt werden (z. B.: Welche Rückmeldung hat dich besonders gefreut/überrascht/ …? Was konntest du während des gesamten Ablaufs beobachten?). Diese Form des kollegialen Feedbacks dauert ca. 30 bis 45 Minuten. **Offene Feedbackrunde** • Die Mitarbeiterinnen und Mitarbeiter konzentrieren sich auf jene Kolleginnen und Kollegen, denen sie am besten Feedback geben können. (Die Anzahl der Personen spielt dabei keine Rolle.) Damit bereitet sich jede Person individuell auf den Austausch vor. • Nach dieser Vorbereitung beginnt der eigentliche Austausch: Dabei sitzen alle in einem Sesselkreis, der oder die erste hebt den Arm. Das ist das Zeichen, dass jetzt nur Feedback an diese Person gegeben wird. Wurde alles gesagt, hebt die nächste Person die Hand usw. • Sobald jeder Feedback erhalten hat, besteht die Möglichkeit einer abschließenden Runde (pro Person ca. 1 Minute). Diese kann so ablaufen, dass sich eine Person hinter ihren Sessel stellt und sich mit der Frage, wie sie sich mit dem Feedback fühlt, auseinandersetzt. Diese Methode dauert insgesamt ca. 15 Minuten.
Ressourcen	Für alle drei Methoden: Zeit (abhängig von der jeweiligen Methode, der Intensität und Regelmäßigkeit) und Raum Einander den Rücken stärken: Flipchart-Papier, Klebeband, Marker/Stifte Offene Feedbackrunde: Sesselkreis und entsprechend Platz

Konfliktlösungsprozess	
Thema	MENSCH
Ziel & Methode	Dieses Tool kann sehr gut bei Meinungsverschiedenheiten in selbstorganisierten Organisationen zum Einsatz kommen, u. a. bei interpersonellen Konflikten, unterschiedlichen Auffassungen hinsichtlich Entscheidungen oder bei Diskussionen über Arbeitsleistungen. Durch das klar strukturierte, einfache und konkret beschriebene Vorgehen ist eine rasche und konstruktive Bearbeitung von Konflikten möglich. Im Lösungsprozess geht es v. a. um direkte Kommunikation und das Erzielen von Übereinkünften.
Umsetzung	Ein Konfliktlösungsprozess beginnt immer damit, dass eine Mitarbeiterin oder ein Mitarbeiter jemand anderen um eine Übereinkunft bittet. Anschließend läuft der Konfliktlösungsprozess in folgenden Phasen ab: • In der **ersten Phase** versuchen die zwei Personen, das Problem unter sich zu lösen. Mitarbeiterin A (bzw. die Initiatorin des Prozesses) äußert dabei zunächst eine Bitte, keine Forderung – und Mitarbeiter B antwortet darauf mit »Ja«/»Nein« oder einem Alternativvorschlag. Wenn die zwei Personen eine Übereinkunft finden, gibt es keine weiteren Schritte. • Kommt es jedoch zu keiner Übereinkunft, holen sich die beiden in der **zweiten Phase** eine Person ihres Vertrauens hinzu. Diese Person agiert als Vermittler und unterstützt die beiden beim Finden einer Übereinkunft, sie darf aber keine Lösung vorschreiben. Insofern eine Übereinkunft gefunden wird, gibt es keine weiteren Schritte. • Wenn auch mit dem Vermittler keine Übereinkunft gefunden wurde, wird in der **dritten Phase** eine von dem Konfliktthema betroffene Gruppe von Kolleginnen und Kollegen zu Rate gezogen. Dieses Gremium hört wiederum zu, unterstützt bei der Formulierung der Übereinkunft, darf aber wie zuvor keine Lösung vorschreiben. Das Gremium weist meist genügend moralisches Gewicht für eine Einigung auf. • In der **vierten Phase** kann die Geschäftsführerin, der Direktor oder eine andere Führungskraft ins Gremium aufgenommen werden, um das moralische Gewicht der Gruppe zu stärken. • In der letzten, der **fünften Phase,** kann eine externe Mediation stattfinden.
Ressourcen	Zeit (abhängig von der Intensität und Regelmäßigkeit), Raum, finanzielle Ressourcen für eine externe Mediation

Konsent	
Thema	STRUKTUR
Ziel & Methode	Das Konsentprinzip dient der Beschlussfassung und Entscheidung, bei der größere Teams gemeinsam und schnell mit dem Mittel des »schwerwiegenden« Einwands zur Lösung kommen.
Umsetzung	• **Runde 1: Information** Wer hat einen Beschlussvorschlag? Wer hat neue Informationen? Was wird gebraucht, um eine Meinung bilden zu können? • **Runde 2: Meinungsäußerung und -bildung** Welche Gefühle, Gedanken, Befürchtungen, Wünsche, Ideen löst dieser Vorschlag aus? • **Runde 3: weitere Meinungsbildung, Lösungsfindung** Welche Kriterien sind für die Lösung relevant? Welche Möglichkeiten zeigen sich? Was (von dem Gehörten) macht Resonanz? • **Konsentrunde zur Beschlussfassung** Gibt es einen schwerwiegenden Einwand im Sinne des gemeinsamen Ziels? Kann jeder den Konsent geben? Leichte Einwände werden integriert.
Ressourcen	Zeit (ca. 0,5 bis 2 Stunden, themenabhängig), ruhiger Raum

Konsultativer Einzelentscheid	
Thema	KULTUR – STRUKTUR – MENSCH
Ziel & Methode	Entscheidungen in Unternehmen können auf vielfältige Art und Weise getroffen werden. Der konsultative Einzelentscheid ist eine Möglichkeit, Entscheidungen aufbauend auf dem Wissen und den Erfahrungen vieler Personen zu treffen und gleichzeitig im Entscheidungsprozess rasch voranzukommen. Er ist daher dann besonders sinnvoll, wenn in komplexen Situationen Entscheidungen getroffen werden müssen, die viel Know-how erfordern. Dieses Tool erleichtert die Einbindung von Mitarbeiterinnen und Mitarbeitern und steigert die Partizipation. Dadurch können auf Dauer das Engagement und die Identifikation mit dem Unternehmen gestärkt werden.
Umsetzung	Eine Person bestimmt, wer in einer konkreten Angelegenheit die Entscheidung treffen soll. Die ausgewählte Person konsultiert dann andere Mitglieder der Gruppe, trifft aber die Entscheidung schlussendlich selbst. • **Schritt 1: Entscheiderin/Entscheider wählen** • **Schritt 2: Konsultationspartner auswählen** Die Entscheiderin/Der Entscheider überlegt, welche Informationen und welches Fachwissen sie/er braucht, um die Entscheidung treffen zu können. Entsprechend wählt sie/er dann seine Konsultationspartner aus. Kleiner Tipp: Es hat sich bewährt, Personen zu konsultieren, die von der Entscheidung betroffen sind. • **Schritt 3: Konsultative Dialoge** Jetzt steht der Wissens- und Erfahrungsaustausch auf dem Programm. Was hat die Kollegin/der Kollege in ähnlichen Situationen getan? Welche Optionen empfiehlt sie/er? Von- und miteinander lernen ist das Ziel! • **Schritt 4:Lösung auswählen** Die Entscheiderin/Der Entscheider übernimmt nun als Einzelperson die volle Verantwortung und entscheidet im Sinne des Unternehmens, unter Berücksichtigung der besten Ideen und Ratschläge der konsultierten Personen.
Ressourcen	Personen, die sich bereit erklären; Zeit (abhängig von der Regelmäßigkeit)

Kulturdiagnose	
Thema	KULTUR
Ziel & Methode	Bei der Kulturdiagnose handelt es sich um einen von Ed Schein entwickelten Leitfaden, der dabei hilft, Stärken und Widersprüche in einer Unternehmenskultur zu identifizieren. Anhand dieser Methode gewinnt man in einer knappen Stunde ein gemeinsames Bild, erkennt Verbesserungsfelder und kann konkrete Maßnahmen festlegen.
Umsetzung	1. **Charakteristische Artefakte identifizieren** In diesem ersten Schritt geht es darum, typische Artefakte einer Organisation festzuhalten. Bei diesen Artefakten handelt es sich um alles, was man hören, sehen oder greifen kann, z. B. Umgangsformen, Besprechungsverhalten oder die Büroarchitektur. Die Identifikation der charakteristischen Aspekte erfolgt in einem Brainstorming. Dabei wird jedes einzelne Artefakt auf einem Post-it festgehalten. 2. **Kommunizierte Werte definieren** Dieser Schritt beinhaltet die Sammlung von Antworten auf einige Fragen, u. a.: Wofür setzt sich die Organisation ein? Was ist in der Organisation wichtig? Wofür steht das Unternehmen, und was ist im Leitbild verankert? Die Antworten werden wiederum auf Post-its notiert. 3. **Offizielle Werte und Artefakte vergleichen** Im Rahmen dieses Schrittes wird die Post-it-Sammlung auf Widersprüche zwischen den offiziellen Werten und den Artefakten geprüft. Ein Widerspruch liegt dann vor, wenn der kommunizierte Wert nicht mit dem zusammenhängenden Artefakt übereinstimmt. Auf diese Art und Weise werden solange Widersprüche gesammelt, bis die relevantesten identifiziert sind. Anschließend werden die Widersprüche visualisiert und gewichtet. 4. **Grundannahmen aufspüren** In diesem Schritt geht es darum, Überlegungen darüber anzustellen, welche Grundannahmen den priorisierten Widersprüchen zugrunde liegen. Dabei werden Fragen gestellt wie, woran sich die Organisation tatsächlich orientiert und welche Werte wirklich handlungsleitend sind. 5. **Schlussfolgern und in Handlungen übersetzen** Nun liegt der Fokus auf den relevantesten Schlussfolgerungen. Für diese wichtigsten Erkenntnisse gilt es, konkrete Verbesserungsmaßnahmen abzuleiten. Dabei sollten sich die Beteiligten v. a. darauf konzentrieren, was sie selbst ändern können (z. B. welchen Beitrag das Team zu einer agilen Kultur leisten kann). Am Ende sollte zumindest eine Maßnahme festgelegt werden.
Ressourcen	Zeit (ca. 1 Stunde), Post-its

Lean Coffee	
Thema	STRUKTUR – MENSCH
Ziel & Methode	Im Lean Coffee werden in kurzen Zeiteinheiten Themen, die die Teilnehmerinnen und Teilnehmer aktuell beschäftigen bzw. von ihnen als wichtig erachtet werden, diskutiert. Die Diskussionen dienen dazu, gemeinsame Entscheidungen herbeizuführen und Erkenntnisse zu gewinnen. Das Tool regt zur Diskussionsbeteiligung an und hat den Vorteil, dass sich die Teilnehmerinnen und Teilnehmer durch die kurze Zeitspanne schneller mit Themen auseinandersetzen und rasch Impulse liefern.
Umsetzung	• Am Anfang werden alle Themen, die besprochen werden sollen, in einem Brainstorming gesammelt. • Anschließend werden diese Themen auf Post-its notiert und z. B. an ein Flipchart geheftet. • Danach werden die Post-its auf dem Flipchart geclustert, und es wird eine priorisierte Themenliste erstellt. • Nach Fertigstellung der Liste wird diese der Spalte »Unsere Themen« auf einem einfachen Board zugeordnet. Zwei weitere Spalten können beispielsweise mit »In Diskussion« oder »Abgeschlossen« benannt werden. • Im Anschluss wird das aktuelle Thema in die Spalte »In Diskussion« verschoben. • Vor Beginn der ersten Diskussionsrunde wird für diese eine Zeitspanne (ca. 5 Minuten) festgelegt. Sobald die erste Diskussionsrunde abgeschlossen ist, erfolgt eine Daumenbarometer-Abstimmung: Die Frage, ob eine Diskussion fortgesetzt oder beendet werden soll, wird mit »Daumen hoch« bzw. »Daumen runter« beantwortet. • Wenn die Abstimmung ergibt, dass die Diskussion fortgesetzt werden soll, wird das Thema nochmals in derselben Zeitspanne diskutiert, und anschließend wird erneut darüber abgestimmt. • Sobald die Abstimmung ergibt, dass eine Diskussion beendet werden kann, wird das Thema in die Spalte »Abgeschlossen« verschoben. • Jetzt können sich die Beteiligten das nächste Thema aus der Prioritätenliste vornehmen. • Nach Ablauf der Gesamtzeit (häufig 45 bis 60 Minuten) ist das Lean Coffee beendet.
Ressourcen	Zeit (eher kurzer Zeitrahmen, ca. 45 bis 60 Minuten), Raum, Post-its, Flipchart o. Ä.

Leitfaden für das Arbeiten im Homeoffice	
Thema	ARBEITSUMFELD
Ziel & Methode	Das Von-zuhause-Arbeiten gewinnt in Zeiten der Digitalisierung immer mehr an Bedeutung und wird vermehrt genutzt. Vorteile des Homeoffice sind die wegfallenden Anfahrtszeiten sowie die bessere Vereinbarung von Berufs- und Privatleben. Zudem kann im Homeoffice der eigene Rhythmus besser integriert werden (z. B. arbeiten manche lieber morgens, andere abends). Natürlich spricht aber auch vieles für das Arbeiten im Büro/am Arbeitsort. Dazu zählen soziale Kontakte sowie eine klare Abgrenzung von Arbeit und Privatleben. Ungeachtet der Vor- und Nachteile bedeutet das Arbeiten im Homeoffice eine Umstellung. Unabhängig davon, ob die Arbeit ganz oder nur teilweise von zu Hause aus erledigt wird, ist es wichtig, dass sich die Mitarbeiterinnen und Mitarbeiter im Homeoffice gut konzentrieren können, um ihre Ziele zu erreichen. Es gilt, auch zu Hause eine alltägliche Arbeitsatmosphäre und eine professionelle Umgebung zu schaffen, damit Produktivität und Arbeitsleistung aufrechterhalten bleiben.
Umsetzung	Unsere Tipps fürs Homeoffice: **Arbeitsraum und Ausstattung** • **Klar definiertes und abgegrenztes Arbeitszimmer**: Es ist wichtig und hilfreich, sich einen klar definierten Arbeitsraum zu schaffen und sich damit einen Bereich zu errichten, in dem man ungestört ohne äußere Ablenkungen arbeiten kann (z. B. ist das Arbeiten im Wohnzimmer nicht förderlich, da sich hier womöglich auch andere Personen aufhalten und für Ablenkung sorgen). Mit einer solchen räumlichen Abtrennung des Arbeitsraums wird eine Grenze zum Privaten gezogen. Wenn möglich sollte der Arbeitsraum abschließbar sein, um den Datenschutz auch zu Hause zu gewährleisten. • **Einrichtung und Ausstattung:** In dem abgegrenzten Arbeitszimmer ist eine angemessene Ausstattung von großer Bedeutung. Zunächst ist es wichtig, in diesem Raum nicht verwendbare (Alltags-)Möbel und unnötige Materialien zu entfernen, da diese von der Arbeit ablenken könnten. Das Homeoffice sollte mit passendem Mobiliar bzw. Equipment ausgestattet werden. Dabei gibt es viel individuellen Gestaltungsspielraum, jedoch sollte darauf geachtet werden, dass das Equipment funktionsfähig ist. Beispielsweise bedarf es einer schnellen Internetverbindung und eines funktionsfähigen Druckers. Auch die Ergonomie spielt eine wichtige Rolle, damit Gesundheit auch im Heimbüro gewährleistet ist. Beispielsweise sollte man sich einen höhenverstellbaren Bürostuhl und einen großen Monitor anschaffen. Ausführliche Erläuterungen zu einem ergonomischen Arbeitsplatz finden Sie in der Methode »Einrichten eines ergonomischen (Computer-)Arbeitsplatzes«. Das Homeoffice sollte mit allem Notwendigen (z. B. Kalender, Ablagesystem) ausgestattet, aber nicht überladen sein. Dabei ist es sinnvoll, das Homeoffice platzsparend zu organisieren und beispielsweise nicht regelmäßig verwendetes Equipment in Regalen zu verstauen. Auch das Einrichten einer Denknische ist hilfreich, um zusätzlich zum Schreibtisch einen Ort für Inspiration zu schaffen. Zur Ausstattung sollte auch ein verschließbares Regal/Fach gehören, um den Datenschutz sicherzustellen. • **Ordnung halten:** Auf dem Schreibtisch bzw. im gesamten Arbeitsraum sollte Ordnung herrschen. Regelmäßiges Aufräumen und Putzen ist empfehlenswert.

<table>
<tr><th colspan="2">Leitfaden für das Arbeiten im Homeoffice</th></tr>
<tr><td></td><td>
Arbeitsorganisation und Arbeitsablauf
<ul>
<li>Vorbereitungen: Vor dem Start im Homeoffice sollten Sie sich vergewissern, dass Sie alles Notwendige zum Arbeiten haben. Stellen Sie sicher, dass Sie Zugriff auf Ihre Büro-E-Mails haben, die Passwörter kennen und die nötige Software installiert ist.</li>
<li>Ablenkungen vermeiden: Um Ablenkungen zu vermeiden, ist das Festlegen klarer Regeln z. B. für die Familie essentiell. Eine Möglichkeit besteht darin, die Familie zu bitten, während der Arbeitszeit nicht zu stören bzw. nicht ins Arbeitszimmer zu kommen. Wichtig ist zudem, dass keine persönlichen Angelegenheiten (z. B. private Telefonate, private E-Mails) während der Arbeitszeiten erledigt werden.</li>
<li>»Mental zur Arbeit gehen«: Damit Sie auch zu Hause rasch in den Arbeitsmodus kommen, sollten Sie sich angemessen kleiden (Arbeitskleidung statt Pyjama), sich frisieren, die Zähne zu putzen und alles Weitere erledigen, um »passend« ins Homeoffice zu gehen.</li>
<li>Arbeitszeiten festlegen: Auch im Homeoffice sollten feste Arbeitszeiten gelten, denn so stellen Sie sicher, dass Sie die vorhandene Zeit bestmöglich nutzen. Durch die Festlegung der Arbeitszeiten wird zudem das Arbeits- vom Privatleben abgegrenzt; auch Überstunden werden vermieden. Legen Sie außerdem mit Kolleginnen und Kollegen sowie Vorgesetzten fest, wann wer erreichbar ist bzw. sein soll.</li>
<li>Arbeitsroutine schaffen: Ein klar strukturierter Arbeitsablauf ist auch im Homeoffice von großer Bedeutung. Beispielsweise können Sie festlegen, dass Sie am Morgen Ihre E-Mails lesen, sich anschließend eine Aufgabenliste sowie Ziele für den Tag erstellen und diese danach abarbeiten. Damit organisieren Sie nicht nur Ihre Aufgaben konsequent und fördern die Selbstdisziplin; sie können am Ende des Tages auch den Erfolg Ihrer Arbeit messen. Wichtig ist zudem, Pausen einzuplanen. Diese Pausen können auch außerhalb des Arbeitsraums (z. B. in der Küche) stattfinden. Kleine Pausen können für Bewegung genutzt werden. Eine weitere Arbeitstätigkeit, die regelmäßig eingeplant werden sollte, ist der Austausch mit den Kolleginnen und Kollegen sowie den Vorgesetzten, um diese über den aktuellen Stand zu informieren. Indem Sie bestimmte Tage für bestimmte Aufgaben definieren, schaffen Sie zusätzlich eine Arbeitsroutine.</li>
<li>Kommunikationsformen: Beim Arbeiten im Homeoffice werden diverse Kommunikationsformen (z. B. Telefon, E-Mail, Videokonferenz) angewandt, weshalb Sie diese beherrschen und abhängig vom Kontext einsetzen können sollten. Zu beachten ist, dass die Kommunikation aber nicht ausschließlich digital, sondern regelmäßig auch persönlich erfolgen sollte. Persönlicher Austausch mit Kollegen und Kunden zählt zu den menschlichen Bedürfnissen und beugt der Einsamkeit im Homeoffice vor.</li>
<li>Alternativplan erstellen: Das Arbeiten im Homeoffice wird manchmal aufgrund diverser Umstände (z. B. unterbrochene WLAN-Verbindung) erschwert. Deshalb ist es ratsam, einen alternativen Arbeitsplatz (z. B. Bibliothek) ausfindig zu machen, an den man in solchen Fällen ausweichen kann.</li>
</ul>
</td></tr>
<tr><td>Ressourcen</td><td>finanzielle Mittel (z. B. für die passende Ausstattung), zeitliche Ressourcen (z. B. zur Einrichtung des Homeoffice)</td></tr>
</table>

Massive Transformative Purpose (MTP) von exponentiellen Organisationen	
Thema	MARKT & KUNDE
Ziel & Methode	Für den Erfolg exponentieller Organisationen hat Salim Ismail eine Formel entwickelt: **ExO = MTP + SCALE + IDEAS.** **MTP** (Massive Transformative Purpose) bezeichnet einen enormen transformativen Zweck, der so formuliert ist, dass er die Ziele eines Unternehmens zum Ausdruck bringt. Der MTP geht jedoch über das Leitbild bzw. Wertversprechen hinaus. Es ist der ehrgeizige Versuch, ein globales Problem zu lösen (häufig als Slogan des Unternehmens formuliert). Der MTP bildet den Kern der hier dargestellten Methode und wird deshalb nachfolgend erläutert. **SCALE** repräsentiert externe Eigenschaften exponentieller Organisationen: **S**taff on Demand, **C**ommunity & Crowd, **A**lgorithms, **L**eased Assets, **E**ngagement. **IDEAS** repräsentiert interne Eigenschaften exponentieller Organisationen: **I**nterface Processes, **D**ashboards, **E**xperimentation, **A**utonomy, **S**ocial Technologies.
Umsetzung	**Charakteristiken von MTP** • MTPs sind ehrgeizig, kühn, groß (= *massive*). • MTPs können die Gesellschaft/Industrie/Welt verändern (= *transformative*). • Hinter der geleisteten Arbeit steckt ein klares Warum – etwas, das verbindet bzw. inspiriert (= *purpose*). Ein MTP wird einfach, selbstbewusst, einzigartig, emotional und glaubwürdig formuliert (Slogan). Beispiele: • Google: *Organize the world's information* • TED: *Ideas worth spreading* • Netflix: *To change the way people watch movies and television* • Tesla: *Accelerate the transition to sustainable transportation* Die Erstellung erfolgt in drei Schritten: **1. *WHY does the organization exist? – Define the problem space*** Zunächst wird geklärt, warum die Organisation existiert und für welche Herausforderungen sie Lösungen bietet. Der erste Schritt ist also die Definition des Problembereichs. **2. *HOW will the organization solve the problem? – Imagine the transformation*** Wie kann die Organisation das Problem lösen/bekämpfen und den aktuellen Stand der Dinge verändern? **3. *WHAT will be the global impact? – Make sure it's a global approach*** Ein MTP sollte ein möglichst großes globales Publikum erreichen. Wie kann die Lösung global/weltweit eingesetzt werden? Durch die Entwicklung eines MTP konzentriert sich das gesamte Unternehmen auf dieses eine Ziel. MTPs haben dadurch großen Einfluss auf die Unternehmenskultur, das Unternehmen wird zu Innovationen inspiriert, und alte Modelle werden ersetzt. Die Erstellung eines MTP ist somit der erste wichtige Schritt bei der Transformation eines Unternehmens, und je besser dieser Schritt gelingt, desto größer sind die Auswirkungen und die Geschwindigkeit der Veränderung.
Ressourcen	ausreichend Zeit
Quelle	Salim Ismail

Meeting – Differenzierung von I/D/E	
Thema	STRUKTUR
Ziel & Methode	Wenn für Mitarbeiterinnen und Mitarbeiter nachvollziehbar ist, welcher Beitrag von ihnen zu einem bestimmten Thema verlangt wird, können sie zielgerichteter handeln. Ist die Erwartungshaltung aller Beteiligten klar, führt dies zu einer besseren Orientierung und mehr Fokus. Entscheidend bei dieser Methode ist die Kommunikation: Was ist eine reine Information, was steht zur Diskussion und wo gilt es, eine Entscheidung zu treffen?
Umsetzung	Sortieren Sie Ihre Besprechungspunkte vor dem Meeting und kennzeichnen Sie diese mit den folgenden Buchstaben: **I – Informationen**, die keine Diskussions- und Entscheidungspunkte darstellen: Informationen zu Aufträgen, die im täglichen Arbeiten notwendig sind, wenig Erklärungsbedarf haben und beim Lesen gut erfasst werden können, sollten nur noch wenig Zeit in Besprechungen in Anspruch nehmen. Räumen Sie der Klärung von Verständnisfragen zu den Informationen im Besprechungsverlauf einen fixen Platz ein. **D – Diskussion**, bei der die persönliche oder fachliche Einschätzung der Mitarbeiterinnen und Mitarbeiter gefragt ist: Die Beiträge helfen den Entscheidern, die Aufgaben- und Problemstellung aus verschiedenen Blickwinkeln zu betrachten und mehr über verschiedene Positionen und Meinungen zu erfahren. Das trägt zur Entscheidungsfindung bei. Die Mitarbeiterinnen und Mitarbeiter haben hierbei nicht die Aufgabe, eine finale Entscheidung herbeizuführen, tragen aber mit ihrer Meinungsäußerung dazu bei. **E – Entscheidung:** Wird ein Tagesordnungspunkt mit einem E markiert, bedeutet dies, dass die Teilnehmerinnen und Teilnehmer aufgefordert sind, diesen Punkt gemeinsam zu diskutieren und auch gemeinsam eine Entscheidung zu treffen. **Kommunizieren Sie die Abgrenzung der Begriffe** und damit die unterschiedlichen Vorgehensweisen in Ihrem Team. Am besten mehrfach – in der Besprechung selbst, im Protokoll etc. So konkretisieren Sie für alle die Erwartungshaltung, Sie sparen Zeit und können sich in der Besprechung mehr auf die wesentlichen Inhalte konzentrieren.
Ressourcen	ausreichend Zeit für die Vorbereitung der Meetings

<table>
<tr><th colspan="2">Meeting – Rollen und Aufgaben in der Besprechung</th></tr>
<tr><td>Thema</td><td>STRUKTUR</td></tr>
<tr><td>Ziel & Methode</td><td>Damit eine Besprechung professionell abläuft, braucht es eine Person, die moderiert, sowie jemanden, der dokumentiert. Diese Rollen sollten getrennt vergeben werden.</td></tr>
<tr><td>Umsetzung</td><td>Moderatorin/ Moderator (beispielsweise Gesprächsführung oder Teamleitung)
Tätigkeit:
• Leitung der Besprechung
• Einhaltung von Rahmenbedingungen (z. B. Zeitplan)
• Begrüßung von Gästen, neuen Mitarbeiterinnen und Mitarbeitern
• Vorbereitung der Besprechung
• Nachbereitung der Besprechung (in Zusammenarbeit mit der dokumentierenden Person)
• auf wertfreie und neutrale Behandlung der Themen achten
• Inhalte interaktiv gestalten (PowerPoint, Kärtchen, Flipchart etc.)
Verantwortung:
• konstruktiver und ertragreicher Verlauf der Besprechung
• Regeln der Kommunikation einhalten
• roten Faden einhalten und Redebeiträge steuern
Befugnisse/Kompetenzen:
• Ordnungshüter (Unterbrechungen, Aufforderungen zum Mitsprechen etc.) während der Besprechung
Selbstverständnis:
• »Ich gestalte die Atmosphäre für eine gute Gesprächs- und Diskussionskultur.«
• »Ich bin Raumgestalterin und Ermöglicher.«
Dokumentation (beispielsweise ein Teammitglied, idealerweise jemand, der sich nicht an der Diskussion/Entscheidungsfindung beteiligen muss, da gleichzeitiges Diskutieren und Protokollieren schwierig ist)
Tätigkeit:
• Mitschrift (stichwortartig oder ganze Sätze)
• Reinschrift (Grammatik, Rechtschreibung, Formalitäten etc. sollten eingehalten werden)
• Weiterleiten an die Führungskraft (Freigabe und Versand an alle durch Leitung)
Verantwortung:
• sinngemäße, richtige Niederschrift
• Abstimmung mit Moderatorin/Moderator, Gruppe, Leitung
Befugnisse/Kompetenzen:
• evtl. Tempo in der Diskussion drosseln, damit kein Beitrag in der Dokumentation verloren geht
• Gespräch bei Bedarf unterbrechen, um sich mittels Rückfragen zu versichern, dass Inhalte richtig verstanden wurden
Selbstverständnis:
• »Ich bin Schriftführerin/Schriftführer. Ich halte für andere fest, was besprochen wurde.«</td></tr>
<tr><td>Ressourcen</td><td>Vorbereitungszeit, Dokumentation- und Präsentationswerkzeug</td></tr>
</table>

Metakommunikation	
Thema	KULTUR – MENSCH
Ziel & Methode	Mit Metakommunikation wird es möglich, eine vergangene Diskussion oder einen bereits stattgefundenen Workshop mit Abstand von oben zu betrachten. Die Methode unterstützt bei der Analyse von Kommunikation und im Umgang mit Emotionen und kann als »das Reden über das Wahrnehmen von Reden« verstanden werden. Von Metakommunikation können alle Beteiligten lernen und Erkenntnisse erlangen. Metakommunikation sollte so oft wie möglich und ohne Einschränkungen durchgeführt werden.
Umsetzung	• Bei Metakommunikation wird das, was zwischen Sender und Empfänger geschehen ist, beobachtet. • Anschließend setzen sich die Beteiligten damit auseinander und informieren sich gegenseitig darüber, wie das Gesagte empfunden wurde. • Zu Beginn kann eine Moderatorin/ein Moderator hilfreich sein. Diese Person achtet darauf, dass alle Beteiligten die Helikopter-Perspektive einnehmen. • Formulierungen und Fragen wie »Unser Gespräch hat auf mich … gewirkt« oder »Was hättest du aus der Position eines Beobachters gesehen?« können hilfreich sein.
Ressourcen	Zeit (abhängig von der Intensität und Regelmäßigkeit), Raum

Multi-Sensory Sculpting® (MSS)	
Thema	KULTUR
Ziel & Methode	Konsumentinnen und Konsumenten erleben Marken an diversen Kontaktpunkten und nehmen sie mit allen Sinnen wahr. Diese Erlebnisse bzw. Wahrnehmungen werden auf einer nicht-bewussten Ebene im Gehirn als multi-sensorisches Wissen abgespeichert. Zu einem späteren Zeitpunkt ist es häufig schwer, dieses verwahrte Wissen abzurufen, weshalb Konsumenten Probleme haben, diese nicht-bewussten Gefühle und Wahrnehmungen auszudrücken. Um dieses Wissen dennoch abzurufen, ist eine Stimulierung jener Sinne erforderlich, die am ursprünglich abgespeicherten Markenerlebnis mitgewirkt haben. Multi-Sensory Sculpting® dient dabei als qualitative Forschungsmethode und arbeitet mit Metaphern. Das Tool unterstützt Markenmanager u. a. bei der strategischen Markenentwicklung und dem Markenmonitoring und kann abstrakte Konzepte (z. B. Vertrauen der Kundinnen und Kunden) verständlicher machen.
Umsetzung	• Bei dieser Methode wird zunächst mit dem MSS-Toolkit, das eine große Auswahl an Materialien beinhaltet, gearbeitet. • Die im Toolkit enthaltenen Materialien erlauben eine Stimulierung jener Sinne, die beim ursprünglichen Markenerlebnis involviert waren, und unterstützen dabei, das abgespeicherte multi-sensorische Wissen zu verbalisieren. • Am Anfang der Datenerhebung erkunden die Teilnehmerinnen und Teilnehmer die Materialien des Toolkits (z. B. Gewürze, Düfte, Steine, Geräusche) mit allen Sinnen. • Anschließend bastelt jeder Teilnehmer eine multi-sensorische Skulptur, die aus seiner Sicht die Marke wiederspiegelt. • Die Skulpturen dienen als Stimuli für projektive Einzelinterviews. Darin erläutern die Teilnehmerinnen und Teilnehmer die Bedeutung der Gesamtskulptur sowie der einzelnen Materialien. Die Interviews werden anschließend von ausgebildeten Forschern hinsichtlich (non-)verbaler Metaphern in Bezug auf die Markenbedeutung analysiert. • Die Datenaggregation ermöglicht eine kompakte Darstellung der Markenbedeutungen. Von den konkreten Erkenntnissen lassen sich anschließend Handlungsempfehlungen ableiten.
Ressourcen	Zeit für Durchführung, Interviews und Analyse (abhängig von der Intensität und Regelmäßigkeit), Raum, MSS-Toolkit mit diversen Materialien, speziell ausgebildetes Forschungsteam, finanzielle Ressourcen (abhängig von den Materialien, Kosten für die Forscher etc.)
Quelle	Dr. Sylvia von Wallpach, Dr. Maria Kreuzer

Peer-Feedback	
Thema	KULTUR – MENSCH
Ziel & Methode	Alle Mitarbeiterinnen und Mitarbeiter erhalten die Möglichkeit, sich von ihren Kolleginnen und Kollegen Feedback einzuholen.
Umsetzung	• Die Koordination, wer das Feedback zu welchem Zeitpunkt erhält, wird vom Personalteam übernommen. • Im Anschluss an diese Koordination wählen die Feedbacknehmenden einen konkreten Termin. • Die Person, die das Feedback erhält, bestimmt außerdem 3 bis 5 Personen, die sie als Feedbackgebende einladen möchte. Feedback kann in zwei Formen gegeben werden: • Feedback der Gruppe (die Feedbackgebenden geben ein gemeinsames Feedback ab, nachdem sie sich vorher getroffen und darüber diskutiert haben) • Feedback im Einzelgespräch (mehrere Einzelgespräche hintereinander) Auf Wunsch kann das Feedback auch moderiert werden. Unabhängig von der gewählten Form wird beim Feedback immer auf drei Kategorien geachtet: • Keeps: Was macht die Kollegin bzw. der Kollege gut? Was soll sie oder er beibehalten? • Ideas: Wo sind Entwicklungspotenziale vorhanden? • Highlights: Was macht die Kollegin bzw. der Kollege besonders gut? Worin ist sie bzw. er einzigartig?
Ressourcen	Zeit (abhängig von der Intensität), Raum für den Austausch

Persönliche Retrospektive	
Thema	KULTUR – MENSCH
Ziel & Methode	Die persönliche Retrospektive unterstützt Menschen in der Entwicklung. Man nimmt sich Zeit und setzt sich an einem angenehmen Ort mit bestimmten Fragen auseinander.
Umsetzung	Fragen, die Sie sich bei der persönlichen Retrospektive stellen können, sind: • **Erfahrungen:** Was hat in letzter Zeit gut funktioniert/nicht gut funktioniert? Was habe ich geschafft/nicht geschafft? Womit bin ich zufrieden/nicht zufrieden? Worauf bin ich momentan stolz/nicht stolz? Was frustriert mich? • **Erkenntnisse:** Was sind Ursachen/Hauptgründe für meinen Erfolg/Misserfolg, und was trage ich selbst dazu bei bzw. welchen Anteil habe ich daran? Welche Stärken und Kompetenzen kann ich einbringen? Mit welchen Schwächen kämpfe ich? • **Entscheidungen:** Worin möchte ich mich weiterhin verbessern? An was möchte ich dranbleiben? Was kann ich aus meinen Erfahrungen und Erkenntnissen schlussfolgern? Die Fragen können Sie selbst wählen. Die persönliche Dokumentation der Verbesserungspotenziale (eventuell sogar gut sichtbar mit Post-its auf einem Board) hilft dabei, konsequent dranzubleiben.
Ressourcen	Zeit (abhängig von der Regelmäßigkeit und Intensität) und Raum, Post-its, Stifte/Marker, Notizbuch o. Ä. für die Dokumentation

Persönliche Zukunftsbilder entwickeln	
Thema	MENSCH
Ziel & Methode	Selbstreflexion ist wohl die wichtigste Methode in der Persönlichkeitsentwicklung. Die folgenden Übungen unterstützen Sie dabei, Erkenntnisse über sich selbst zu gewinnen. Denn: Nur wer sich selbst gut kennt und sich seines Potenzials bewusst ist, kann andere Menschen begeistern und führen.
Umsetzung	**Meine Lebenslinie** Zeichnen Sie eine Linie, die Ihr bisheriges Leben darstellt. Markieren Sie auf dieser Linie Höhen und Tiefen, und notieren Sie einige Stichwörter dazu, wenn Sie möchten. Anschließend markieren Sie die Situation, in der Sie sich gerade befinden, mit einem X. Ab hier zeichnen Sie die Linie so weiter, wie Sie sie sich vorstellen, mit allen möglichen Höhen und Tiefen. Das X macht deutlich, wie viel Sie noch vor sich und wie viel Sie schon hinter sich haben. Setzen Sie sich bewusst mit der Frage nach den kommenden Ups and Downs auseinander. Damit werden Sie sich sowohl Ihrer Hoffnungen und Wünsche bewusst als auch Ihrer Befürchtungen. **Mein eigener Nachruf** Bei dieser Übung verfassen Sie Ihren eigenen Nachruf (max. 200 Wörter) aus der Perspektive einer guten Freundin/eines guten Freundes. Wofür stehen Sie? Was sollen andere von Ihnen in Erinnerung behalten? Wie reflektieren Sie auf diese Weise Ihr aktuelles Tun und den Weg, den Sie gehen, sowie die Ziele, die Sie verfolgen? Stimmt der Kurs, oder wäre – vom Ende her betrachtet – eine Kurskorrektur notwendig? **Meine besonderen Qualitäten** Versetzen Sie sich abermals in die Rolle einer Freundin oder eines Freundes, und hinterfragen Sie, welche Eigenschaften diese Person besonders an Ihnen schätzt. Anschließend verschriftlichen Sie diese Eigenschaften und notieren dazu jeweils zwei Situationen, in denen die jeweilige Eigenschaft hilfreich ist. Notieren Sie außerdem eine dritte Situation, in der die Eigenschaft hilfreich gewesen wäre. Indem Sie sich auf diese Weise Ihre positiven Eigenschaften bewusst machen, können Sie sie in Zukunft noch besser abrufen.
Ressourcen	Für alle drei Übungen: Zeit (abhängig von der Intensität), Schreibmaterialien

Projektmarktplatz	
Thema	STRUKTUR – MENSCH
Ziel & Methode	Mitarbeiterinnen und Mitarbeiter können bei dieser Methode nicht nur die Arbeitsaufgaben innerhalb eines Projekts auswählen, sondern auch das Projekt selbst. Menschen kommen dadurch situativ zusammen. Mit Projektende und Beginn eines neuen Projekts wechselt die Zusammensetzung der Personen. Generell bieten Marktplätze den Vorteil, dass darin die Fähigkeiten und Kompetenzen der Mitarbeiterinnen und Mitarbeiter gut koordiniert werden können und die Aufgaben mit den jeweiligen Interessen in Einklang stehen. Zudem lassen sich Projekte durch diese Methode transparent kommunizieren und für alle zugänglich machen. Da Mitarbeiterinnen und Mitarbeiter selbst entscheiden, an welchem Projekt sie sich in welcher Rolle beteiligen möchten. Dadurch können sie ihr individuelles Projektportfolio aufbauen und das eigene Berufsprofil schärfen.
Umsetzung	Bei dieser Methode werden Projekte wie auf einem Marktplatz sichtbar gemacht und angekündigt. Die Marktplätze sind digitale Plattformen, die Erfahrungen und Kompetenzen der Mitarbeiterinnen werden dargestellt und offengelegt, sodass klar wird, welche Arbeiten in einer Organisation wie verteilt werden sollen. Der Ablauf erfolgt in drei einfachen Schritten: • Der Project Owner erstellt eine Beschreibung des Projekts und legt offen, welche Rollen im Projekt besetzt werden. • Anschließend können sich die Mitarbeiterinnen und Mitarbeiter für ein Projekt ihrer Wahl bewerben. • Der Project Owner wählt die passenden Projektmitarbeiterinnen und -mitarbeiter aus.
Ressourcen	verschiedene digitale Plattformen, die für den Projektmarktplatz nutzbar und so für alle Mitarbeiterinnen und Mitarbeiter zugänglich sind

Push-Feedback & Feedback on Demand; Talent Coins	
Thema	KULTUR – MENSCH
Ziel & Methode	Bei dieser Methode handelt es sich um ein flexibles Feedbacksystem, mit dem Verantwortliche schneller agieren und Fehlentwicklungen vorbeugen können. Es wird durch Talent Coins ergänzt, mit denen Stärken gefördert werden sollen. Push-Feedback und Feedback on Demand erfordert ein modernes Führungsverständnis, in dem Führung als Dienstleistung an die Mitarbeiterinnen und Mitarbeiter verstanden wird. Der Feedbackprozess dient – zusätzlich zum reinen Beurteilungssystem – als eine Art Navigationssystem. Unternehmen müssen immer flexibler werden und operative Tätigkeiten immer schneller korrigieren. Die Führung soll dabei nicht nur die Richtung vorgeben, sondern auch die Mitarbeiterinnen und Mitarbeiter unterstützen, damit diese ihre Ressourcen effektiv und erfolgreich einsetzen können.
Umsetzung	**Push-Feedback** Hier gibt die Führungskraft von sich aus Feedback, nämlich dann, wenn sich etwas verändert und diese Änderung ein Umdenken oder alternatives Handeln auf Seiten der Mitarbeiterin bzw. des Mitarbeiters erfordert. **Feedback on Demand** Die Mitarbeiterin bzw. der Mitarbeiter fordert Feedback aktiv ein, wenn sie/er dieses wünscht – beispielsweise vom Vorgesetzten. **Talent Coins** Eine Person vergibt für eine bestimmte Stärke Talent Coins an die jeweilige Kollegin oder den Kollegen. Diese Coins werden auch bei der Leistungsbeurteilung (durch Führungskräfte) berücksichtigt. Die Methode unterstützt damit die Förderung individueller Potenziale.
Ressourcen	Zeit für Push-Feedback und Feedback on Demand, Talent Coins

<table>
<tr><th colspan="2">Red Teaming, Denke-Schreibe-Teile, Annahmen-Check</th></tr>
<tr><td>Thema</td><td>KULTUR</td></tr>
<tr><td>Ziel & Methode</td><td>Red Teaming ermöglicht Einsichten, die für das Verstehen von Zusammenhängen sowie die Auswahl adäquater Interventionen wichtig sind.
Im Rahmen dieser Methode erhalten einige Personen im Unternehmen, die Red Teamer, die Befugnis zum konstruktiven Stören. Die Störung zielt dabei immer auf eine Verbesserung der Entscheidungsqualität sowie eine Erhöhung der Flexibilität ab.
Red Teamer benötigen einige Kompetenzen, darunter adäquates psychologisches Hintergrundwissen und Kenntnisse über Gruppendynamiken. Das Wichtigste ist aber die Haltung, denn Red Teaming ist nur hilfreich, wenn es als unterstützende Tätigkeit angesehen wird.
Die Haltung ist durch einige Aspekte bestimmt:<ul><li>Red Teamer verrichten ihre Arbeit nur, wenn Kritik explizit gewünscht ist.</li><li>Red Teamer sollten nur an konkreten Aufgaben und Fragen arbeiten und deshalb ausschließlich für entscheidende Themen eingesetzt werden.</li><li>Die Red-Teaming-Tätigkeit sollte nicht laufend ausgeführt bzw. nicht zu einer Routinetätigkeit werden.</li><li>Red Teaming fördert den Diskurs und Diskussionen. Es ist nicht speziell auf bestimmte Ergebnisse ausgerichtet.</li><li>Red Teamer haben das Bewusstsein, dass ihre Tätigkeit immer eine Gratwanderung zwischen konstruktivem Ungehorsam und persönlichem Angriff ist.</li></ul></td></tr>
<tr><td>Umsetzung</td><td>Beim Red Teaming gibt es nicht den einen, konkreten Ablauf. Vielmehr werden diverse Tools (z. B. Analysetechniken oder kritisches Denken) angewandt. Zwei konkrete Werkzeuge dieser Methode sind Denke-Schreibe-Teile und der Annahmen-Check.
1. Schritt: Red Teamer werden eingeladen, wenn ein Problem besteht oder ein Veränderungsvorhaben geplant ist, bei dem eine Vielzahl an Lösungsansätzen bzw. Ideen erwünscht ist. Das Skizzieren von Sichtweisen ist dabei immer der erste Schritt. Eine einfache Methode hierfür ist Denke-Schreibe-Teile, mit der dem Red Team zunächst das Problem vorgestellt wird.
2. Schritt: Die Red Teamer werden aufgefordert, ihre Gedanken zum Problem auf Karten zu verschriftlichen. Jeder arbeitet dabei allein und denkt intensiv über das Thema nach, um auch Zusammenhänge und Wechselwirkungen zu berücksichtigen. Für diese Phase kann vorab eine Zeitvorgabe fixiert werden.
3. Schritt: Jetzt werden die Ideen und Gedanken präsentiert. Im Rahmen dieser Präsentation spricht nur der bzw. die Vortragende, der eigene innere Dialog wird angehalten, und es spricht niemand ein zweites Mal, bevor nicht alle präsentiert haben. Mit dieser Methode wird eine kollaborative Umgebung geschaffen. Durch die stille Phase werden die Ideen nicht sofort in Diskussion erstickt.
Wenn Vorhaben schon in einer fortgeschrittenen Phase sind oder Pläne bereits erarbeitet wurden, können diese vom Red Team begutachtet werden und zugrundeliegende Annahmen in einem Annahmen-Check hinterfragt werden.
4. Schritt: Annahmen sind wichtig, speziell auch für Überlegungen und Pläne. Sie werden aber zu einem Problem, wenn man sich ihrer nicht bewusst ist. Um gute Entscheidungen treffen zu können, müssen Annahmen möglichst genau sein und beispielsweise vor einer weitreichenden Veränderung im Rahmen eines Annahmen-Checks überprüft werden. Die Aufgabe, implizite sowie explizite Annahmen zu extrahieren und Pläne zu begutachten, kann vom Red Team übernommen werden.</td></tr>
</table>

Red Teaming, Denke-Schreibe-Teile, Annahmen-Check	
	5. Schritt: Das Red Team stellt sich bei jeder Annahme die Frage, ob diese für das Vorhaben relevant ist. Das Ergebnis ist eine Annahmen-Liste, die das Red Team anschließend auf gewisse Fragestellungen prüft: Sind die Annahmen logisch? Sind sie präzise? Basieren sie auf Vorurteilen? Was muss geschehen, damit die Annahme Wirklichkeit wird? Und: Wenn die Annahme wahr ist – gilt das unter allen Umständen? Oder: Wenn sie sich nicht bewahrheitet – wie muss der Plan angepasst werden?
Ressourcen	Red Teaming: Personen im Unternehmen, die sich für ein Red Team interessieren und qualifizieren Denke-Schreibe-Teile bzw. Annahmen-Check: Material für die Verschriftlichung der Gedanken bzw. das Anfertigen einer Annahmen-Liste Generell: Zeit (abhängig von der Intensität) und Raum

Resonanzrunde	
Thema	KULTUR – MENSCH
Ziel & Methode	Diese einfache Methode ist jederzeit einsetzbar und besonders dann sinnvoll, wenn nach hitzigen, konflikthaften Diskussionen Ratlosigkeit herrscht und unklar ist, was die Teilnehmerinnen und Teilnehmer derzeit beschäftigt.
Umsetzung	Die Frage »Was beschäftigt/bewegt dich jetzt?« (optional »Welche Lösungen sind in Sicht«? oder jede andere Frage, die ziel- und lösungsorientiert wirkt) wird in die Runde gestellt, und die Moderatorin bzw. der Moderator arbeitet mit den Erkenntnissen im Anschluss zielorientiert weiter.
Ressourcen	5 bis 10 Minuten, je nach Gruppengröße

Retrospektive	
Thema	STRUKTUR – MENSCH
Ziel & Methode	Retrospektiven sind fix geplante Teammeetings, in denen die Beteiligten aus Vorgehensweisen in der Vergangenheit für die Zukunft lernen. Gemeinsam wird analysiert, was gut oder schlecht gelaufen ist, was die Gründe dafür waren und was ggf. verbessert werden kann. Dabei geht es ausdrücklich nicht um Schuldzuweisungen, sondern um wertvolle Erkenntnisse und Erfahrungen für die Zukunft.
Umsetzung	**Phase 1:** Ziel der Retrospektive festlegen **Phase 2:** Daten- und Faktenlage checken: Was hat zuletzt funktioniert und was nicht? **Phase 3:** Gründe und Einflüsse analysieren: Warum hat etwas (nicht) funktioniert? **Phase 4:** Maßnahmen für die Zukunft definieren: Was soll beibehalten, verändert oder neu ausprobiert werden? **Phase 5:** Retrospektive der Retrospektive: Hier wird auf das Meeting selbst Rückschau gehalten. Wie relevant war die Retrospektive, und wie ist es den Teilnehmerinnen und Teilnehmern dabei ergangen? Generell funktioniert eine Retrospektive nur, wenn alle Beteiligten offen sprechen können und Vertrauen und Vertraulichkeit gelebt werden. Idealerweise wird ein Moderator hinzugezogen. Wichtig: Was in der Retro passiert, bleibt auch dort! Retrospektiven können beispielsweise 14-tägig stattfinden und dauern etwa 60 bis 90 Minuten. Rhythmus und Dauer hängen von der Art des Projekts bzw. den Arbeitsaufträgen des Teams ab. Entscheidend bei diesem Tool ist die Regelmäßigkeit, damit zuverlässige Erkenntnisse gewonnen und angewendet werden können.
Ressourcen	Zeit (abhängig von der Regelmäßigkeit und Intensität, beispielsweise alle zwei Wochen 60 bis 90 Minuten), Raum

<table>
<tr><th colspan="2">Scrum</th></tr>
<tr><td>Thema</td><td>STRUKTUR</td></tr>
<tr><td>Ziel & Methode</td><td>Unter Scrum wird ein Rahmen für agiles Projektmanagement verstanden, dessen Ursprung in der Softwareentwicklung liegt. Über die Jahre hat sich Scrum zu einer allgemein anwendbaren Projektmanagementmethode entwickelt. Die Anwendung von Scrum basiert auf Erfahrungen. Das Vorgehen erfolgt schrittweise und ist in Etappen strukturiert, die sich wiederholen. Somit kann Scrum als empirisch, inkrementell sowie iterativ bezeichnet werden.</td></tr>
<tr><td>Umsetzung</td><td>Bei Scrum wird die Laufzeit eines Projekts in Etappen (= Sprints) eingeteilt. Ein Sprint dauert ca. 30 Tage. In diesen 30 Tagen erfolgt die Verbesserung einer bereits vorhandenen Produktfunktionalität, oder das Produkt wird um eine neue Funktionalität erweitert. Das Ergebnis eines Sprints soll ein funktionsfähiges Zwischenprodukt (= Inkrement) sein. Dieses Zwischenprodukt wird anschließend vom Auftraggeber überprüft und auf Basis des Feedbacks weiter bearbeitet.
Bei Scrum gibt es nur einige wenige Regeln, die sich auf die Rollen, Artefakte und Aktivitäten beziehen.
Rollen
Bei Scrum stehen cross-funktionale, selbstorganisierte Teams im Mittelpunkt.
Ein Team besteht dabei aus 5 bis 9 Mitgliedern. Innerhalb dieses Teams werden drei Rollen vergeben:<ul><li>Der Product Owner (Einzelperson) entwickelt die Produktvision, stellt fachliche Anforderungen an das Produkt und priorisiert diese.</li><li>Das Entwicklungsteam ist für die Entwicklung des Produkts zuständig. Damit einhergehend trägt es die Verantwortung für die Lieferung der Produkteigenschaften in der vom Product Owner festgelegten Reihenfolge.</li><li>Der Scrum Master ist für das Funktionieren von Scrum verantwortlich. Er ist dafür zuständig, dass die Kommunikation innerhalb des Teams sowie mit dem Product Owner gelingt, und hält Störungen fern, die von außen auf das Team wirken. Zusätzlich übernimmt er eine Art Moderatorenrolle, da er auch die Moderation von Meetings zur Aufgabe hat.</li><li>Neben diesen drei Hauptrollen gibt es weitere Stakeholder, beispielsweise den Scrum Customer (= Auftraggeber) sowie die User (= Anwender).</li></ul>Artefakte
Bei Scrum gibt es drei zu beachtende Artefakte:<ul><li>Unter dem Product Backlog wird eine Sammlung von Anforderungen verstanden. Dieses Backlog wird laufend vom Product Owner weiterentwickelt, beispielsweise werden die Einträge geordnet und Prioritäten vergeben.</li><li>Bei einem Sprint Backlog werden einige Anforderungen aus dem gesamten Anforderungskatalog ausgewählt, die innerhalb des nächsten Sprints bearbeitet werden sollen.</li><li>Am Ende jedes Sprints steht das Product Increment, also ein funktionsfähiges Zwischenprodukt.</li></ul>Aktivitäten
Es gibt fünf wesentliche Aktivitäten bei Scrum:<ul><li>Im Sprint Planning erfolgt die Planung des nächsten Sprints. Dabei werden Anforderungen in konkrete Aufgaben zerlegt, deren Bearbeitung innerhalb eines Tages möglich sein sollte. Der Sprint Backlog ist das Ergebnis.</li></ul></td></tr>
</table>

Scrum	
	• Beim **Daily Scrum** handelt es sich um ein tägliches Meeting des Scrum-Teams, in dem sich die Mitglieder über bereits erledigte sowie anstehende Aufgaben, aber auch über aktuelle Hindernisse austauschen. Dieses Meeting dauert maximal 15 Minuten. • Am Ende eines jeden Sprints führt das Entwicklungsteam ein **Sprint Review** durch. Darin wird das Zwischenprodukt überprüft und ggf. der Product Backlog angepasst. Zudem holt das Team Rückmeldungen vom Product Owner und den Stakeholdern ein und bespricht die nächsten Schritte. • Bei der **Sprint Retrospective** liegt der Fokus nicht auf der Überprüfung des Zwischenprodukts, sondern auf der Arbeit des Teams. Ziel ist es, die Arbeit laufend zu optimieren. • Beim **Product Backlog Refinement** organisiert und aktualisiert der Product Owner das Product Backlog.
Ressourcen	Zeit und Raum, SCRUM-Fachlichkeit
Quelle	Ken Schwaber und Mike Beedle

Systemisches Konsensieren	
Thema	STRUKTUR
Ziel & Methode	Das systemische Konsensieren dient der gemeinsamen Entscheidungsfindung. Es ist eine einfache und gleichzeitig sehr wirksame Methode. Dabei entwickeln Teams und Gruppen selbstständig Lösungsvorschläge und treffen darauf aufbauend Entscheidungen des geringsten Widerstands. So wird eine Entscheidung getroffen, die einem Konsens nahekommt, jedoch nicht durch die Notwendigkeit einer einstimmigen Absegnung gelähmt wird.
Umsetzung	Es gibt drei Formen des Konsensierens, die unterschiedliche Effekte mit sich bringen: 1. Das **Schnellkonsensieren** wird in Gruppen genutzt, um unwesentliche Entscheidungen oder Entscheidungen, die bereits gut vorbereitet wurden, zu treffen. 2. Beim **Auswahlkonsensieren** wird zwischen vorgegebenen Optionen ausgewählt. 3. **Vertieftes Konsensieren** wird bei besonders weitreichenden Problemen und Entscheidungsoptionen eingesetzt, für die eine gemeinsame Lösung gefunden werden soll. Diese Form ist von großer Bedeutung und umfasst 11 Stufen. In den ersten vier Stufen wird das Ziel erhoben: - Stufe: Aufgabenstellung ausarbeiten - Stufe: übergeordnete Fragestellung erarbeiten - Stufe: eine Inforunde abhalten, bei der Rahmenbedingungen festgelegt werden - Stufe: Teilnehmerwünsche bezüglich einer guten Lösung einholen und formulieren In den nächsten zwei Stufen erfolgt die Entwicklung von Lösungsvorschlägen: - Stufe: Lösungen finden - Stufe: potenzielle Lösungen verstehen und entsprechend ihrer Vor- und Nachteile beurteilen Die darauffolgenden vier Stufen haben die Verbesserung der Vorschläge zum Ziel: - Stufe: Lösungsvorschläge vorläufig bewerten - Stufe: Restwiderstände identifizieren - Stufe: Vorschläge anpassen oder evtl. neu entwickeln - Stufe: wiederum Verständnisfragen einbringen, Vorschläge anpassen oder neue entwickeln Die letzte Stufe: Entscheidung treffen Diese 11 Stufen lassen sich vereinfacht zu vier Stufen zusammenfassen: • 1. Stufe: Fragestellung entwickeln • 2. Stufe: Lösungsvorschläge sammeln • 3. Stufe: Bewerten und entscheiden • 4. Stufe: Auswerten
Ressourcen	Zeit (abhängig von der Form, Intensität und Regelmäßigkeit), Raum, Schreibutensilien für Notizen

Team Charter: Prinzipien der Zusammenarbeit	
Thema	KULTUR – MENSCH
Ziel & Methode	Die Team Charter baut auf dem Team Mission Statement auf und konkretisiert Aspekte für die operative Umsetzung. Konkret dient das Tool dazu, die Grundstruktur des Teamworks zu definieren.
Umsetzung	In der Team Charter wird festgelegt: • Wie organisieren wir uns im Team? • Was hat für alle Priorität? • Woran messen wir Erfolge? • Feiern wir Erfolge (und wenn ja, wie)? • Welchen Umgang pflegen wir miteinander? • Wie kommunizieren wir miteinander? • Wie sorgen wir für konstruktiven Austausch? • Wie gehen wir mit Feedback und Kritik um? • Welches Bild möchten wir nach außen abgeben? Durch die intensive Diskussion mit allen Teammitgliedern können die gemeinsamen Prinzipien definiert werden. Diese müssen anschließend auch im Alltag überprüft und ggf. angepasst werden.
Ressourcen	Zeit (abhängig von der Intensität), Raum, Schreibmaterialien, idealerweise Moderation

Team Mission Statement	
Thema	KULTUR – MARKT & KUNDE
Ziel & Methode	Ein Team Mission Statement bietet eine Zusammenfassung des Wozu und Was der gemeinsamen Arbeit. Indem alle Mitarbeiterinnen und Mitarbeiter ein Statement erarbeiten, werden Orientierung, Fokus und Ausrichtung der Ressourcen gesichert.
Umsetzung	Stellen Sie sich dazu folgende Fragen: • Weshalb gibt es unser Team? • Wofür gibt es uns und was ist unser primärer Zweck? • Wer sind unsere Kundinnen und Kunden? • Was wird den Kundinnen und Kunden geboten? • In welcher Art und Weise tragen die Produkte bzw. Dienstleistungen zum Erfolg der Kunden bei?
Ressourcen	Zeit (abhängig von der Intensität) und Raum

Teamevaluierung	
Thema	KULTUR – MENSCH
Ziel & Methode	Diese Methode unterstützt Teams, gemeinsam darüber zu reflektieren, wie sie ihre Zusammenarbeit und die Wirksamkeit ihres Tuns verbessern können. Sie stärkt die Fähigkeit, Probleme offen anzusprechen und gemeinsam an ihnen zu wachsen. Konkret zielt die Teamevaluierung darauf ab, dass die Mitarbeiterinnen und Mitarbeiter die Zusammenarbeit ihres Teams und nötige Verbesserungsmaßnahmen anhand bestimmter Kriterien beurteilen. Bei diesen Kriterien handelt es sich um die Erfolgsfaktoren, an denen sich selbstorganisierte Teams orientieren. Zu diesen Erfolgsfaktoren zählt u. a., dass ein Team • innerhalb klar festgelegter Rahmenvorgaben handelt, • eigene Entscheidungen treffen kann, • verzichts- sowie kompromissbereite Mitglieder hat, • aus Mitgliedern besteht, die sich gut verstehen, • über die Aufgabenverteilung im Team derselben Meinung ist, • regelmäßig Besprechungen mit inkludierten Konsententscheidungen durchführt und • aus Teammitgliedern besteht, die Verantwortung für Gruppenergebnisse und Organisationsaufgaben übernehmen.
Umsetzung	Im Rahmen der Beantwortung folgender Fragen können die Mitglieder gemeinsam über das Funktionieren des Teams sprechen: • Wie ist die Zusammenstellung des Teams? Werden in der vorherrschenden Zusammenstellung Persönlichkeitsunterschiede und Unterschiede hinsichtlich eines flexiblen Einsatzes akzeptiert? Können in der momentanen Konstellation alle Aufgaben erledigt werden? • Sind die Teammitglieder verzichts- sowie kompromissbereit? • Sind sich die Teammitglieder über die Aufgabenverteilung einig? • Sind die Aufgaben adäquat verteilt bzw. sind sie so verteilt, dass alle ihre Qualitäten einbringen können? • Werden Beschlüsse übereinstimmend gefasst? • Gehen die Mitglieder bei Problemen lösungsorientiert vor? • Wer trägt die Verantwortung für die Aufgaben des Teams? • Können Teammitglieder Qualitätsunterschiede ansprechen? • Unterstützen sich die Mitglieder gegenseitig? Auch fachlich? Wenn es in einer Teamevaluierung aber v. a. darum geht, den Anteil jedes Teammitglieds zu besprechen, bzw. die Entwicklung der Personen vordergründig ist, sollten Sie jedem Mitglied folgende zwei Fragen stellen: Welche Stärken/Schwächen hast du in der Zusammenarbeit, und wie kannst du diese (noch weiter) verbessern? Über welche Qualitäten verfügst du, die vermehrt für ein besseres Funktionieren des Teams eingesetzt werden können? Wichtig: In diesem Gespräch wird nicht eine Verhaltensänderung fokussiert. Die Aufmerksamkeit liegt auf gegenseitiger Rücksichtnahme.
Ressourcen	Zeit (abhängig von der Intensität und Regelmäßigkeit), Raum

Team-Panoptikum	
Thema	KULTUR – MENSCH
Ziel & Methode	Bei einem Team-Panoptikum werden einige Statements in Zweiergesprächen diskutiert und dadurch Gemeinsamkeiten bzw. Unterschiede erarbeitet. Durch die Form der Zweiergespräche ist ein Rahmen gegeben, in dem jeder Partner seine Gedanken und Gefühle frei zum Ausdruck bringen kann.
Umsetzung	Bei dieser Methode laden Sie eine Kollegin/einen Kollegen ein, gemeinsam mit Ihnen ein oder mehrere Statements zu diskutieren. Diese können Sie selbst formulieren, oder Sie verwenden die nachfolgenden Beispiele: • Aspekte, die Ihnen besonders am Team gefallen oder Aspekte, die Sie frustrieren. Beispiel: »Mir gefällt am besten an unserem Team, dass …« • Stärken, die Sie im Team einbringen können. Beispiel: »Ich kann besonders meine Stärke … in unserem Team einbringen.« • Bedingungen, unter denen das Team am besten arbeitet, oder Bedingungen, unter denen das Team nicht vorankommt. Beispiel: »Wir arbeiten in unserem Team am besten, wenn …« • Bedingungen, unter denen Sie sich dem Team am stärksten zugehörig fühlen, oder Bedingungen, unter denen Sie sich vom Team im Stich gelassen fühlen. Beispiel: »Wenn … der Fall ist, fühle ich mich vom Team alleingelassen.« • Bedingungen, unter denen Sie sich im Team wohler fühlen würden. Beispiel: »Wenn … wäre, würde ich mich im Team besser aufgehoben fühlen.« • Gespräche/Diskussionen über die bisher besten getroffenen Entscheidungen oder über die größten begangenen Fehler. Beispiel: »… war die beste Entscheidung, die wir je getroffen haben.« Dem Panoptikum kann auch ein Moderator beiwohnen. Dieser kann beispielsweise Statements auswählen, das Team bei der Auswahl unterstützen, Punktabfragen im Team durchführen oder auch die Entscheidung darüber treffen, welche Aspekte des Gesprächs veröffentlicht werden.
Ressourcen	Zeit (abhängig von der Regelmäßigkeit und Intensität) und Raum
Quelle	Lee Gardenswartz und Anita Rowe

Theorie U bzw. U-Prozess	
Thema	MARKT & KUNDE
Ziel & Methode	Zukunftsfähigkeit spielt in der Unternehmensführung eine wichtige Rolle. Bei vielen unternehmerischen Tätigkeiten (z. B. Projekten) werden jedoch nur Äußerlichkeiten (z. B. Strukturen, Kennzahlen) beachtet. Zudem ist in jedem Unternehmen Wissen darüber vorhanden, welche Aktivitäten Führungskräfte ausführen und welche Prozesse sie nutzen. Eine Dimension effektiver Führung bleibt jedoch häufig unbeachtet und bildet somit einen blinden Fleck: die eigene Quelle des Handelns bzw. die innere Haltung der Handelnden. Die Auseinandersetzung mit genau dieser Quelle ist neben den genannten Äußerlichkeiten aber für den Erfolg von Projekten, Interventionen und Transformationsprozessen entscheidend. Otto Scharmer hat sich mit dem blinden Fleck beschäftigt und zu dessen Beseitigung die Theorie U bzw. den U-Prozess entwickelt. Das Tool kann für diverse Vorhaben eingesetzt werden (z. B. Strategie- und Innovationsprozesse, Organisations- und Teamentwicklungen, organisationale Neuorientierungen). Indem der inneren Quelle menschlichen Handelns Beachtung geschenkt wird, können Prozesse und Systeme nachhaltig verändert und neue Lösungen geschaffen werden.
Umsetzung	Ein erfolgreicher U-Prozess durchläuft **sieben Phasen:** • **Downloading:** Im Handeln überwiegen Standardprozesse und Routine. Raus aus der Komfortzone! • **Seeing:** Öffnen des Denkens. Muster werden hinterfragt und sachliche Differenzen wahrgenommen. • **Sensing:** Öffnen des Fühlens. Das eigene System kann nun aus der Perspektive anderer wahrgenommen werden. • **Presencing:** Öffnen des Willens. Jetzt ist der Zustand des Presencing erreicht: Die Präsenz der Zukunft, die sich entfalten möchte, wird wahrgenommen. Der Quelle des eigenen Handelns wird nachgegangen, damit von dieser aufkommenden Zukunft Entwicklungen gestaltet werden können. • **Crystallizing:** Den Flow des Presencing ins Performing bringen. • **Prototyping:** Es geht ans Ausprobieren und Entwickeln. Für das schnelle Lernen sind frühe Fehler hilfreich. Also mutig drauflos! • **Performing:** Die Ideen werden realisiert und erfolgreiche Prototypen nun tatsächlich umgesetzt.
Ressourcen	Zeit, Schreibmaterial

Vereinbarkeitssimulator	
Thema	KULTUR – MENSCH
Ziel & Methode	Häufig stehen die Interessen des Unternehmens und die der Angehörigen von Arbeitnehmerinnen und Arbeitnehmern in einem Spannungsfeld, was auf Seiten letzterer zu einem Gewissens- und Rollenkonflikt führen kann. Da sich die Lebenslage und die Verpflichtungen der Mitarbeiter laufend ändern können, benötigen sie ein individuell gestaltetes Arbeitsorganisationsmodell, das ihrer momentanen Lebenslage angepasst ist. Unternehmen sind deshalb gefordert, ihre Arbeitsorganisation an die Anforderungen ihrer Mitarbeiterinnen und Mitarbeiter anzupassen. Die Fachhochschule St. Gallen hat einen Vereinbarkeitssimulator entwickelt, mit dem Unternehmen passgenaue Vereinbarkeitsstrategien entwickeln können. Bei diesem Vereinbarkeitssimulator handelt es sich um eine Open-Source-Software, mit der die aktuellen Lebenslagen sowie die Wünsche der Mitarbeiterinnen und Mitarbeiter an ihre zukünftige Work-Life-Balance erfasst werden. Diese Vereinbarkeitsproblematiken und -wünsche sowie die anschließende Auswertung des Simulators bilden die Basis für Entscheidungs- und Umsetzungshilfen, damit adäquate Maßnahmen eingeleitet werden können. Der Simulator verfolgt somit das Ziel, einen Dialog zwischen der Unternehmensführung, den Beschäftigten und ihren Angehörigen zu entwickeln, um zu einer Entscheidungsgrundlage für Vereinbarkeitsmodelle zu kommen. Mitarbeiterinnen und Mitarbeiter können mithilfe des Simulators ihre aktuelle Vereinbarkeitssituation überprüfen und Modelle für die Zukunft planen.
Umsetzung	Der Vereinbarkeitssimulator wird periodisch angewandt und durchläuft **drei Schritte**: **1. Schritt: Lebenslage erfassen und auswerten** Im ersten Schritt erfasst die Software die aktuelle Lebenslage der Mitarbeiterinnen und Mitarbeiter sowohl in biologischer als auch in psychischer und sozialer Hinsicht. Dabei werden folgende Aspekte berücksichtigt: Wünsche und Unzufriedenheiten, die gesundheitliche Lage, das soziale Netzwerk, das persönliche Zeitmanagement, die biografische Perspektive und ökonomische Aspekte. Anschließend werden die angegebenen Daten ausgewertet, wodurch Belastungen (z. B. Stress bei der Arbeit, häufiges Switchen zwischen Beruflichem und Privatem) und Unzufriedenheiten (z. B. mit der Karriereentwicklung oder dem beruflichem Zeitmanagement) erkennbar werden. **2. Schritt: Maßnahmen planen** Im zweiten Schritt werden Ideen entwickelt und Hilfsmaßnahmen festgelegt, mit denen sich die identifizierten Belastungen und Unzufriedenheiten verringern lassen. Für die Veränderung der Lebenslage können beispielsweise folgende Maßnahmen gesetzt werden: Anpassung der Einkommensverhältnisse, Gesundheitsförderung, Optimierung des Zeitmanagements. **3. Planung erarbeiten** Im dritten Schritt wird die Planung erarbeitet. Dabei zeigt die Software zusätzliche Möglichkeiten zum Zeitmanagement sowie betriebliche Hilfen auf. Abschließend wird eine Zusammenfassung der Planungsideen erstellt.
Ressourcen	Vereinbarkeitssimulator (Open-Source-Software), Zeit für die Umsetzung
Quelle	Fachhochschule St. Gallen

Working Out Loud (WOL)	
Thema	MENSCH
Ziel & Methode	WOL ist eine einfache Methode, um relevante Arbeitsbeziehungen aufzubauen, die dabei helfen, ein Ziel zu erreichen oder neue Themen zu entdecken. Für Unternehmen ist WOL besonders wertvoll, da vorhandenes Wissen geteilt wird und in verschiedenen Bereichen genutzt werden kann. WOL dient somit als Nährboden für Wissenstransfer, neue Ideen, laufende Optimierung, Motivation sowie Innovation.
Umsetzung	WOL orientiert sich an **fünf Prinzipien**: • **Beziehungen:** WOL ist durch Beziehungen sowie aktives Netzwerken geprägt. Ein Netzwerk tauscht sich dabei in regelmäßigen Abständen über Wissen, Erfahrungen und Meinungen aus. Entscheidend ist die Beteiligung aller Akteurinnen und Akteure. • **Großzügigkeit:** WOL funktioniert nur, wenn alle ihr Wissen untereinander teilen, denn dadurch können sie voneinander lernen und Lösungen entwickeln. • **Sichtbare Arbeit:** Bei WOL ist es wesentlich, die eigene Arbeit für alle anderen Beteiligten sichtbar zu machen, damit die Arbeit verständlicher und Zusammenhänge deutlicher werden. • **Zielgerichtetes Verhalten:** Im Rahmen von WOL verfolgt jeder ein eigenes Ziel. Wichtig ist, dass jeder dieses stets im Auge hat und sein Verhalten darauf ausrichtet. Die entscheidende Frage lautet: Was möchte ich für meinen Weg mitnehmen? • **Wachstumsorientiertes Denken:** Bei WOL sind Kreativität, das Gehen neuer Wege sowie der Blick über den eigenen Tellerrand gefragt. WOL folgt einem fixen **Ablauf**: In einem Zeitrahmen von 12 Wochen treffen sich die Teilnehmerinnen und Teilnehmer in **WOL Circles** (= Gruppen aus 3 bis 5 Personen) für ca. 1 Stunde pro Woche. In den Treffen werden zu jeweils anderen Themen einige Übungen durchgeführt, die in den 12 Circle Guides (= strukturierte Leitfäden) beschrieben sind. Die **Circle Guides** beinhalten folgende Themen: Schärfe deine Aufmerksamkeit, biete deine ersten Beiträge an, mache drei kleine Schritte, erlange Aufmerksamkeit, mache es persönlich, werde sichtbar, sei zielgerichtet, mache es zur Gewohnheit, entwickle mehr eigenständige Beiträge, werde systematischer, stelle dir die Möglichkeiten vor, reflektiere, feiere. Die Übungen sind darauf ausgerichtet, das eigene Netzwerk zu nutzen und evtl. auszubauen. Die anderen Teilnehmerinnen und Teilnehmer sind dabei Ideengeber, Unterstützerinnen und Motivatoren. Ziel ist es, sich gegenseitig dabei zu unterstützen, die persönlichen Ziele zu erreichen. Durch die Übungen werden neue Denkweisen entwickelt, die auf das eigene Ziel angewandt werden können. Zudem werden Gewohnheiten verändert und ein neues Mindset kreiert.
Ressourcen	Zeit (ca. 1 Stunde/Woche), Raum (auch virtuell), Circle Guides (abrufbar unter https://workingoutloud.com/de/about)
Quelle	Ursprünglich von Bryce Williams in einem Blogpost aufgegriffen; Weiterentwicklung durch John Stepper. Stepper machte die Methode durch sein Buch *Working out loud: For a better career and life* international bekannt.

World Café	
Thema	KULTUR – MENSCH
Ziel & Methode	Ein World Café schafft für Teams und Großgruppen eine entspannte Atmosphäre, um gute Gespräche sowie konstruktive Diskussionen zu herausfordernden Themen zu führen. Die Methode zeichnet sich besonders dadurch aus, dass konkrete Ergebnisse erarbeitet, Klärungsprozesse beschleunigt sowie Ideen und Wissen in Gruppen potenziert werden. Das World Café ermöglicht unterschiedlichen Menschen unabhängig von Wissen und Vorerfahrungen, rasch miteinander ins Gespräch zu kommen und in kurzer Zeit Fragen zu klären und Themen zu vertiefen.
Umsetzung	Generell gibt es bei einem World Café x Gastgeber an x Tischen für x Themen – alle übrigen Teilnehmerinnen und Teilnehmer sind Gäste. Vor dem Start des World Café müssen einige **organisatorische Aufgaben** erledigt werden: • einen großen Raum mit angenehmer Atmosphäre auswählen • Tische locker im Raum verteilen • jeden Tisch mit einem Flipchart o. Ä., verschiedenfarbigen Markern sowie Getränken und Snacks ausstatten Sobald diese Vorbereitungen getroffen sind, kann es losgehen: Zu Beginn werden die Regeln, die Logistik sowie der Nutzen bzw. das Ziel des World Café erklärt. Anschließend diskutiert jeder Tisch zu einem bestimmten Thema mit dem Gastgeber des jeweiligen Tisches. Bei der Diskussion kann jede Teilnehmerin und jeder Teilnehmer relevante Ideen oder Ergebnisse aus der Diskussion direkt auf dem Flipchart notieren. Der Gastgeber bleibt während des gesamten World Café am selben Tisch. Die Gäste hingegen wechseln entweder frei oder nach einer festgelegten Zeit (z. B. 30 Minuten) an einen anderen Tisch. Sollten neue Teilnehmer an einen Tisch kommen, werden diese vom Gastgeber kurz in die Diskussion eingeführt. Der Gastgeber ist auch dafür verantwortlich, die relevantesten Diskussionsaspekte für das gesamte Plenum im World Café zusammenzufassen. Nach Ende dieser Präsentation können sich die Teilnehmerinnen und Teilnehmer nochmals in Kleingruppen versammeln, gemeinsam die ganze Galerie (die verschiedenen Flipcharts) des World Café betrachten und weitere Schritte festlegen.
Ressourcen	Zeit (abhängig von der Gruppengröße), adäquater Raum, Tische, Stühle, Getränke, evtl. Snacks, Flipcharts o. Ä., verschiedenfarbige Marker, Schreibmaterialien
Quelle	Juanita Brown und David Isaacs

3-Bitten-Feedback	
Thema	MENSCH
Ziel & Methode	Das Bild, das wir von uns haben, kann sich davon, wie andere Menschen uns sehen, deutlich unterscheiden. Bei Kolleginnen und Mitarbeitern Feedback darüber einzuholen, was sie in der Zusammenarbeit mit uns stört oder was sie schätzen, fällt oft nicht leicht. Ebenso ist es nicht immer einfach, Feedback anzunehmen. Die Methode des 3-Bitten-Feedbacks unterstützt Sie dabei, Rückmeldungen einzuholen bzw. selbst anderen Feedback zu geben – und zwar auf eine Weise, die die Zusammenarbeit fördert.
Umsetzung	Ihr Feedback können Sie anhand folgender Struktur vorbereiten. Seien Sie dabei so klar wie möglich: Geben Sie Beispiele, und beziehen Sie sich auf konkrete Situationen. »Damit ich gut mit dir zusammenarbeiten kann, • behalte bei … (z. B. deine Gründlichkeit, die du in Projekt X unter Beweis gestellt hast), • mache weniger von … (z. B.: Halte dich genauer an vereinbarte Zeitpläne.), • mache mehr von … (z. B.: Du sorgst für gute Stimmung im Team, so wie neulich, als die Diskussion im Meeting hitzig wurde und du den Fokus auf etwas Positives gerichtet hast.). Nachdem Sie Ihr Feedback abgegeben haben, hat Ihr Gegenüber die Möglichkeit zu sagen, welche Rückmeldungen es berücksichtigen möchte und welche nicht.
Ressourcen	Zeit (abhängig von der Intensität und Regelmäßigkeit) und Raum

5-Why-Methode	
Thema	STRUKTUR
Ziel & Methode	Hierbei handelt sich um eine einfache Problemlösungstechnik, bei der den Ursachen der Herausforderung auf den Grund gegangen wird. Sie ermöglicht somit die Identifikation von Ursachen ohne statistische Analysen bzw. hilft bei der Bestimmung einer Ursache-Wirkung-Beziehung.
Umsetzung	Wie bereits am Namen erkennbar wird die Ursache eines Problems durch mehrfache Warum-Fragen ergründet. In der Regel reichen fünf Warum-Runden aus, um die Ursache des Problems zu erkunden. Es können aber auch mehr oder weniger Wiederholungen sein. In jedem Fall werden mit jedem Nachhaken mehr Details erfasst, bis man schließlich zum Kern der Sache vorgedrungen ist. Wichtig hierbei: Die Personen, die in die Problemstellung involviert sind, müssen anwesend sein. Für einen effektiven und korrekten Einsatz der Methode sollten folgende **Grundregeln** berücksichtigt werden: 1. **Keine Annahmen treffen:** Da Mutmaßungen zur Entstehung eines Problems zu falschen Schlussfolgerungen führen können, sollten Daten und Fakten zusammen mit den involvierten Personen gesammelt werden. 2. **Nicht zu früh aufhören:** In der Praxis hat sich gezeigt, dass das Durcharbeiten von fünf Warum-Runden schwerfällt. Trotzdem sollte die Fragestellung so oft wiederholt werden, bis die tatsächlich zugrunde liegende Ursache des Problems identifiziert ist. Erst wenn keine neuen hilfreichen Informationen mehr gewonnen werden, können Sie davon ausgehen, beim Kern der Sache angelangt zu sein. 3. **Überprüfung durch Umkehrung der Frage:** Bei der Überprüfung, ob die tatsächliche Ursache gefunden wurde, kann anhand einer Wenn-dann-Frage die Herstellung eines Umkehrschlusses versucht werden. Ein Beispiel: - Warum-Frage: Warum habe ich heute Morgen mein Smartphone zu Hause vergessen? - Identifizierte Ursache: Weil ich zu spät aufgestanden bin. - Umkehrschluss mit der Wenn-dann-Frage: Wenn ich heute Morgen früher aufgestanden wäre, hätte ich daran gedacht, mein Smartphone mitzunehmen. - Schließt ein früheres Aufstehen wirklich ein Vergessen aus? Oder war etwas anderes der Grund? Beispielsweise Stress, der durch den Zeitdruck ausgelöst wurde? In diesem Fall müsste so lange mit Warum-Fragen nachgehakt werden, bis sich der eigentliche Grund für das Vergessen (Unachtsamkeit aufgrund von Stress) herauskristallisiert.
Ressourcen	Zeit (abhängig von der Intensität und erforderlichen Regelmäßigkeit); Raum; ggf. Schreibmaterial für Notizen; Personen, die an dem jeweiligen Problem beteiligt sind
Quelle	Sakichi Toyoda

Danksagung

Wir sagen DANKE!

Das GINO-Universum konnte nur durch das Zusammenwirken von unglaublich vielen verschiedenen Menschen entstehen. Unser Dank gilt als Erstes allen Unternehmen, Führungskräften, Mitarbeiterinnen und Mitarbeitern, mit denen wir in den letzten Jahren gemeinsam an Lösungen gearbeitet und durch die wir voneinander gelernt haben. Ohne Euch würde es dieses Buch nicht geben.

Unser Dank geht im Besonderen an unseren Verlag Schäffer-Poeschel. Die Geduld und Kreativität unserer Ansprechpartner ermöglichten unser Buch in der vorliegenden Form. Unsere zahlreichen Wünsche und Anliegen trafen immer auf offene Ohren – DANKE dafür!

Die österreichische Forschungsförderungsgesellschaft (FFG) hat durch ihre Unterstützung die intensive Auseinandersetzung mit den Themen Gesundheit, Innovation und New Work in unserem Beratungsalltag erst ermöglicht.

Ohne die tatkräftige Unterstützung von Verena Pfurtscheller (unsere Innovationsassistentin), Sabrina Tassenbacher (Praktikantin) und Sonja Karbon (Netzwerkpartnerin und wissenschaftliche Mitarbeiterin) wären wir wahrlich »aufgeschmissen« gewesen.

Tom Stadlmeyr danken wir für das visual strorytelling concept und Natascha Foidl für die Illustrationen, die das GINO-Universum bildlich mit auf die Welt brachten.

Fritz Glasl, unserem Mentor und Ausbildner, danken wir für seine treffenden Worte zu Beginn des Buches und seinen Blick auf Organisationen.

Unsere Familien, Kinder, Partnerinnen und Freunde haben durch ihr Dasein, ihre Geduld und Diskussionsbereitschaft wesentlich zum Gelingen des GINO-Universums beigetragen – danke für Euer Verständnis und Eure Liebe.

Ein Buch zu schreiben ist eine Herausforderung – wir bedanken uns abschließend bei uns selbst, wechselseitig. Wir haben in dieser Zeit viel voneinander gelernt, miteinander diskutiert, unterschiedliche Höhen und Tiefen erlebt und so eine tiefe Auseinandersetzung mit New Work sowie Selbststeuerung und gegenseitige Unterstützung erfahren.

Literaturverzeichnis

Antonovsky, A. (1997). *Salutogenese: Zur Entmystifizierung der Gesundheit,* Bd. 36, Tübingen: dgvt.

Arnold, H. (2016). *Wir sind Chef: Wie eine unsichtbare Revolution Unternehmen verändert*, Freiburg: Haufe.

Arnold, K. (2007). Transformal Leadership and Psychological Well-Being: The Mediating Role of Meaningful Work. *Journal of Occupational Health Psychology, S.* 193–203.

Badura, B., Ducki, A., Schröder, H., Klose, J. & Meyer, M. (Hrsg.) (2018). *Fehlzeiten-Report 2018.* Berlin: Springer.

Badura, B., Greiner, W., Rixgens, P. et al. (2008). *Sozialkapital: Grundlagen von Gesundheit und Unternehmenserfolg,* Fehlzeiten-Report, Bd. 2009, Berlin, Heidelberg: Springer.

Badura, B., Münch, E. & Ritter, W. (1999). *Partnerschaftliche Unternehmenskultur und betriebliche Gesundheitspolitik: Fehlzeiten durch Motivationsverlust?,* 3., aktual. Aufl., Gütersloh: Verlag Bertelsmann Stiftung.

Badura, B. & Steinke, M. (2011). *Die erschöpfte Arbeitswelt: Durch eine Kultur der Achtsamkeit zu mehr Energie, Kreativität, Wohlbefinden und Erfolg!* Gütersloh: Verlag Bertelsmann Stiftung.

Badura, B., Walter, U. & Hehlmann, T. (2010). *Betriebliche Gesundheitspolitik: Der Weg zur gesunden Organisation,* 2., vollständig überarb. Aufl., Heidelberg: Springer. Verfügbar unter http://site.ebrary.com/lib/alltitles/docDetail.action?docID=10359940

Bass, B. M. (1985). *Leadership and performance beyond expecctations.* New York: Free Press.

Bergmann, F. (1996). *On being free* (7. printing). Notre Dame, Ind.: Univ. of Notre Dame Press.

Berne, E. (1983). *Spiele der Erwachsenen: Psychologie der menschlichen Beziehungen,* 34. Aufl., Reinbek bei Hamburg: Rowohlt Taschenbuch.

Boes, A., Welpe, I. & Sattelberger, T. (Hrsg.). (2015). *Das demokratische Unternehmen: Neue Arbeits- und Führungskulturen im Zeitalter digitaler Wirtschaft,* 1. Aufl., Freiburg: Haufe-Lexware GmbH & Co. KG. Verfügbar unter https://www.wiso-net.de/document/HAUF,AHAU,V HAU__9783648074367310

BPF Best-Practice-Forum (Hrsg.). (o. J.). *Kreative Büros.* Zugriff am 18.12.2019. Verfügbar unter https://www.best-practice-forum.de/best-practice-news/detail/artikel/19838-kreative-bueros/

Bruch, H. & Kowalevski, S. (2013). *Gesunde Führung: Wie Unternehmen eine gesunde Performancekultur entwickeln* (Institut für Führung und Personalmanagement, Universität St. Gallen, Hrsg.). Zugriff am 28.01.2018. Verfügbar unter https://www.compasso.ch/cm_data/de_Gesunde_Fuehrung_-_Wie_Unterneh-men_eines_gesunde_Performancelkultur_entwickeln.pdf

Bundesministerium für Arbeit, Familie und Jugend, Zentral-Arbeitsinspektorat. (2019, 29. November). *Arbeitsräume.* Zugriff am 18.12.2019. Verfügbar unter https://www.arbeitsinspektion.gv.at/inspektorat/Arbeitsstaetten_Arbeitsplaetze/Arbeitsraeume/

Burkhardt, N., Ernst, A., Rings, J. et al. (2018). *Das große Handbuch Innovation: 555 Methoden und Instrumente für mehr Kreativität und Innovation im Unternehmen,* 1. Aufl., München: Vahlen.

Christensen, C. (1997). *The Innovator's Dilemma.* Harvard Business Review Press.

Csar, M. (2017). Holacracy – Heilsbringer für die Organisation der Zukunft oder gut verkauftes Rollenspiel?, *GIO – Gruppe. Interaktion. Organisation,* 2/2017.

Deutsche Gesellschaft für Personalführung. (2004). *Unternehmenserfolg durch Gesundheitsmanagement.,* PraxisEdition, Bd. 71, 1. Aufl., Bielefeld: Bertelsmann.

Disselkamp, M. & Disselkamp, M. (2012). *Innovationsmanagement: Instrumente und Methoden zur Umsetzung im Unternehmen,* 2. Aufl., Wiesbaden: Springer Gabler.

Doumanes, K. (2017). *Transparenz durch interne Unternehmenskommunikation. Herstellung und beeinflussende Faktoren,* 2. Aufl., München und Ravensburg: GRIN Verlag.

Ducki, A. (2000). *Diagnose gesundheitsförderlicher Arbeit: Eine Gesamtstrategie zur betrieblichen Gesundheitsanalyse* (Mensch, Technik, Organisation, Bd. 25). Zürich: vdf Hochschulverlag.

Ehresmann, C. & Badura, B. (2018). Sinnquellen in der Arbeitswelt und ihre Bedeutung für die Gesundheit, in: B. Badura, A. Ducki, H. Schröder, J. Klose & M. Meyer (Hrsg.), *Fehlzeiten-Report 2018,* S. 47–58.

Fink, F. (2016). Serie »Zukunft der Organisation« – Teil 2. Die Frage nach dem Sinn, *personal manager* 1/2017, S. 32 f.

Frankl, V. E. (1967). *Der Wille zum Sinn* (Psychologie Klassiker). Bern: Huber.

Gerabek, W. E., Haage, B. D., Keil, G. & Wegner, W. (Hrsg.). (2005). *Enzyklopädie Medizingeschichte.* Berlin: De Gryter.

Griebler, R., Winkler, P., Gaiswinkler, S., Delcour, J., Juraszovich, B. & Nowotny, M. (2017). *Österreichischer Gesundheitsbericht 2016. Berichtszeitraum 2005–2014/2015.* Wien: Bundesministerium für Gesundheit und Frauen.

Hauschildt, J. & Salomo, S. (2011). *Innovationsmanagement,* 5. Ausg., München: Vahlen.

Hofert, S. (2016). *Agiler führen: Einfache Maßnahmen für bessere Teamarbeit, mehr Leistung und höhere Kreativität.* Wiesbaden: Springer Gabler.

Hofmann, J., Piele, A. & Piele, C. (2019). *NEW WORK: Best Practices und Zukunftsmodelle* (Fraunhofer-Institut für Arbeitswirtschaft und Organisation IAO, Hrsg.), Stuttgart. Verfügbar unter http://publica.fraunhofer.de/eprints/urn_nbn_de_0011-n-5436648.pdf

Horx, M. (2019). *15½ Regeln für die Zukunft: Anleitung zum visionären Leben,* München: Econ.

Horx, M. (Zukunftsinstitut Horx GmbH, Hrsg.). (2020). *Megatrend Achtsamkeit: Wie wir einen fast unsichtbaren, aber spannenden Wertewandel erleben.* Zugriff am 06.01.2020. Verfügbar unter https://www.horx.com/schluesseltexte/megatrend-achtsamkeit/

Huber, T. & Rauch, C. (2013). *Generation Y: Das Selbstverständnis der Manager von morgen* (Signium International, Hrsg.). Zukunftsinstitut GmbH. Zugriff am 01.01.2020. Verfügbar unter https://www.zukunftsinstitut.de/fileadmin/user_upload/Publikationen/Auftragsstudien/studie_generation_y_signium.pdf

Hüther, G. (2016). *Mit Freude lernen – ein Leben lang. Weshalb wir ein neues Verständnis vom Lernen brauchen. Sieben Thesen zu einem erweiterten Lernbegriff und eine Auswahl von Beiträgen zur Untermauerung,* 1. Aufl., Göttingen: Vandenhoeck & Ruprecht. Verfügbar unter https://ebookcentral.proquest.com/lib/gbv/detail.action?docID=4417903

Institut DGB-Index Gute Arbeit (Hrsg.). (2017). *DGB-Index Gute Arbeit, Der Report 2017. Wie die Beschäftigten die Arbeitsbedingungen in Deutschland beurteilen,* Berlin.

Kallenbach, I. (2017). *Wie Sie mit Design Thinking näher an Ihre Kundenbedürfnisse rücken,* Hasso-Plattner-Institut. Zugriff am 20.02.2020. Verfügbar unter https://blog.reflect-beratung.de/design-thinking-kundenbeduerfnisse

Kloimüller, I. & Czeskleba, R. (Institut für Arbeitsfähigkeit, Hrsg.). (o. J.). *Der ABI Plus TM.* Zugriff am 22.12.2019. Verfügbar unter https://www.abiplus.net/?page_id=48

Kloimüller, I. & Czeskleba, R. (2013). *»Fit für die Zukunft – Arbeitsfähigkeit erhalten«. Das Bautagebuch für das Haus der Arbeitsfähigkeit.* Zugriff am 22.12.2019. Verfügbar unter http://www.abiplus.net/start/wp-content/uploads/2013/06/Bautagebuch-f%C3%BCr-das-Haus-der-Arbeitsf%C3%A4higkeit-Fit-f%C3%BCr-die-Zukunft.pdf

Konkol, J., Schanné, F., Lange, S., Weichbrodt, J., Degenhardt, B., Schulze, H. et al. (2017). *Gesundheitsförderliche Büroräume und Workplace Change Management – ein Leitfaden. Handlungsempfehlungen für Unternehmen in der Schweiz, um bei der Planung, Implementierung und Bewirtschaftung von Büroräumen die psychische Gesundheit der Mitarbeitenden zu fördern.* Gesundheitsförderung Schweiz, Bern und Lausanne.

Kowalevski, S. & Bruch, H. (2015). *Gesunde Führung: Wie Unternehmen eine gesunde Performancekultur entwickeln.* St. Gallen: Compamedia GmbH.

Kriegisch, A. (o. J.). *Agiles Manifest,* Scrum-Master.de. Zugriff am 20.02.2020. Verfügbar unter https://scrum-master.de/Scrum-Glossar/Agiles_Manifest

Laloux, F. (2015). *Reinventing Organizations: Ein Leitfaden zur Gestaltung sinnstiftender Formen der Zusammenarbeit,* München: Vahlen.

Längle, A. (1987). *Sinnvoll leben: Angewandte Existenzanalyse.* St. Pölten: Residenz Verlag.

Längle, A. (2014). *Existentielles Coaching: Theoretische Orientierung, Grundlagen und Praxis für Coaching, Organisationsberatung und Supervision.* Wien: Facultas.

Matyssek, A. K. (2008). *»Der macht mich noch krank!«. Wechselwirkung von Führung und Gesundheit.* Vortrag von Anne Katrin Matyssek.

Meyer, J.-U. (2014). *Die Innovationsfähigkeit von Unternehmen.* Leipzig: Business Village.

Meyer, J.-U. (2015a). *Die Innovationsfähigkeit von Unternehmen: Messen, analysieren und steigern.* Göttingen: BusinessVillage.

Meyer, J.-U. (2015b). Forscher fordern neue Innovationskultur. *Harvard Business Manager.* Zugriff am 05.02.2019. Verfügbar unter https://www.harvardbusinessmanager.de/blogs/das-klassische-innovationsmanagement-hat-ausgedient-a-1039258.html

Morgenthaler, M. (2017). *Beruf + Berufung: Einblicke in die Arbeitswelt,* Blogs. Zugriff am 18.12.2019. Verfügbar unter https://blog.derbund.ch/berufung/index.php/35779/es-gibt-sehr-viele-arten-das-leben-zu-verpassen/

Pechtl, W. (Seibstock Consulting, Hrsg.). *Thesen.* Zugriff am 19.01.2020. Verfügbar unter http://www.seibstockconsulting.it/w_pechtl.htm

Ramaciotti, D. & Perriard, J. (2003). *Die Kosten des Stresses in der Schweiz.* Gruppe für angewandte Psychologie der Universität Neuenburg & ERGOrama AG, Genf.

Robertson, B. (2016). *Holacracy,* 1. Aufl., München: Vahlen. Verfügbar unter https://elibrary.vahlen.de/extern/vahlen/live/cover/10.15358/9783800650880.gif

Rosenberg, M. B. (2009). *Gewaltfreie Kommunikation: Eine Sprache des Lebens,* Kommunikation, Bd. 1, Paderborn: Junfermann Verlag.

Schein, E. H. (2003). *Organisationskultur,* o. O.i.: EHP – Verlag Andreas Kohlhage. Verfügbar unter http://gbv.eblib.com/patron/FullRecord.aspx?p=994864

Schermuly, C. C., Deller, J. & Büsch, V. (2014). A research note on age discrimination and the desire to retire: the mediating effect of psychological empowerment, *Research on Aging* 36(3), S. 382–393.

Schermuly, C. C. (2016). *New Work – gute Arbeit gestalten: Psychologisches Empowerment von Mitarbeitern,* 1. Aufl., Freiburg: Haufe Gruppe.

Schermuly, C. C. & Meyer, B. (2016). Good relationships at work: the effects of Leader-Member Exchange and Team-Member Exchange on psychological empowerment, emotional exhaustion, and depression. *Journal of organizational behavior.* Vol. 37.2016, 5, S. 673–691.

Schermuly, C. C., Meyer, B. & Dämmer, L. (2013). Leader-Member Exchange and Innovative Behavior. *Journal of Personnel Psychology, 12* (3), S. 132–142.

Schermuly, C. C., Schermuly, R. A. & Meyer, B. (2011). Effects of vice-principals' psychological empowerment on job satisfaction and burnout. *International Journal of Educational Management, 25,* 252–264.

Schnell, T. (2018). Von Lebenssinn und Sinn in der Arbeit, in: B. Badura, A. Ducki, H. Schröder, J. Klose & M. Meyer (Hrsg.), *Fehlzeiten-Report 2018,* S. 11–22.

Schulze, W. & Eidenmüller, T. (2013). Gesundheitsförderliche Führung, *Interdisciplinary Management Research,* Bd. 9, S. 661–676.

Schumpeter, J. (1912/2006). *Thorie der wirtschaftlichen Entwicklung* (Nachdruck der 1. Ausg., Bd. hrsg. und ergänzt um eine Einführung von Jochen Röpke & Olaf Stiller). Berlin: Duncker & Humblot.

Seibt, C. P. (2004). Brief an Sophie. Wer sich dem Konflikt nicht entzieht, ist ihn nicht wert, *brandeins,* 6 (1), S. 102–103.

Senge, P. M. & Klostermann, M. (2006). *Die fünfte Disziplin: Kunst und Praxis der lernenden Organisation,* 10. Aufl., Stuttgart: Klett-Cotta.

Shilton, T., Lamarre, M.-C., Jackson, S. F., Sparks, M. & McQueen, D. (2011). *Proposal for new definition of health.* doi: 10.1136/bmj.d5359.

Spreitzer, G. M. (2008). Taking stock: A review of more than twenty years of research on empowerment at work, in J. Barling & C. L. Cooper (Hrsg.). *Handbook of organizational behavior.* Thousand Oaks, CA: SAGE.

Steger, M. F., Dik, B. J. & Duffy, R. D. (2012). Measuring Meaningful Work. The Work and Meaning Inventory. *Joural of Career Assessment, S.* 1–16.

Steinhoff, F. & Pointner, T. (2016). *FAQ Lean Management: 100 Fragen – 100 Antworten,* 1. Aufl., Düsseldorf: Symposion.

Strauch, B., Reijmer, A. & Endenburg, G. (2018). *Soziokratie: Kreisstrukturen als Organisationsprinzip zur Stärkung der Mitverantwortung des Einzelnen.* München: Vahlen.

Struhs-Wehr, K. (2017). *Betriebliches Gesundheitsmanagement und Führung. Gesundheitsorientierte Führung als Erfolgsfaktor im BGM.* Wiesbaden: Springer.

Tushman, M. & O'Reilly, C. (1996). Ambidextrous organizations. Managing evolutionary and revolutionary change. *California Management Review,* S. 8 ff.

Ullah, R. (2019). *Flexwork in Deutschland,* Trendence Institut GmbH. Zugriff am 02.01.2020. Verfügbar unter https://www.trendence.com/reports/new-work/flexibles-arbeiten

Van Dick, R. & Stegmann, S. (2015). Sinnvolle Arbeit ist identitätsstiftend. Zur Bedeutung der sozialen Identifikation als Wirkmechanismus zwischen Bedeutsamkeit der Aufgabe und Arbeitseinstellungen. *Zeitschrift für Arbeitsforschung, Arbeitsgestaltung und Arbeitspolitik,* 24, S. 49–45.

Waltersbacher, A., Zok, K., Böttger, S. & Klose, J. (2018). Sinnerleben bei der Arbeit und der Einfluss, in B. Badura, A. Ducki, H. Schröder, J. Klose & M. Meyer (Hrsg.), *Fehlzeiten-Report 2018,* S. 23–46.

Weber, M. (1922). *Wirtschaft und Gesellschaft.*

Weiss, M. (2016). *Handlungskompetenz Innovation: Zugänge und Methoden für radikale Sprünge und Innovations-Managementsysteme*. Bern: Haupt.

Wörthmüller, A. (Westdeutscher Rundfunk Köln, Hrsg.). (2018). *Sechs Fragen zu Design Thinking.* Zugriff am 20.02.2020. Verfügbar unter https://www.planet-wissen.de/technik/erfindungen/erfinder/design-thinking-102.html

Wörwag, S. & Cloots, A. (Hrsg.) (2019). *Zukunft der Arbeit – Perspektive Mensch. Aktuelle Forschungserkenntnisse und Good Practices,* 2., aktual. Aufl., Wiesbaden: Springer Gabler.

Wright, M. T. (Hrsg.). (2010). *Partizipative Qualitätsentwicklung in der Gesundheitsförderung und Prävention,* 1. Aufl., o. O.: Verlag Hans Huber. Verfügbar unter http://elibrary.hogrefe.de/9783456948676/A

Zeuch, A. (2015). *Alle Macht für niemand: Aufbruch der Unternehmensdemokraten*. Hamburg: Murmann Publishers GmbH. Verfügbar unter https://ebookcentral.proquest.com/lib/gbv/detail.action?docID=4920400

Zimber, A. (2006). *BGW-Projekt »Führung und Gesundheit«. Wie Führungskräfte zur Mitarbeitergesundheit beitragen können*. Eine Pilotstudie in ausgewählten BGW-Mitgliedsbetrieben, 1. Teilprojekt: Literaturanalyse (Berufsgenossenschaft für Gesundheitsdienst und Wohlfahrtspflege, Hrsg.), Hamburg.

Zukunftsinstitut GmbH (Hrsg.) (2020). *Megatrend New Work.* Zugriff am 20.03.2020. Verfügbar unter https://www.zukunftsinstitut.de/dossier/megatrend-new-work/

Die Autorinnen

Gabriele Adelsberger

Mag.a Gabriele Adelsberger, MSc, ist ausgebildete Unternehmensberaterin und Juristin und erfüllte sich mit der Gründung ihrer eigenen Beratungsagentur DIE BERATERINNEN ihren Traum vom zukunfts- und sinnorientierten Arbeiten. Ausbildungen in der Organisationsentwicklung, im Arbeitszeitmanagement, dem betrieblichen Gesundheitsmanagement und zu Innovationsmethoden wie Design Thinking machen sie zu einer vielseitigen Beraterin, die die Komplexität und Bedürfnisse von Unternehmen auf den Grund geht und versteht. Als Speakerin und Vortragende begeistert sie Unternehmen aus dem Profit- und Nonprofit-Bereich für New Work, die Gesundheit am Arbeitsplatz und gute Zusammenarbeit.

Claudia Muigg

Mag.(FH) Claudia Muigg, MSc, ist leidenschaftliche Beraterin von Transformationsprozessen in Organisationen. Als ehemalige Bankerin begleitet sie nun seit mehr als 12 Jahren Organisationen, Führungskräfte und Teams in Österreich aus allen Branchen – vom Produktionsbetrieb über das Gesundheitswesen bis zum Dienstleistungsunternehmen. Neue Arbeitsformen und Mind-Sets sind ihre Passion; diese (r)evolutionären Transformationen zu begleiten, ihre Berufung. Mit hypnosystemischen sowie psychoanalytischen Konzepten begleitet sie Menschen und Organisationen auf deren Weg zur effektiven Selbstführung und Selbstorganisation, um menschlich und ökonomisch erfolgreicher die Zukunft zu gestalten.

Claudia Schrettl

Dr. Claudia Schrettl, MSc, ist systemische Organisationsberaterin. Arbeitsschwerpunkte sind Gesundheitsmanagement am Arbeitsplatz sowie innovative Ansätze in der Organisationsentwicklung. Als Coach und Mediatorin begleitet sie Einzelpersonen, Teams und ganze Organisationen auf dem meist anspruchsvollen und konfliktären Weg der Transformation. Ihre Passion ist es, Menschen zu begleiten, ihre persönliche Arbeits- und Lebenswelt zufriedener und erfolgreicher zu gestalten. Als geschäftsführende Gesellschafterin der Beratungsagentur DIE BERATERINNEN begleitet sie Unternehmen im Profit- und Nonprofit- sowie im öffentlichen Bereich.

Claudia Trenkwalder

Claudia Trenkwalder, MSc, arbeitet als systemische Supervisorin, Organisationsberaterin und Mediatorin schwerpunktmäßig in Socialprofitorganisationen. Ihre Lehrtätigkeiten an der UMIT (Universität für Medizin, Informatik, Technologie) zu den Themen Kommunikation, Moderation und Konflikt sind eine gewollte Verbindung von Theorie und Praxis. Gemeinsam zu lernen ist in Lehre und Beratung das Motto, denn: »In Zeiten des Wandels erbt der lernende Mensch die Welt, während der Gelehrte wunderbar für eine Welt ausgerüstet ist, die nicht mehr existiert. (Eric Hoffer)«.

Stichwortverzeichnis